가슴에
노벨상을 품자

가슴에
노벨상을 품자

펴 낸 날 2020년 10월 8일

지 은 이 강보홍, 이대영
펴 낸 이 이기성
편집팀장 이윤숙
기획편집 윤가영, 이지희
표지디자인 이윤숙
책임마케팅 강보현
펴 낸 곳 도서출판 생각나눔
출판등록 제 2018-000288호
주   소 서울 잔다리로7안길 22, 태성빌딩 3층
전   화 02-325-5100
팩   스 02-325-5101
홈페이지 www.생각나눔.kr
이 메 일 bookmain@think-book.com

• 책값은 표지 뒷면에 표기되어 있습니다.
  ISBN 979-11-7048-140-9(03300)
• 이 도서의 국립중앙도서관 출판 시 도서목록(CIP)은 서지정보유통지원시스템 홈페이지
  (http://seoji.nl.go.kr)와 국가자료공동목록시스템(http://www.nl.go.kr/kolisnet)에서
  이용하실 수 있습니다(CIP제어번호: CIP2020037373).

노벨상의 영웅들과 그 뒷이야기

가슴에
노벨상을 품자

대한민국의 노벨상,
꽃 같은 꿈과 불 같은 열정을 가지고 도전하자!

강보홍, 이대영 지음

노벨상 수상자들의 고민과
고차원방정식 같은 문제 해결 과정을 알아본다.

생각나눔

태양을 향해 쏜 화살만이
태양 가장 가까운 곳으로 간다.

해외여행 하는 걸 좋아한다. 머릿속에 해결해야 할 과제를 담고, 손에는 볼펜을 끼운 수첩을 들고 있다. 왜냐하면, 수첩에다가 볼펜으로 씀으로 생각하기 때문이다. '총명불여둔필(聰明不如鈍筆)'이다. 카메라나 휴대폰으로 사진 촬영하기보다 볼펜으로 눈에 보이는 모든 걸 크로키(速寫)한다.

사진은 현장감이 적고 복잡하며, 불필요한 군더더기가 많다. 시야(視野)에 있어 사진은 90도, 사람은 120도, 그림으로 180도 이상 담을 수 있다. 또한, 관찰, 형상화, 추상화, 패턴인식(형성), 유추, 감정이입, 다차원적 사고, 모형, 변형(비틀기) 및 통합 등을 통한 아이디어를 창출할 수 있어, 세상이라는 대백과사전을 몸으로 배우고자 수첩과 볼펜을 들고 여행한다.

거대한 삶의 박물관과 같은 지구촌을 살았던 선인 중 가장 값지게 인류를 위해 살았으며, 자아성취를 했다고 할 수 있는 노벨수상자들을 따라 배우고자 한다. 이런 점에서 2017년 11월 2일에 하바나 엑스프레스(Havana Express) 카페에서 노벨수상자들의 삶을 더듬기로 약속메모했다. 이를 이행하고자 3년간 노벨재단의 기초자료를 기반으로 관련 정보를 수합·정리해봤다.

'빨리 빨리' 문화에 익숙한 우리나라 사람들의 성급함에 대답하고자 한마디 '노벨수상의 비결'을 찾고자 학문의 가시덤불 뒤집고, 정보의 파고를 겨우 넘었다. 이를 통해 노벨수상자들이 세상 고민을 짊어지고 해결하고자 했던 고차원방정식 같은 문제를 풀었던 과정을 요약해 '노벨상 수상비결 매트릭스(Matric of Noble Prize Winning Secret)'라고 제시해본다.

즉

$$
f(x) = \begin{bmatrix}
\text{호 기 심} & \text{학 벌 무 용 론} & \text{전 공 무 관 론} \\
\text{(Curiosity)} & \text{(No Doctor)} & \text{(No Specialization)} \\
\text{볼펜 연구실} & \text{대학(연구소) 쇼핑} & \text{학 제 간 연 구} \\
\text{(Ball-point Pen Lab)} & \text{(College shopping)} & \text{(Interlocking scince)} \\
\text{연 구 여 행} & \text{콜라보레이션} & \text{용장지하 무약졸} \\
\text{(Research Tour)} & \text{(Collaboration)} & \text{(勇將之下 無弱卒)}
\end{bmatrix}
$$

로 요약정리하고, 보다 쉽게 이해할 수 있도록 동양의 전통, 역사, 문화를 예시했으며, 친근한 사례로 살펴봤다.

단지, 노벨상은 i) 선진국이나 명문대학에서만 가능하다는 생각을 버리고, ii) 현재 직장과 지금 하는 일에서 보다 참신한 방법으로 해결하며, iii) 이왕에 인류기여에 뜻을 두고, iv) 끝까지 추진한다면 그렇게 꿈꿨던 목표가 성취되리라고 확신한다.

2020. 9.

강보홍, 이대영 씀

CONTENTS

1. 노 벨 문 학 상

3. 노 벨 화 학 상

6. 노 벨 경 제 학 상

노벨
문학상

ALFRED NOBEL

노벨 후보지명 자료 원본(노벨재단)

The will

Alfred Nobel died on December 10, 1896

According to the will of Alfred Nobel, a yearly Prize should be awarded in five categories: physiology or medicine, physics, chemistry, literature and peace. And it should reward those who "shall have conferred the greatest benefit to mankind."

노벨의 유언(노벨재단)

Nomination Database

Nomination for Nobel Prize in Physics

Year:	1901
Number:	25 - 0

Nominee:

Name:	Wilhelm C Röntgen
Gender:	M
Year, Birth:	1845
Year, Death:	1923
University:	University of Munich
City:	Munich
Country:	GERMANY (DE)

Awarded the Nobel Prize in Physics 1901

Nominator:

Name:	Gustav A Zeuner
Gender:	M
Profession:	member of the Royal Swedish Academy of Sciences
Country:	GERMANY (DE)

후보자/지명자의 자료공개(노벨재단)

노벨 수상자의 설득논리구조

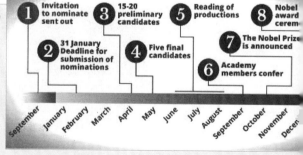

노벨 수상자 심의과정 및 추진사항(노벨재단)

스웨덴 아카데미(한림원) 회원들(2015)

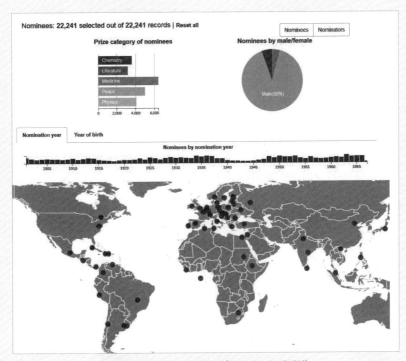

노벨상 지명자의 나라별 분포(1901~65, 노벨재단)

:: 01

2020년, 매직(Magic)의 원년으로

2020년에 던져주는 화두(話頭)

올해는 경자년(庚子年), 육십갑자로는 37번째, 궁상각치우(宮商角徵羽) 5음과 육십갑자를 30개 납음(納音)으로 따져보면 벽상토(壁上土)에 해당하는 상서로운 "하얀 쥐의 해(白鼠)"다. 기원역(起源曆)으로는 불기(佛紀) 2564년, 서기(西紀) 2020년, 단기(檀紀) 4353년이다. 올해 예상되는 주요 사건으로는 1월 1일부터 새로운 주민등록증이 발급된다. 국내외 선거로는 1월 14일 대만 총선, 4월 15일 제21대 국회의원 총선과 11월 3일 미국 대통령 선거가 예정되어 있다. 국제 스포츠 대전으로는 7월 24일부터 8월 9일까지 도쿄 하계 올림픽 경기가 있다. 기념 행사로는 1920년 3월 5일 조선일보 창간, 4월 1일 동아일보 창간, 6월 6일 독립군의 봉오동 전투(鳳梧洞戰鬪) 및 10월 21일 청산리 대첩(靑山里大捷) 전승의 100주년이다.

대구에 한정해 살펴보면 신라 경덕왕16(527)년에 대구현(大丘縣)으로 승격 1,263주년, 조선 세종1(1419)년 대구군(大丘郡)으로 승격 601주년, 세종30(1440)년 전국 최초 사창(社倉)을 설치해 복지 제도의 초석 마련 580주년, 세조12(1467)년 군사적 요충지로 도호부(都護府) 설치 553주년, 선조34(1601)년 경상감영(慶尙監營)을 안동에서 대구로 옮긴 409주년, 근대사에서는 좌도난정(左道亂正)의 죄목으로 1864년 4월 15일(음력 3월 10일) 아미산 관덕정(蛾眉山觀德亭)에서 최제우(崔濟愚)가 처형된 지

156주년, 1907년 국채보상운동의 113주년, 1946년 10월 1일 대구사건(항쟁) 발생 74주년, 1960년 2월 28일 민주학생운동 60주년을 맞이하는 해다.

올해 사회적 변혁을 몰고 올 주요 사항으로 제21대 4월 15일 총선이 예정되어 있다. 선거는 정치적 지형도를 한꺼번에 변혁시킬 수 있고, 지역 경제, 사회적 안정 및 민심까지도 지각 변동을 초래하는 계기가 된다. 좋은 의미에서는 "새 술을 새 부대에 담아야 한다(New wine must be poured into new wineskins)."[1]는 천재일우의 기회를 잡을 수 있다. 이것이 2020년이 대구에 던져주는 화두다. 즉 국가나 지역사회는 물론이고 자연인까지도 새해는 새로운 삶을 결심하고 꿈을 디자인한다. 국가나 지역사회는 구성원이 가진 생각에 좌우된다. 2020년은 새로운 삶(new life)이란 의미에서 대구에 던지는 화두는 홀대(패싱)론만 외치면서 '과거에만 안주'할 것이냐 '미래를 향한 질주'를 할 것인가를 선택한다.

1960년 시골 서당 훈장님으로부터 "사람답게 산다."는 한자 인생(人生)을 배웠다. 살생(生)자의 파자(破字)는 둘 이(二)자와 일천 천(千)자의 합성(生=二+千)으로 "남녀 두 사람이 알콩달콩 천 년의 복락을 누릴 생각을 하라."는 제자 해설과 이어 "세상 사람들은 백 년도 못 사는 부질없이 보이지만 이왕이면 천 년 뒤의 일까지 헤아려서 계획을 세워야 한다(人無百歲人, 枉作千年計)."[2]고 선인들의 철학까지 말씀했다. 17세 시골 사춘기 소년 때 땔감을 하려고 절산에 나무를 하다가 스님을 만나 "내 인생이 왜 이렇게 초라합니까?"라고 묻자, 한참 먼 산을 바라보더니 땅바닥에 "生=牛+一"라 적고, "육중한 황소가 가느다란 외나무다리를 건너듯이 앞만 보고 아슬아슬 조심조심 살아갈 뿐이지."[3]라고 말씀하시고 내 머리를 쓰다듬어 주었다.

1973년 버트런드 러셀(Bertrand Arthur William Russell, 1872~1970)이 1945년 저술한 『서양철학사(A History of Western Philosophy)』를 강의하시던 미국인 교수님께 "삶의 진정한 의미(true meaning of life)"에 대해 서양의 한 여학생이 질문을 했다. 빙그레 웃으시면서 칠판에다가 "Life-F=Lie, F=Flowery Dream, Fiery Passion ; Life-if=Le"라고 적으시고, "삶에서 꽃 같은 꿈이 없고, 불같은 열정이 없이는 거짓말만 남는다(Only a lie remains without a flowery dream or fiery passion). 또한 도전(if)이 없다면 아무런 의미 없는 것만 남는다."라고 결론을 지었다. 지금 생각해보니, 인간의 삶만이 아니라 국가와 지역사회의 운명도 별반 다르지 않다.

그래서 2020년은 우리 모두에게 던지는 화두의 의미는 바로 이것이다. 삶(life)의 핵심이 되는 도전(if)을 하고, 모든 시민들이 각자의 "꽃 같은 꿈(flowery dream)" 혹은 "불같은 열정"을 가져야 한다. 또한 4월 15일 총선에서 이런 과제를 해결하고자 앞장서서 실행할 수 있는 지도자를 선택하는 거다.

2020 노벨상 수상 도전 도시가 된다

대구 시민의 한 사람으로 도전의 한 해가 되기를 바란다. 10년 이상 "교육 수도 대구" 혹은 "인문학 도시 대구"라는 대구시 슬로건에 걸맞게 명실상부한 "노벨상 수상 도시 대구" 구현을 위해 도전해야 한다. 이솝의 우화(Aesop's fables)에서 "신 포도는 난 필요하지 않다(I don't need any sour grapes)."[4]는 늑대처럼 "노벨상을 돈 주고 탄다." 혹은 "강대국의 나눠 먹기"로 합리화하면서 안주하기보다 대구가 가장 먼저 "신포도 증후군(syndrome of sour grape)"에서 벗어나 수상자로서 자질, 수상 가능한 수준,

수상자 스펙(winner's specifications) 및 글로벌 기준(global standard)을 갖춰 도전하자. 따라서 세계적인 교육 도시, 문화와 관광 도시를 향해 한 꺼번에 모두 업그레이드(upgrade) 된다.

알프레드 노벨(Alfred Nobel,1833~1896)이 "인류에게 최대로 기여한 사람에게(for the greatest benefit to humankind) 시상하라."는 유언에 따라 1901년부터 2019년까지 591회 949개 수상자(27개 단체와 922명)에게 영전을 수여해왔다. 6개 시상 부문으로 나눠, 우리나라 국민들의 관심 사항이 가장 높은 문학상부터 시작하여 물리학, 화학, 평화, 생리의학 및 경제학상까지 i) 노벨상에 도전하고자 하는 의지와 호기심, ii) 이미 수상하신 분들의 방법론과 주요 스펙, 그리고 iii) 우리의 해결과제와 주제를 살펴본다.

최근 우리나라는 '금수저' 취업과 대학(대학원) 입학 스펙 문제가 사회적 이슈가 되었다. 스펙(specification)이란 구직 혹은 입학을 위해 필요한 학력, 학점, 토익 점수, 자기소개서, 유명 인사의 추천서, 봉사활동 확인서, 논문 저서, 연구 프로젝트 및 수상 경력 등을 말한다. 이런 관점에서 본다면 노벨 수상자의 스펙(spec)은 지구촌에 가장 권위 있게 인정되고 있다. 우리나라는 1904년 부산에서 태어나 평안북도 운산광산(雲山鑛山)에서 8살까지 살았던 찰스 페더슨(Charles Pedersen, 1904~1989)은 미국 대학을 겨우 마치고 1927년 듀퐁(DuPont)사에 입사해 42년간 연구해 1987년에 노벨화학상을 받았고, 2000년 김대중 전 대통령이 노벨평화상을 수상했다.

노벨 수상자들의 스펙(specifications) 특징을 간략하게 요약하면: i) 교육에 있어 공적 교육(public school), 홈스쿨링(home schooling), 자기주도학습(self-direct learning) 등 다양하다. 노벨문학상에서는 공적인 초등학교도 배우지 못한 수상자가 10%가량이며, 고졸 출신이 가장 많다. 우리나라처럼 일류 대학에 편중하지 않고, 단지 노다지(금맥)를 찾는 탐광채굴 사업가처럼 학문 탐광(science-mining)을 위해 노벨 수상자 교수가 있는 대학을 찾아서 대학 쇼핑(college shopping) 혹은 연구소 쇼핑(lab shopping)을 한다. ii) 수상 공적의 특이성을 위해 자신의 몸을 실험 대상으로 이용, 종군기자로 분쟁 현장 체험에서 소재 발굴, 인종청소(racial cleaning)의 피해자에서 평화 협상 중재자로 변신, 기아(飢餓)와 전쟁의 현장에서 평화의 파종자(播種者) 역할, 체제와 이념의 질곡 현장에서 진실과 희망의 구도자를 자처하면서 특이한 공적을 쌓았다. iii) 내란 반군에 참여한 남편들에게 아내들은 부부관계를 거절함으로써 평화 체제 정착, 지구촌 무료 순회공연으로 문학 공적 쌓기 혹은 교도소에서 작품을 저술하고 민족운동을 지도하는 절박했던 환경이 스프링보드(spring board)가 되었다.

사실 우리들의 생각과 달리 iv) 문학상에도 소설가 혹은 시인과 같은 순수한 문학인보다 신문기자, 철학자, 음악가, 역사가 혹은 정치가 출신이 더 많은 이유는 글을 써서 '문학을 통해서 이상적인 방향으로 인류에게 가장 크게 기여'한 사람에게 수여하기 때문이다. 노벨경제학상도 경제학자보다 다양한 경제 현상을 간파한 심리학자, 군사학자, 지리학자, 통계학자, 사회학자 혹은 물리학자들이 다수 수상하고 있다. 노벨생리의학상도 의사나 생리학자보다 컴퓨터 전문가 및 신문기자들이 더 크게 의학적으로 기여하고 있다. v) 한때 해외 전파를 위한 영어로 번역이 필수적이라고 했지만, 최근엔 한국어 음악으로 지구촌을 뒤흔드는 '방탄소년단의 매직(BTS's Magic)'처럼 현실에서는 중국과 일본 수상자들은 자국어로도 수상하고 있다. 심지어 시상식장에서 수상 소감을 중국어 혹은 일본어로 10분 내외로 연설하고 있다. 노벨재단에 170여 명의 번역지원단이 있기에 추천서, 작품 및 실태 평가서 등을 영어나 스웨덴어로 번역해 봉사하고 있다.

　최근 대구시는 "스마트시티 국제표준(ISO37106)"을 갖춰 세계적 수준에 도달되었다고 자체 평가하고 있다.[5] 10년 이상 슬로건으로 외쳐왔던 "교육 수도 대구(Education Capital Daegu)"와 "인문학 도시 대구(Humanity-City Daegu)"의 명성으로 봐서라도 한 치도 물려 섬이 없이 이제는 "노벨상 수상 도시 대구(Nobel Prize-Winners'City Daegu)"로 매진해야 한다. 어떤 면에서는 오히려 늦은 감이 있다. 이것만이 미래 먹거리를 마련하기 위해서라도 지구촌 인재 양성소(Global Human Resource Center)로 대구가 거듭나는 길이다.

:: 02

우리는 왜 노벨문학상에 광분하는가?

노벨상 메달(위키피디아)

"문학이란 글을 쓰는 것"이란 새로운 개념에서 출발

1901년부터 2019년까지 112회에 걸쳐 116명의 수상자에게 노벨문학상을 시상했다. "문학에서 이상적인 방향으로 최선을 다한 사람(den som inom litteraturen har producerat det utmärktaste i idealisk riktning)에게 수여하라."는 알프레드 노벨의 유언이 심사 기준이 되고 있다. 여기서 "이상적인 방향(idealisk riktning)"이란 개인적이 작품에 주목하기도 하나 저자의 작품 전체를 기반으로 하고 있다. 그뿐만 아니라 상위 개념인 '인류에 대한 최대 기여(Maximal bidrag till mänskligheten)'라는 시상 취지에 따라 평가한다. 그래서 우리나라에서 대부분이 생각하고 있는 잣대인 '문학적 우수성(Litterär excellens)'만이 기준은 아니다. 즉 구체적인 사례로 수상자의 직업만 봐도 정치인, 기자, 철학자, 대중가수, 공연가 등이 수상자로 선정되고 있었다. 순수문학 혹은 예술성(문학적 우수성)은 판단 기준만으로도 평가할 수 없다. 노벨문학상 시상으로 봐서는 "문학이란 글을 쓰는 것(Litteraturen är skrivande) 그 자체"라는 광범위한 개념을 갖고 있다.

현재까지 노벨문학상 수상자 선택에 문제점(controversies about Nobel

Laureate selections)이 전혀 없었던 건 아니다. 대두되고 있는 문제점을 크게 3가지로 봐서 i) 문학적 기여를 간과(overlooked literary achievements)하고 있다는 점, ii) 국적 혹은 언어권에 대한 제한(nationality-based criticism)을 두고 있다는 결과적인 외현이 있으며, iii) 심사위원에 대한 자질 문제가 제시되어 왔다.

첫째로 문학적인 가치와 기여에서 있어 초창기에 톨스토이(Leo Tolstoy, 1828~1910), 입센(Henrik Ibsen, 1828~1906), 졸라(Émile Édouard Charles Antoine Zola, 1840~1902) 및 마크 트윈(Mark Twain, 1835~1910) 등에게 수상 기회조차도 주지 않았다. 특히 2016년 밥 딜런(Bob Dylan)이 수상하자 장난기가 극도로 발동했다는 비아냥거림을 받았다. 둘째로 국적 혹은 언어권에 근거한 비판으로는 영어권, 불어권에 집중되고 기타 언어권의 작가에게는 홀대했다. 셋째로 심사위원에 대한 자질 문제는 스웨덴 아카데미 이사회 멤버에 대한 논란이다. 18인의 수상자 선정위원회 자질이 문제되었다. 사망과 공석으로 12명 정족수를 채우지 못해 작년 2018년 노벨문학상은 지연되었다. 그뿐만 아니라 2018년 4월 10일 멤버 장클로드 아르노(Jean-Claude Arnault), 카타리나 프로스텐슨(Katarina Frostenson) 및 새라 다니우스(Sara Danius) 3명이 성추행 혐의 조사(sexual-misconduct investigation)로 사임했다. 정회원 11명만으로는 정족수 12명에 미달로 수상자 선정은 불가능해졌기에 2018년 5월 4일에 2019년까지 연기했다.

몇 명이 지명되었는데도 1명도 수상치 못한 아쉬움이 극도!

우리나라는 외국인들의 눈으로는 참으로 이상한 나라다. 2016년 "(독서 시간은 하루 6분이 고작인데) 책을 읽지 않으면서 노벨문학상을 원한다 (Koreans want the Nobel Prize for literature without reading a book)." 고 미국 종합 시사지 『뉴욕커(The New Yroker)』가 꼬집어 말했다. 그러나 지난 2017년만은 혹시나 한국의 시인 고은(高銀, 1933년생)6이 노벨문학 상 수상자로 선정되지 않을까 하는 바람을 온 국민들이 저버리지 못했다. 2002년부터 15년째 노벨문학상 후보자로 추천되었기 때문이다. 2017년 10월 5일 한국 시간 8시 현재(01:00 PM) 영국 스포츠 베팅 전문사 래드블록스(Ladbrokes Coral)7의 수상 확률로는 고은(高銀) 4위로 0.125(1/8)이 었고, 1위는 베트남의 소설가 티옹오(Ungugi Wa Thiong'O, 1938년생)로 0.24(1/4)이었다.

우리나라에선 노벨상 심사위원회의 판단 기준인 '인류에게 최대 기여 (The greatest benefit to humankind)'라는 잣대가 아닌 해외 출판 저서(권수), 인용 계수, 평론가들의 평가 혹은 도박(배팅)사의 확률에도 의존해서 수상 예상 보도를 했다. 정작 결과 발표는 노벨문학상 후보자로 스웨덴 아카데미(翰林院)에 접수된 240명 가운데 195명을 조사·심의 끝에 최종 적으로 일본 가주오 이시구로(石黑一雄, Kazuo Ishiguro)에게 행운의 여신 은 미소를 지었다.

동양 최초 노벨문학상은 1913년 『기탄잘리(Gitanjali)』 시집을 내었던 인도 시인 타고르(Rabindranath Tagore, 1861~1941)가 수상했다. 이어 1968년 『설국(雪國)』 소설로 일본인 소설가 가와바타 야스나리(川端康成, 1899~1972)가 55년 만에 수상했다. 다시 1994년 『만엔원년의 풋볼(万延元年のフットボール)』 작가인 일본인 오에겐자부로(大江健三郞, 1935년생)가 수상했다. 2000년 『영혼의 산(靈山)』 작품의 작가인 중국인 가오싱젠(高行健, 1940년생)이 수상했으며, 2012년 『붉은 옥수수 가족(紅高粱家族)』

작품의 중국 모옌(莫言, 1955년생)이 뒤를 이어 수상했다. 또한 2017년 일본인 가즈오 이시구로(石黑一雄, 1954년생)가 6번째 노벨문학상 수상의 영예를 안았다. 그의 대표작 『남아있는 나날(The Remains of the Day)』과 『나를 보내지 마(Never Let Me Go)』 등에서 "정서적 힘을 가진 소설들을 통해, 세계와 닿아있다는 우리의 환상 밑의 심연을 드러냈다."[8]는 평가를 받았다.

사실, 노벨문학상 수상자 가운데 소설가 혹은 시인이라는 문학가보다 특이한 수상자로는 2016년 밥 딜런(Bob Dylan, 1941년생)은 작사가이며 대중가수이고, 2015년 스벨틀라나 알렉시예비치(Svetlana Alexievich, 1948년생)는 신문기자 겸 산문 작가다. 또한 2005년 해럴드 핀터(Harold Pinter,1930~2008)

Bob Dylan의 타이핑 및 육필메모

는 영화배우였으며 극작가이고, 1997년 다리오 포(Dario Fo, 1926~2016) 역시 극작가였다. 1990년 옥타비오 파스(Octavio Paz, 1914~1998)와 1987년도 요세프 브로드스키(Joseph Brodsky, 1940~1996)는 수필가, 1964년 수상을 거부했던 장폴 사르트르(Jean Paul Sartre, 1905~1980)는 실존주의 철학자였다. 대부분이 노벨평화상을 수상한 것으로 오해하고 있는 1953년 윈스턴 처칠(Winston Churchill, 1874~1965)은 영국 수상으로 역사가, 웅변가 혹은 정치인이었다. 1950년 버트런드 러셀(Bertrand Arthur William Russell, 1872~1970)은 『서양철학사(A History of Western Philosophy)』를 저술한 철학자였다. 1908년 루돌프 오이겐(Rudolf Christoph Eucken, 1846~1926)[9]도 철학자였다. 1902년 테오도어 몸젠(The-odor Mommsen, 1817~1903)은 『로마 역사 연구(A History of Rome)』로 유명한 역사가였다.

이제까지 112회 116명의 노벨문학상 수상자 가운데 여성 수상자는 단 15명이었다. 1909년 셀마 라겔뢰프(Selma Lagerlöf, 1858~1940), 1926년 그라치에 델레다(Grazia Deledda, 1871~1936), 1928년 시르리드 운세트(Sigrid Undset, 1882~1949), 1938년 펄 벅(Pearl S. Buck, 1892~1973), 1945년 가브리엘라 미스트랄(Gabriela Mistral, 1889~1957), 1966년 넬리 작스(Nelly Sachs, 1891~1970), 1991년 네이딘 고디머(Nadine Gordimer, 1923년생), 1993년 토니 모리슨(Toni Morrison, 1931년생), 1996년 비스와바 심보르스카(Wislawa Szymborska, 1923~2012), 2004년 엘프리데 옐리네크(Elfriede Jelinek, 1946년생), 2007년 도리스 레싱(Doris Lessing, 1919년생), 2009년 헤르타 뮐러(Herta Müller, 1953년생), 2013년 엘리스 먼로(Alice Munro, 1931년생) 및 2015년 스베틀라나 알렉시예비치(Svetlana Alexievich, 1948년생) 및 2018년 올가 토카르추크(Olga Tokarczuk, 1962년생)이다. 최연소자는 41세로 1907년 수상자 조셉 키플링(Joseph Rudyard Kipling, 1865~1936)으로 대표작은 『정글북(The Jungle Book)』이다. 최고령자는 88세로 2007년 수상자 도리스 레싱(Doris Lessing, 1919~2013)으로 처녀작품은 『풀잎은 노래한다(The Grass Is Singing)』로 우리에게 알려졌다. 수상을 거부한 사람으로는 1958년 러시아의 수상자 보리스 파스테르나크(Boris Pasternak, 1890~1960)와 1964년 프랑스의 철학자 장 폴 사르트르(Jean Paul Sartre, 1905~1980)가 있다. 공동 수상은 1904년 프로방스 출신 시인 프레데리크 미스트랄(Frédéric Mistral, 1830~1914)과 스페인의 수학자 호세 에체가라이(José

Echegaray, 1932~1916), 1917년 덴마크 시인이며 소설가인 카를 기엘레루프(Karl Gjellerup, 1857~1919)와 덴마크의 소설가 헨리크 폰토피단(Henrik Pontoppidan, 1857~1943), 1966년 이스라엘의 소설가 슈무엘 요세프 아그논(Shmuel Yosef Agnon, 1887~1970)과 스웨덴의 시인 넬리 작스(Nelly Sachs, 1891~1970) 그리고 1974년 스웨덴의 소설가 에위빈드 욘손(Eyvind Johnson, 1900~1976)과 스웨덴의 소설가 하리 마르틴손(Harry Martinson, 1904~1978) 등이 2인 공동 수상자로 노벨문학상을 수상했다. 또한 고인이 된 수상자는 1931년 스웨덴 시인 에리크 카를펠트(Erik Axel Karlfeldt, 1864. 7. 20.~1931. 4. 8.)를 수상자로 선정했고, 1961년에 유족에게 시상했다. 1974년 이후 사망자에게 시상하지 않기로 했다.[10]

사실 우리나라의 고전문학에서도 '문학으로 이상적인 방향으로 인류에 최대 기여(Contributing to Humanity in an Ideal Direction with Literature)'라는 잣대로 작가 중심 통시적 평가를 통해 수상자를 선정한다면, 동양 유교 문화의 유습으로 인한 조선 시대 남존여비사상(男尊女卑思想), 사농공상(士農工商)의 신분 제도 등이 인본주의와 천부 인권이 짓밟히고 있었다. 당시 신분제로 인해 노비의 판매 가격은 송아지 값보다도 못 받는다고 "송아지가 웃을 지경(犢笑之境)."이라는 속담이 유행했다. 남존여비(男尊女卑)는 남자가 여자를 죽였다고 조선 시대 처벌한 적이 없었기에 "여잔 죽여도 무처벌(殺女無罰)." 불문율로 내려왔다. 이렇게 태산준령과 같은 사상적 장벽에다가 머리를 들이박겠다고 "질곡의 삶"을 삶았던 여류 시인 허난설헌(許蘭雪軒, 1563~1589)과 14세의 당돌한 여류 시성 김금원(金錦園, 1817~1850)의 작품은 인권 저항 문학(Human Rights Resistance Literature)의 효시를 만들었다.

다른 한편 조선 시대 남성의 작품으로는 윈스턴 처칠(Sir Winston Leonard Churchill, 1874~1965)의 『제2차 세계대전 회고록(The Second World War)』[11]의 원전(原典)에 해당하는 충무공 이순신(李舜臣, 1545~1598)의 『난중일기(亂中日記)』는 노벨문학상을 받을 수 있는 작품이다. 시대적 배경은 2,000년 이상 고착화된 중국 대륙 중심의 군사 역학 관계를 뒤집고자 일본제국은 '정명가도(征明假道)'의 기치를 들고 대륙 침략의 발판으로 조선에 침입했다. 신생 강대국 일본은 '투키디데스의 함정(修昔底德陷阱)'[12]에다가 조선을 끄집어 넣어 짓밟고 중국 대륙으로 들어갈 계산이었다. 이순신은 이를 간파했고, 전쟁의 늪에서 조국 조선을 구출했으며 동시에 극동아시아 평화 정착에 튼실한 방파제를 마련했다. 그뿐만 아니라 그의 『난중일기(亂中日記)』로 반전 평화 문학(Antiwar-Peace Literature)을 맹아(萌芽)시켰다.

　한국 전통 문학으로 노벨문학상 수상이 가능한 소재로는 '지구촌 문화의 씨앗(seed of global culture)'으로 장대한 스케일로 웅장하게 번창했던 i) 신라 금성(金城)에서 시작해서 로마 황제의 곤룡포 비단을 제공했던 '실크로드(silk road)', ii) 고려 송상(松商)들이 베니스 장사치들에게 가르쳐 주었던 복식부기, 경영학과 경제학의 실마리가 되었던 '사개치부법(四介置簿法)', iii) 오늘날 지구촌에 정보통신산업, 문학 및 지식정보의 불꽃을 내면서 활활 타오르는 원초적 불씨였던 금속활자를 고안한 고려봉밀활자(蜂蜜活字)로 찍었던 청주(淸州)사찰의 '직지심경(直旨心經)', iv) 바이칼 호수에서 발원해서 몽고-만주-한반도로 이동한 삼한(三韓)의 한민족이 베링바다(Bering Sea)-알래스카(Alaska)-북미(North America)-남미(South America)까지 10,000년간의 1,100만 명이나 이어졌던 '한민족 대이동(韓民族대移動)' 등이 있다. 이들 소재로 창작한다면 10~100부 대작으로 수십여 명의 필생 대작이 기대되고 있는 한민족 문학의 대과제다. 이에다가 한민족 정신, 정서 및 애환을 녹여서 장엄하고 방대한 민족서사문학(national narrative literature)으로 디자인한다면 단시간에도 노벨문학상 수상 작품은 가능하다.

물론 현시점에서는 한국어로 지구촌을 흥분시키는 'BTS Magic(방탄소년단의 매직)'이라는 케이팝(K-pop)도 2016년 미국 대중가수 밥 딜런(Bob Dylan, 1941년생)처럼 노벨문학상이 가능하다. 그러나 '이상적인 방향으로 인류에 공헌(contribution to humanity in an ideal direction)'을 입증하기 위한 남은 과제는 열광의 도가니를 어떻게 지속할 것인가와 "문학에서 이상적인 방향으로 최선을 다하는 사람"의 모습을 어떻게 만들어갈까를 고민해야 한다.

：：03

현실이란 질곡의 굴레에서 삶의 철학을 찾아

삶의 밑바닥에서 솟구치는 시와 수필로

노벨문학상의 최초 수상자는 1901년 프랑스의 시인 겸 수필가인 르네 프뤼돔(René F. A. Prudhomme, 1839~1907)이었다. 그는 "특히 고상한 이상주의, 예술적 완전성 그리고 감성과 지성에 희귀한 결합의 증거를 제시하는 시적 구성에 대한 인식"13을 높이 평가받아 단독 수상자로 노벨문학상을 받았다. 그는 1839년 3월 16일 프랑스 파리에서 아버지가 상인인 아들로 태어나 먹고사는 데 도움이 된다는 생각에 기술자가 되고자 과학기술전문학교(Lycée Bonaparte)에 입학했으나 안질환(眼疾患)의 악화로 중퇴하고, 호구지책(糊口之策)으로 슈나이더 철강주조공장(Schneider steel foundry)에서 하루 18시간 일하다가, 1860년에 공증인사무소(notary's office)에 들어가서 법률이 뭔가를 익히게 되었다.

당시 유행하던 라브뤼예르 컨퍼런스(Conférence La Bruyère) 사조에 휩싸이게 되었고, 시적 감수성에 자극을 받아 문학계에 발을 들어놓게 되었고 그만 빠져들었다. 1865년까지 '과학-철학(법률)-문학'의 끝없는 방황을 한 끝에『구절과 시(Stances et Poèmes)』라는 처녀 시집을 내놓았다. 프랑코러시안 전쟁(Franco-Prussian War) 때인 1872년『전쟁(de la guerre)』을, 1874년『프랑스(La France)』라는 시집을 출판하는 바람에 건강까지 해쳤다. 1878년『정의(La Justice)』를 내놓음으로써 1881년에 비로소 프랑스

아카데미(Académie française) 회원으로 선임되었다. 1888년『행복(Le Bonheur)』시집을 내놓았다. 그의 미학과 철학을 녹여낸 에세이는 1884년『순수문학(L'Expression dans les beaux-arts)』, 1892년『표현과 음률의 기술에 대한 고찰(Réflexions sur l'art des vers)』등의 수필을 저술했다.

로마 역사 노천 탄광에서 시련의 의미를 찾아

1902년 두 번째 노벨문학상 수상자는 독일의 역사학자이며 고전문학자인 크리스티안 몸젠(Christian M. T. Mommsen, 1817~1903)이었다. '역사적 저술에서 생존하는 최고 위대한 저술가로서『로마사』란 기념비적인 작품을 남긴 공로'[14]로 단독 수상자로 노벨문학상을 수상했다. 그는 1817년 11월 30일 독일 가르딩(Garding)에서 태어나 함부르크(Hamburg)로 이사했고, 크리스티아네움 김나지움(Gymnasium Christianeum)에 입학해서 그리스어와 라틴어를 배우다가 1837년에 졸업했다. 1838년 킬대학교(University of Kiel)에서 법리학(jurisprudence)을 연구했으며, 1843년에 로마법으로 박사 과정을 마쳤다. 이때 동숙생(同宿生)이었던 테오도르 스토름(Theodor Storm)과 동생 타이코(Tycho)와 3인이 공동으로『세 친구의 노래책(Liederbuch dreier Freunde)』시집을 출간했다. 물론 테오도르 스토름(Theodor Storm)는 유명한 시인으로 활약을 했다.

1848년 프랑스와 이탈리아를 찾아『고대 로마의 비문(碑文)보존에 대한 연구(Eine Studie zur Bewahrung von Inschriften im alten Rom)』로 라이프치히대학교(University of Leipzig)의 교수직에 임명되는 데 디딤돌이 되었고, 그의 일생에 로마 역사를 저술하는 계기를 마련했다. 1852년 취리히대학교(University of Zurich) 로마법 교수직을 받아들여 2년간 보내

고, 1854년 브레슬라우대학교(University of Breslau) 교수가 되어 1854
년부터 1856년 필생대작인『로마사(Römische Geschichte)』의 원고를 작
성했다. 1857년 베를린 과학아카데미(Berlin Academy of Sciences) 연
구교수가 되었다. 이어 독일, 로마 고고학연구소(German Archaeological
Institute in Rome)를 설립해 운영했다. 1861년 베를린대학교 로마 역사
교수로 강의를 1887년까지 했다. 1859년 네덜란드 왕립과학예술아카데
미(Royal Netherlands Academy of Arts and Sciences)의 외국인 회원으로,
1868년 명예로마시민권을, 1870년 미국골동품학회 회원이 되었다.

　　그러나 필생 역작으로 저술해왔던 4권 분량의『로마사(Römische Ge-
schichte)』원고가 1880년 7월 7일 심야 2시경 자택 2층 서재에서 화재
가 발생해서 모두 소실되고 말았다. 원고뿐만 아니라 영국 케임브리지
대학교 트리니티대학(Trinity College, Cambridge University) 도서관에
빌려왔던 책과 하이델베르크대학교(Heidelberg University)의 요르단
(Jordanes) 교수의 귀중한 원고까지 몽땅 불타고 말았다. 1834년 영국 토
머스 칼라일(Thomas Carlyle, 1795~1881)이『프랑스 혁명사(The French
Revolution: A History)』를 친구 철학자이며 경제학자인 존 스튜어트 밀
(John Stuart Mill, 1806~1873)에게 검토를 부탁했더니, 그의 서재에 뒹굴
고 있던 원고 뭉치를 내용도 모르는 여자 하인이 난로 불쏘시개로 태워
버렸지만[15] 1837년에 3권의『프랑스 혁명사』를 출간하면서 "길을 걷다가
돌부리가 발에 걸리면 약자는 걸림돌로 여기지만 강자는 디딤돌로 생각
한다(The block of granite which was an obstacle in the pathway of the
weak, became a stepping-stone in the pathway of the strong)."라고 시
련의 의미를 되새겼다. 그는 칼라일(Carlyle)의 일화를 회상하면서 보다
위대한 저술을 위한 "신의 깊은 뜻(Die tiefe Bedeutung Gottes)"으로 여기

고 다시 저술을 시작하여 5권[16]의 일생일대 역작 『로마의 역사(Römische Geschichte)』를 출간했고, 1902년에 그로 인해 노벨문학상을 수상하는 영광을 얻었다.

자연 경관, 원주민 정신 및 전통을 민족 문학과 드라마로 승화

1904년 프랑스 시인 프레데리크 미스트랄(Frédéric Mistral, 1830~1914)는 스페인의 토목기술자, 수학자 및 극작가였던 호세 에이사기레(José Echegaray y Eizaguirre, 1832~1916)와 2인 공동 수상자로 노벨문학상을 수상했다. 프레데리크 미스트랄(Frédéric Mistral)의 수상 공적은 "독창적인 창작에서 있어 자연 경관과 원주민 정신을 충실히 반영한 새로운 시적 창작에 진정한 영감을 인정하고 프로방스학자로서의 그의 중요한 업적"[17]이며, 호세 에이사기레(José Echegaray y Eizaguirre)에게 "개인적이고도 원래 방식으로 스페인 드라마의 위대한 전통을 되살려 놓은 수많은 화려한 작곡에 대한 인정"[18]으로 수상의 영예를 얻었다.

먼저 프레데리크 미스트랄(Frédéric Mistral)은 1830년 9월 8일, 프랑스 쁘호벙스(Fuhoumbush)에서 부유한 집안의 아들로 태어나 먹고사는 데 걱정이 없어 아비뇽왕립대학(Avignon Royal College)에 다녀 1851년에 법학학사 학위를 취득했다. 1854년에 프로방스와 옥시타니아(Provence et Occitània) 언어문화보존 및 진흥을 위한 5개 지방 시인 커뮤니티 '펠리브리지(Félibrige)'를 설립해 운영하면서 필생 사업으로 오크어(Lenga d'òc)의 문학 전통을 부흥하기로 작심하고 오크어(Lenga d'òc)로 많은 작품을 저술했다. 1878년 2권짜리 옥시타이나어(Occitan language)사전을 편찬했다. "미스트란 표기안(Mistralian orthography)"이라는 철자법

표준을 마련했고, 『교구의 가족들(Cours familier de littérature)』 작품을 출간했다. 1859년 『미레유(Mirèio)』 시집을 출판, 알퐁스 도테(Alphonse Daudet, 1840~1897)와 오랫동안 우정을 나눴던 서간집 『직장에서 보낸 편지(Lettres de mon moulin)』에서는 "시인 미스트랄(Poet Mistral)"[19]이라고 칭송을 했다. 1963년 샤를 구노(Charles Gounod, 1818~1893)는 시를 악보로 옮겨 「미레유(Mirèio)」를 오페라로 개작해 무대에 올렸다. 이렇게 프로방스와 옥시타니아의 자연환경과 원주민의 정신을 문학으로 승화시켜 시적 창작으로 문예 부흥을 도모했다.

한편 호세 에이사키레(José E. Eizaguirre)는 1832년 4월19일 스페인 마드리드(Madrid, Spain)에서 의사이며 연구소 교수인 아버지로부터 태어나 무르시아(Murcia)에서 초등학교를 다니면서 어린 시절에 수학에 열정을 갖고 공부했으며, 14살에 돈을 벌기 위해 항구해안공업학교(Escuela Técnica Superior de Ingeniería de Caminos, Canales y Puertos)에 가고자 마드리드로 이사해서 산이스이드로 학습연구소(Second Teaching Institute of San Isidro)에 등록해 배웠다. 1852년 마드리드 콤플루텐세대학(Universidad Complutense de Madrid)에서 공부를 하고, 1854년 토목공학 학사 학위를 취득했다. 첫 직장을 얻고자 알메리아(Almeria)와 그라나다(Granada)로 삶의 터전을 옮겼다. 1854년 기술학교(Engineering School)에서 수학, 기하학, 미분 및 물리미적분까지 가르치는 교사 겸 비서로 1868년까지 일했다. 1858년부터 1860년까지는 공공예술보조학교(Assistants' School of Public Works)의 교수직을 역임했다. 1867년 정치경제학회 회원기관지 『잡지(La Revista)』를 창간해서 언론 플랫폼과 자유무역을 주장했다. 1867년에서 1874년까지 정치에 몸을 담았으며, 1868년 군주제를 전복한 혁명내각(revolutionary cabinet)에 들어가 교육부장관, 공공사업 및 재무장관을 역임했다가 1874년에 부르봉 복원(Bourbon restoration)으로 은퇴했다.

그러나 문학소년 시절에 요한 월프강 괴테(Johann Wolfgang von Goethe, 1749~1832), 발자크(Honoré de Balzac, 1799~1850), 호머(Homēros Homer), 가우스(Carl Friedrich Gauss, 1777~1855) 및 르장드르(Adrien Marie Legendre, 1752~1833)의 작품을 열독했고 작품 세계에 빠졌다. 1872년 불혹(不惑)의 40세가 되고부터 작품 활동을 시작했으나 60여 편의 희곡 작품을 저술했다. 19세기 후반 스페인의 대표 극작가로 대두되었다. 대표 작품으로는 「광인인가? 성인인가?(O locura o santidad)」와 「위대한 갈레오토(El Gran Galeoto)」가 있다. 83세 고령임에도 왕성한 저술 활동을 해 30여 권의 수학·물리학 저서를 썼다. 25년간 필생 사업으로 수학물리학백과사전을 "마무리하기 전에 죽을 수 없다."고 할 정도였다. 지금도 스페인 수도 마드리드엔 그의 명성을 딴 "에체가라이 거리(Echegaray Street)"에는 플라멩코 술집이 성업 중이다.

:: 04

문화적 서정과 역사적 서사의 화학적 결합 민족 문학

폴란드의 민족서사문학의 터전을 마련한 국민 작가로

강대국의 틈새에서 피해 역사를 지녔지만 민족 정서와 조국 사랑에 대한 극작가이며 소설가였던 헨리크 시엔키에비치(Henryk Sienkiewicz, 1846~1916)는 1905년 "서사적 작가로 뛰어남(because of his outstanding merits as an epic writer)"을 인정받아 단독 수상자로 노벨문학상을 받았다. 1846년 5월 5일 러시아의 지배를 받고 있던 조국 폴란드의 볼라 오크세이스카(Wola Okrzejska) 마을에서 부유한 귀족 집안의 아들로 태어났다. 학창 시절에 문학 작품에 관심을 갖고 읽었으며 창작에도 뜻을 가졌다. 바르샤바국제대학(Imperial University of Warsaw)에서 인문학을 전공했으며, 대학 시설에 습작품을 발표했는데, 첫 작품은 「희생(Ofiara)」을 저술했음에도 흡족하지 않자 더 이상 출판을 하지 않겠다고 원고를 발기발기 찢어버렸다. 첫 출판은 「헛된 짓거리(Na marne)」이었다. 1866년 대학을 그만두고, 모교의 역사철학연구소에 일자리를 얻었다. 그곳에서 모국 폴란드의 고어(古語)를 익혔다. 1867년 「젊음의 젊음(Sielanka Młodości)」을 창작했고, 1868년에 왕세자와 로니에키 가정에 가정교사(tutor to the princely Woroniecki family)로 일할 수 있었다. 1869년 기자 생활을 시작했고 에세이를 출간했다. 1871년 대학 과정을 마쳤지만 그리스어 졸업 시험에는 불합격했다. 1873년 칼럼리스트로 글을 쓰기 시작했고, 1874년 칼럼 모음집『현재 업무(Sprawy bieżące)』와 1875년『현재의 순간(Chwila obecna)』을 발간했다.

1874년 "우물 안 개구리(Żaba w studni)"에서 벗어나 지구촌의 넓고 새로운 안목을 얻고자 약혼녀 마리아 켈러(Maria Keller)와 같이 벨기에 브뤼셀과 프랑스 파리를 거쳐 1876년 영국 런던, 미국 뉴욕, 샌프란시스코에 머물면서 현지 집필로 에세이『여행에서 편지(Listy z podróży)』를 써서 여행비를 조달했다. 캘리포니아 애너하임(Anaheim, California)에서 한동안 안착했으며, 모하비 사막, 요세미티 계곡 및 은색광산을 찾아갔다. 1878년은 유럽 각지를 여행했다. 지구촌 구경을 통해 체득한 안목으로 폴란드 민족성을 녹여 1882년「등대지기(Lighthouse Keeper)」와「용사 바르데크(Mistrz Bardek)」등의 단편소설을 창작했으나, 만족하지 못하고, 17세기 폴란드 역사에서 국민적인 영웅과 격전지를 정선해 사실과 허구로 오색실타래를 꼰(weaving fact and fiction) 3부 대작(Trilogy)을 구상했다. 1884년『불과 용검을 갖고(With Fire and Sword)』, 1886년『대홍수(The Deluge)』에 이어 1888년『대초원의 불(Fire in the Steppe)』을 발간하여 국민 작가로 대두되었으며, 국민들에게 조국과 민족에 대한 사랑을 갖게 하는 데 원동력을 마련했다. 1896년『어디로 가십니까?(Quo Vadis)』로 세계적인 명성까지 얻었으며, 1905년 노벨문학상을 수상했음에도 제1차 세계대전에 참전해 폴란드 독립운동과 국제적십자사 구호 활동을 하다가 스위스에서 외롭게 혼자서 눈을 감았다. 사후에도 1951년 미국 할리우드(Hollywood's) 영화로「쿼바디스(Quo Vadis)」가 제작되어 오늘날 우리들이 관람할 수 있다.

만약 헨리크 시엔키에비치(Henryk Sienkiewicz)가 한국에 태어났다면 "마음일랑 아리랑 가슴이랑 쓰리랑(아리랑~ 쓰리랑~)."이란 소재를 그냥 넘기지 않고, 적어도 10부작 필생 역작을 저술했을 것이다. 1)조선말의 호국 의병들이 불렀던 아리랑에서 시작해서, 2) 태산준령보다 더 높았다는 보리고개(麥嶺)를 넘어보고자 아르헨티나 등 남미로 이주했던 동포들이 읊었던 망향가(望鄕歌) 아리랑, 3) 일제로부터 조국 독립을 위해서 백두산을 넘어 중국 타이항산맥(太行山脈)의 산시성 쭤취안 윈터우디(山西省左權縣雲頭底)까지 조선의용군 투쟁에서 저항가(抵抗歌) 아리랑, 4) 일본과 러시아는 협공 작전으로 블라디보스토크의 고려인 30여만 명을 강제로 시베리아 횡단열차에 태워 중앙아시아 불모지에 희망의 씨앗이 되었던 희망가(希望歌) 아리랑, 5) 일본제국군의 성적 쾌락을 위해 조선 여성을 성적 노리개(sexual plaything)로 아시아 대륙은 물론 동남아제도까지 끌려 갔던 종군 위안부의 "힘없는 조선"에 대한 원한가(怨恨歌) 아리랑, 6) 해방 이후에도 6·25전쟁과 빈곤 전쟁에서 필승의 의지를 다지면서 중동 열사에서 독일의 지하 탄광에서 불렸던 발악가(發惡歌) 아리랑⋯ 이렇게 담대한 민족 문학을 누군가는 빠짐없이 다 담아야 한다.

물론 1926년 나운규 주연의 무성영화 「아리랑」이 있었고, 1941년 미국의 여성 저널리스트 님 웨일즈(Nym Wales, 본명 Helen Foster Snow, 1907~1997)[20]의 『중국에서 한국저항혁명의 노래 아리랑(Song of Arirang)』 단권본이 있었다. 이 정도의 문학 작품은 스케일이나 수준에서는 속된 말로 "참새가 한 발로 쑥을 한두 번 헤집는 정도(蒿雀質)"에 지나지 않는다.

피와 땀으로 민족 문학 창작과 민중 속으로 파고들면서

이탈리아 고전문학자이며 시인이었던 주수에 카르두치(Giosuè Alessandro Giuseppe Carducci, 1835~1907)는 1906년 "심오한 연구와 비판적인 분석을 고려하고, 또한 창조적 에너지, 신선한 스타일로 시적 걸작을 특징으로 하는 서정시적인 힘에 찬사"[21]하는 의미에서 단독 수상자로 노벨문학상을 받았다. 그는 이탈리아 발디카스텔(Valdicastello)에 태어나 어릴 때부터 그리스어와 라틴어를 위시해 고전 작품을 두루 섭렵했다. 특히 근대 작가의 알렉산드로 만초니(Alexandro Manchoni), 조반니 베르세(Giovanni Versace)의 작품을 유독하게 애독했고, 로마가톨릭교회계열 중학교에서 수재로 우수한 과정을 거쳐 피사사범학교(Scuola Normale Superiore di Pisa)를 1856년에 졸업했으나 문학에 뜻을 접지 못해 호모(Homer)의 일리아드(Iliad) 9권을 이탈리어로 완역해 출판했다.

그런데 1858년 형 단테(Dante)가 삶에 대한 비관 자살을 하자, 의사이며 이탈리아 통일을 위한 정치비밀결사원(advocate of the unification of Italy)으로 활동하시던 아버지도 세상을 떠났다. 집안을 책임지고 갈 남자라곤 혼자뿐이었기에 출판 편집에 매진해서 일가를 부양해야 했다. 1859년 피사고등학교(High Shcool in Pistoia)에서 그리스어를 가르치는 교사를 얻었다. 1860년 문학적 소실과 실력을 인정받아 볼로냐대학(University in Bologna)의 이탈리아문학 교수직을 맡았다. 그럼에도 정치비밀결사원이었던 부친의 애국 혈통을 이어받았는지, 국가 통일 시대의 신정부를 통렬히 비난하는 애국 저항 문학으로『청춘시절(Youthhood)』과『시 선집(Raccolta di poesia)』을 출판했다. 이를 계기로 민족주의적 시를 저술했고, 국민 작가로 활약하다가 1890년에 상원의원에 당선되어 정치 활동까지 했다.

여기서 명확하게 개념을 정리한다면, 문학 창작(literature creation)이란 우리가 생각하고 있는 순수 문학이라는 시나 소설을 창작하는 단순한 게 아니다. 국가라는 지역을 초월하고, 과거와 현재 및 미래까지 "시대를 넘나드는 문학 창작(creation of literature across the ages)"이 진정한 의미이다. 민족성과 역사성을 보존하고 진흥하는 것에서 벗어나, 사상과 체제에 저항하거나 "변혁을 도모하는 신문화 창출(new culture to transform)"까지 문학 창작이다. 문예 활동은 단순한 저술 활동에 한정되지 않고, "인류를 위한 이상적인 방향(Ideal direction for humanity)"을 추가한다면 배우, 연출가, 극작가 및 영화 제작자로서 활동도 문학 창작이며, 때로는 민족 저항운동, 체제 저항 활동, 대중 가요 전파 등까지도 문학 창작이다.

프랑스 유치원에서 글쓰기보다 그림 그리기부터 가르치는 이유?

고대 인디아 언어였던 산스크리트어(saṃskṛtā, 梵語) "정글(Jungle)"은 사람이 거주하지 않는 땅이다. 유치원 아이들조차도 알고 있는 『정글북(The Jungle Book)』은 그림 동화가 아닌 노벨문학상 수상작이다. 인도에서 태어나서 1894년경 인도 북부 지역을 여행하면서 들었던 '판차탄트라(Panchatantra)'와 '자타카(Jataka)' 우화(설화)와 사냥꾼이 말하는 동물의 이야기를 녹여서 갖고 있던 수첩에다가 그림을 그렸다가 문학 작품으로 다듬었다. 예를 들면 몽구스와 뱀이 인간에게 도덕성을 설파하는 '리키티키태비(Rikki-Tikki-Tavi)' 버전의 작품을 썼던 조지프 러디어드 키플링(Joseph Rudyard Kipling, 1865~1936)은 1907년 "관찰력, 상상력, 독창력, 정체성에서 뛰어난 세계적인 저자로서의 해설적 재능을 고려해"[22]단독 수상자로 노벨문학상을 받았다.

오늘날 프랑스 유치원에서는 글자를 깨우치기 전에 사인펜으로 백지에다가 그림부터 그리도록 한다. 음악을 듣고도 그림을 그리고, 우체국을 견학하면서 사무실 풍경을 스케치하며, 동화를 읽고도 줄거리나 느낌을 그림으로 그리도록 가르치고 있다. 사실, 노벨 수상자 가운데 화가가 아니더라도 그림을 그렸던 사람들이 대체로 많다. 선택과 강조, 포착과 구성, 표현과 의미 전달에서 그림은 글보다도 앞서고 있기 때문이다. 그뿐만 아니라 자연 경관, 색채감, 경외심… 등을 한꺼번에 종이 위에 평면적으로 표현하는 예술의 총결집이기 때문이다.

그는 1865년 12월 30일 영연방제국 인도 봄베이(Bombay, Bombay, Bombay Presidency, British India)에서 태어나 1878년 13세로 대영제국의 군인이 되고자 영국 노스데본(North Devon)에 있는 병사양성학교인 유나이티드서비스대학(United Service College)에 입학해서 군사학을 2년에 마쳤으나 욕심은 옥스퍼드대학(Oxford University)에서 배우고 싶었지만 재능도 경제력도 생각조차 할 수 없었던 것이다. 1880년 조국 인도로 귀국해서 1882년부터 1889년까지 파키스탄 동북부 라호르(Lahore) 도시의 『토목·군사관보 및 개척자(Civil & Military Gazette and Pioneer)』 지역 신문의 편집을 맡았다. 숨을 쉴 틈이 나면 조국을 두루 여행하고 주민들의 이야기를 적고 그리면서 수합했던 자료를 기반으로 문학 작품을 창작했다. 소설로는 1888년 『왕이 되려던 사나이(The Man Who Would Be Kin)』, 1894년 『정글북(Jungle Book)』, 1901년 『킴(Kim)』 그리고 1902년 『그냥 그런 이야기들(Just So Stories)』 등을 집필했다. 시(詩)로는 1890년 『만달레이(Mandalay)』와 같은 해 『건가 딘(Gunga Din)』을 내놓았다. 1885년부터 1888년까지 철도역 심라(Shimla, Lahore Railway Station)에서 근무하면서 1886년 『부문별 노래(Departmental Dittles)』 시집과 1887년 『산중야화(Plain Tales from the Hills)』 단편소설집을 발간했다.

정글북에서 나오는 "늑대에게 길러지는 수놈새끼 개구리 모우글리

('man-cub' Mowgli, who is raised in the jungle by wolves)"가 되지 않고 자 1887년부터 1889년까지 한국, 중국 등지 극동아시아와 미국을 여행하고 1890년에 영국으로 돌아왔다. 1891년 정글 야생동물을 소재로『삶의 장애(Life's Handicap)』를 창작, 1892년 인도 군대 생활을 묘사한 마지막 시 구절 "당신은 나 건가 딘보다 멋진 사람이지요(You're a better man than I am, Gunga Din!)"로 끝나는 「건가 딘(Gunga Din)」 시(poetry)들이 수록된『병영의 노래(Barrack-Room Ballads and Other Verses)』는 그 웅장함에 대영제국 온 국민들이 성원을 보냈다. 1896년 「7대양(The Seven Seas)」은 국민 호응으로 대영제국의 애국 시인으로 추앙받았으며, 1899년「백인의 짐(The White Man's Burden)」, 1910년 「만약(If~)」, 1919년 「복사본 제목의 신들(The Gods of the Copybook Headings)」 등의 작품을 쏟아내었다.

:: 05

초등학교 졸업도 못 했는데 노벨문학상 수상자로

"무식쟁이 절름발이" 최초 여성 노벨문학상 수상자로

"고상한 이상주의, 생생한 상상력, 저술을 통한 영적 인식에 대한 감사
23"의 표시로 1909년 여성으로 최초 노벨문학상을 받았던 스웨덴의 작
가 셀마 라겔뢰프(Selma Ottilia Lovisa Lagerlöf, 1858~1940)였다. 그녀는
인생 자체가 한편의 순수한 동화이고 인생 드라마였다. 1858년 11월 20
일 스웨덴 배름랜드 몰바카(Mårbacka Värmland Sweden)라는 작은 동네
에서 여자아이로 태어나면서 엉덩이 관절에 부상을 당해 어릴 시절에 절
룩거렸다. 그래서 동년배 아이들보다 진지했고 차분하게 할 수 있는 것이
란 독서뿐이었다. 할머니를 통해 고전과 전통 문화에 모든 문학적 스토리
텔링을 섭렵했다. 공식적인 학교는 생각도 못 했기에 전통적인 학습 체계
(Volksschule system)에 의해 집에서 영어, 프랑스어를 하나씩 익혔다.

스웨덴이라는 신비스러운 백야 현상, 오로라 현상, 만년설, 토끼 꽁지처
럼 짧은 일조 시간, 자작나무가지를 울리는 북서풍 등의 특이한 자연 현
상이 그녀의 상상력과 창작력을 더해 문학적 자양분을 축적했다. 7살에
소설을 읽기 시작해서 10살부터 성경을 처음부터 끝까지 통독했다. 왕
립여성지도자 아카데미(Royal Women's Superior Training Academy)에
서 교육을 받을 기회도 있었으나 알코올 중독자인 아버지는 "여자가 배워
서 뭘 하느냐?"고 극구 반대를 했다. 1882년부터 1885년 스톡홀름에 가

서 "고등학교 교사 세미나(Högre lärarinneseminariet)"에 청강 등록을 하고 들었다. 이렇게 얻었던 자격으로 1885년부터 1895년까지 랜드스크로나 여자고등학교(high school for girls in Landskrona)에서 가르칠 수 있는 행운까지 얻었다. 1891년 33세 나이로 『예스타 베를링 이야기(Gösta Berling's Saga)』라는 현상 소설 공모에 당선해 문단 데뷔를 했다. 1894년 『보이지 않는 고삐(En osynlig tyg)』를 발표했고, 1897년에 왕실장려금을 받아서 유럽과 아시아 등의 해외여행을 통해 작가로서 식견을 넓혔다. 외국 여행의 성과물로 『반(反) 그리스도의 기적(Antikristens mirakel)』과 『예루살렘(Jerusalem)』을 저술해 세상에 내놓았다.

그러나 필생 대작의 꿈을 버리지 않았다. 농민 신앙과 향토애의 상극 상황을 묘사한 대작 『늪가 집 딸(Skräp hus dotter)』에서 빈가처녀(貧家處女)의 선의와 순수한 사랑을 묘사했다. 1912년 영화로 각색된 중편소설 「환상의 마차(En fantastisk vagn)」을 창작했다. 오늘날 우리나라의 아동 애독서인 『닐스의 신기한 모험 여행(Nils Holgerssons underbara resa genom Sverige, 1906~1907)』으로 범국민적 사랑을 받게 되었다. 이렇게 국민적 지지를 얻자 1907년 웁살라대학교(Uppsala University)과 1928년 그라이프스발트 예술대학교(University of Greifswald's Faculty of Arts)에서는 명예박사 학위(Honorary Doctorate)를 수여했다.

학교 중퇴란 쳇바퀴 속에서도 철학적 방향만은 잃지 않아

'극적 예술의 영역에서 탁월하고 다양한 작품을 인정'[24] 1912년에 노벨문학상을 받은 독일의 희곡 작가인 게르하르트 하웁트만(Gerhart Johann Robert Hauptmann, 1862~1946)이 있다. 그는 1862년 11월 15

일 프러시아제국(독일) 실레지아 오버잘쯔브룬(Obersalzbrunn, Silesia, Kingdom of Prussia)이라는 작은 도시에서 태어나 1868년 6살에 마을학교(village school)에 들어가 배웠고, 1874년 중학교인 브레슬라우 레알슐레(Realschule in Breslau)에 진학했으나 삼촌이 운영하는 농장(Lohnig)에서 일을 도우면서 농사일을 배웠다. 프러시아제국 육군군속시험에 불합격해서 고향 브레슬라우(Breslau)로 옮겨 조각가를 꿈꾸면서 1880년 왕립예술직업학교(Royal Art and Vocational School)에 들어가 로버트 해르텔(Robert Härtel, 1831~1894) 교수의 지도를 받아 '자유무대(Freie Bühne)'에 빠졌고, 드라마제작을 시작했다. 그곳에서 평생 동지인 요세프 블록(Josef Block)을 만났고 그의 권유에 따라 1882년 예나대학교(University of Jena)에서 청강을 몇 번 하다가 그만두었다. 1883년부터 1884년까지는 이탈리아에서 방황을 하면서 새로운 삶의 생활을 경험했다.

1885년 5월에 배우자를 얻었고, 베를린에 정착하는 계기를 마련했다. 베를린대학(University of Berlin)에서 역사학을 청강했다. 1889년 첫 번째 희곡 「해뜨기 전(Vor Sonnenaufgang)」을 자유 무대에서 연출함으로서 독일 문학의 자유주의운동에 서막을 열었다. 1890년 「화해(Das Frie-densfest)」와 「유령(Geist)」을 발표하고, 1891년 「쓸쓸한 사람들(Einsame Menschen)」을 발표했다. 그 작품을 보면 헨리크 요한 입센(Henrik Johan Ibsen, 1828~1906)의 영향을 많이 받았다. 최고 걸작인 1892년 「직조공들(Die Weber)」의 작품은 1884년 실레지아(Silesia) 지방의 직조공들의 폭동을 묘사했던 자연주의 연극이었기에 최초 정치적 이유로 상연이 금지되었다. 1893년 「하넬레의 승천(Hanneles Himmelfahrt)」을 1896년 「침종(Abendglocke)」을 상연했다. 시대 상황의 저촉과 정치성을 풍자하는 체제 저항 문학을 했기에 그들의 삶은 물론이고 결혼 생활마저 순탄하지 않았다. 1904년 알코올 중독자의 집안이라는 이유로 아내와 이혼을 했고, 이미 내연 관계로 아들까지 낳았던 여배우 마가렛 마슈찰크(Marga-rete Marschalk)와 재혼했다. 다음 해에 다시 이혼을 하고 말았다. 그 사연은 16세의 오스트리아 여배우 이다 오를로프(Ida Orloff)를 좋아했기 때문이다. 「하넬레의 승천(昇天)」의 주연을 맡았으며 베를린에서 그녀를 만나 여러 작품에 영감을 받았기에 그리스 신화에서 예술과 문학의 신 '뮤즈(Muse)'라고 그녀를 그렇게 불렀다.

비유럽과 무학(無學)의 거대한 장벽을 무너뜨린 동양의 성자

1912년 영국의 시성(詩聖) 윌리엄 버틀러 예이츠(William Butler Yeats, 1865~1939)가 인도의 지인으로부터 인도의 무명 시인 원고를 받아들고 "여러 날 들고 다니면서 기차 안에서도 버스 안에서도 읽고 있었다."는 감탄의 『신에게 헌정하는 시(Song Offering)』 혹은 인도어 『기탄잘리(Gitan-jali)』에 서문 추천사를 썼고, 영국에서 출판할 수 있게 도왔으며, 1913년 노벨문학상을 수상하는 영광을 얻었던 인도의 민족시인, 음악가 및 화가였던 라빈드라나트 타고르(Rabindranath Tagore, রবীন্দ্রনাথ ঠাকুর, 1861~1941)다. "영어로 쓴 서양 문학의 일부로 시적 사고가 신성하고 정감적이며 아름다운 시어가 자신의 언어로 표현했다.[25]"고 노벨문학상 심사위원장의 심사평이 이어졌다.

그는 1861년 5월 7일 대영제국 인도 벵골 캘커타(Calcutta, Bengal Presidency, British India)의 이름 있는 브라만 가문에서 태어났다. 조부는 19세기 대영제국의 동인도회사가 없어지는 과정에 막대한 적부(積富)를 했으며, 부친은 힌두교 개혁에 관심을 갖고 위대한 성자 '마하드시(Maharshi)'라는 칭호까지 받았다. 14번째 막내아들로 태어나 사랑을 받지 못했다. 다섯째 형과 형수가 부모를 대신했으며, 7살 때 가문에서는 최고 학벌인 초등학교에 들어가 8세에 처음 시를 창작했고, 학교 분위기가 억압적이고 무미건조해서 성적이 바닥에 머물렀다. 1872년 12살 때 초등학교를 그만두고 아버지를 따라 히말라야 여행을 따라나섰다. 벵골 서부 산타니케탄(Santiniketan) 마을에 들렀는데 이곳이 훗날 교육 실험의 무대가 되었다. 1875년 돌아왔으나 초등학교를 포기하고, 당시 서구 문화에 호의적인 시대사조에 매몰되었다. '벵골르네상스'라는 사회 문화운동에 주도적 역할을 맡았다. 1878년 영국 유학길에 올라, 1879년 런던대학교(University College London)에 입학했으나 1880년 1년 반에 귀국했다. 아버지 말씀을 받들어 가족 재산 관리만 하고, 시, 희곡, 단편소설, 비평, 수필 등의 예술 작품을 발표하기에 몰두했다. 1883년 22세 때 10세의 평범한 소녀 밥타리(Bbatari)를 아내로 맞이했다. 1890년 수첩과 연필만 들고 혼자서 유럽 여행을 떠났다. 그해 귀국하자마자 시집 『남자의 도시(মযান সিটি)』를 간행했다. 이를 계기로 문단에 신선한 반향과 작가로 인정을 받았다. 1901년 사재를 털어 산티니케탄(Santiniketan)에다가 학교를 세우고, 1812년 스리니케탄(Suriniketan)에다가 농업 공동체를 설립해 교육과 농업의 개혁을 선도했다. 이렇게 육영 사업에 몰두한 이유는 초등학교 졸업장마저 없기에 해원 육영 사업(解寃育英事業)이었다. 재정난을 당하자 저서 판권도 헐값에 출판사에 넘기고 말

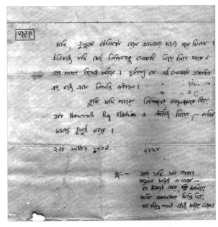

Rabindranath Tagore의 육필메모

앉다. 고통과 울분을 고스란히 시로 승화시켜 쓴 50여 편의 영문 번역 시집이 우연한 기회에 해외로 알려지게 되었다. 1912년 영국으로 가는 배에서 벵골어『기탄잘리』에 수록된 157편의 일부를 번역했고, 나머지는 화가였던 친구가 당시 유명한 한 문인들에게 보였다. 그 문인이 바로 윌리엄 버틀러 예이츠(William Butler Yeats)였다. 영어에 능숙하지 못했던 타고르시는 예이츠의 추천사를 얻고 수정 보완되어 103편의 시집『기탄잘리(獻詩, Gitanjali)』라는 이름으로 영국에서 출판되었다. 예상을 뒤집고 하루아침에 인도 대표 시인으로 전 세계에 각인되었다. 예이츠는 60번째 시「끝없는 세계의 바닷가에 아이들이 모여든다(On the seashore of endless worlds children meet)」를 인용해 서문 추천사를 마친다.

:: 06

민족정신과 민족혼을 불타오르도록 노래했던 문학도

덴마크의 민족혼을 노래한 문학도에게 수상의 영광을

'고상한 이상에서 영감을 얻었고, 변화와 풍요로운 시에 대한 공로'[26]로 덴마크 시인이고 소설가였던 카를 아돌프 기엘레루프(Karl Adolph Gjel-lerup, 1857~1919)와 '덴마크의 오늘날 삶에 대한 진솔하게 그린 작품'[27]에 대한 공로로 덴마크 소설가 헨리크 폰토피단(Henrik Pontoppidan, 1857~1943)에게 2인 공동 수상자로 노벨문학상을 1917년 수여했다.

먼저 카를 아돌프 기엘레루프(Karl Adolph Gjellerup)는 1857년 6월2일 덴마크 로홀테(Roholte Præstø Denmark)에서 목사의 아들로 태어나 처음엔 신학을 공부했으나 1870년 유물론과 게오르그 브란데스(Georg Brandes, 1842~1927)의 자연주의의 신봉자가 되었다. 그러나 독일, 그리스, 러시아, 이탈리아 등지를 여행하는 동안 자신의 종교적인 1878년 『이상주의자(En Idealist)』를 출판했고, 1882년 친독일 무신론자와 지적 존재로 자서전적인 『독일인의 견습생(Germanernes Lærling)』을 출간해 1885년 윤리적인 염세관(厭世觀)을 자각했다. 1888년부터 독일에 생활하면서 독일과 덴마크 두 나라말로 창작했으며, 1889년 사랑이야기 『민나(Min-na)』, 1896년 자매간의 사랑이야기 『밀의 자매(Møllen)』 등을 집필했다.

후기 작품으로는 동양 문화와 불교의 영향을 받아, 1906년 『순례자 카마니타(Der Pilger Kamanita)』는 불교 나라 태국에서 프라야 아누만 라

자돈(Phraya Anuman Rajadhon, 1888~1969)과 공동 번역으로 학교 교과서에 게재되기까지 유명했다. 1907년 『깨달은 자의 아내(Das Weib des Vollendeten)』와 『완벽주의자의 아내(Den fuldendtes hustru)』는 석가모니(Siddharta)의 초기 삶을 단테의 신곡(神曲)에 영감을 받아서 아내(Yasodhara)의 영향력을 소화한 작품이었다. 1910년 『세계의 방랑자(Verdensvandrerne)』는 인도 수학여행에서 독일 여성의 지성을 출발점으로 한 영혼에서 다른 사람의 영혼으로 방랑을 다루고 있다. 1913년 『루돌프 스톤의 국가 관행(Rudolph Stens Landpraksis)』에선 뉴질랜드의 자유와 피상적인 삶의 전망을 작품화했다. 1919년 『가장 성스러운 동물(Das heiligste Tier)』이 최후 작품으로 남아 있다.

다음으로 헨리크 폰토피단(Henrik Pontoppidan, 1857~1943)는 1957년 6월 24일 덴마크 프레데리시아(Fredericia, Denmark)에서 목사의 아들로 태어나 초창기는 공학도였으나 작가로 전환했다. 1881년 작가로 데뷔하여 자유 기고가 혹은 전문 작가(freelance or professional writer)로 살았으나 한땐 인생고(life pain)마저 해결할 길이 없어서 초등학교 교사도 했다. 당시 그룬트비의 사상(Grundby's Thought)에 매몰되었던 사회적 분위기에 정신적인 저항도 했다. 농민의 딸과 결혼을 했으나 이혼을 하고 재혼했다. 이런 질곡의 삶에서 1883년 『마을 풍경(Landsbybilleder)』, 1887년 『오두막집에서(Fra Hytterne)』, 1890년 정치적인 단편소설집 『구름(Skyer)』을 출판했다. 덴마크 민족 문학(National litteratur)에 최대 기여는 1891년부터 1895년이 황금기로 당시에 발표작은 『약속된 땅(Det forjættede Land)』, 1898년부터 1904년까지의 『운 좋은 페어(Lykke-Per)』, 1912년부터 1916년까지의 『죽은 왕국(De dødes Rige)』 등이 시대적 대표 작품이었다.

민족정신, 예술성 그리고 영감의 섞어찌개 민족시

'온통 민족적인 정신을 고도의 예술성으로 표현하는 영감을 주는 시를 창작한 공로'[28]보다도 이미 10년 전에 인도의 시인 친구 라빈드라나트 타고르(Rabindranath Tagore, 1861~1941)가 노벨문학상을 타도록 1912년 시집 『기탄잘리(Gitanjali)』 출판에 원고 교정과 재정 지원을 했던 아일랜드 민족시인 윌리엄 버틀러 예이츠(William Butler Yeats, 1865~1939)는 1923년에 비로소 단독 수상자로 노벨문학상을 받았다. 그는 1865년 6월 13일 아일랜드 더블린 샌디마운트(Sandymount in County Dublin, Ireland)에서 태어나 슬라이고(Sligo)에서 성장했으며, 어릴 때부터 시(詩) 공부에 몰두했다. 특히 아일랜드 전설과 신비주의에 매료되어, 1900년 무렵 작품에 민족정신을 녹여 구절구절 스며들게 했다. 1889년 17세에 런던 시인인 어니스트 리스(Ernest Rhys)와 시인의 커뮤니티 라이머 클럽(Rhymers' Club)을 창설했다. 첫 번째 시는 「동상의 섬(The Island of Statues)」였으며, 『오이진의 방랑기(The Wandering of Oisin and other Poems)』 처녀 시집을 창작했다. "튼실한 사냥개 3마리, 브랜, 스서랜과 로마이어를 데리고, 우리는 슬픔을 타고 길을 걸었다. 아침 안개가 자욱하게도 온화해 평온하기만 했다. 안개는 향기롭게도 나뭇가지에 내려앉아 걸려있다. 그래서 꽃 속에는 꿀벌들이 매달려 있다. 우리는 러프린 호수보다도 슬픔에 빠져있었다."[29]라는 아일랜드의 민족 정서를 노래했다. 시인·소설가·극작가였던 오스카 와일드(Oscar Fingal O'Flahertie Wills, 1854~1900) 등의 유명한 시인들로부터 절찬을 받기도 했다. 그의 창작에 영향을 끼친 라파엘 전파(Pre-Raphaelite Brotherhood)의 서정시, 에드먼드 스펜서(Edmund Spencer, 1552~1599)와 퍼시 비시 셸리(Percy Bysshe

Shelley, 1792~1822)였다. 사실 대대로 화가 집안이어서 런던 헤더리 미술학교(Heather Lee Art School in London)에서 미술 공부를 하다가 중단했으며, 1877년 1월 26일 12살 고돌핀스쿨(The GoDolphin School)에 입학해서 4년간 다니다가 중단했고, 1881년 10월 에라스무스 스미스 고등학교(Erasmus Smith Hight School)에 등록해서 학업을 재개했으나 성적이 부진했다. 1884년부터 1886년까지 메트로폴리탄예술학교(Metropolitan Arts School)에서 공부를 했다. 1887년 런던으로 가족 따라 이사했다.

1890년 플릿 스트릿(Fleet Street)이란 술집에서 시낭송을 하면서 『비극적인 세대(Tragic Generation)』이란 연작물을 줄이어 출판했다. 1891년 아일랜드 문예협회(Irish National Theatre Society)를 창립했고, 아일랜드 문예 부흥운동에 참여했다. 1899년 국민극장을 더블린에 세워 「캐서린 백작부인(Countess Katherine)」을 최초로 상연했고, 1922년 아일랜드 자유국원로원 의원에 당선되었다.

초등학교 졸업만 해도 원한이 없었는데!

'농민이라는 위대한 폴란드 민족서사시'[30]를 창작했다는 공로로 폴란드 소설가 브와디스와프 스타니스와프 레이몬트(Wladyslaw Stanislaw Reymont, 1867~1925)에게 1924년 노벨문학상이 수여되었다. 그는 1867년 5월 7일 폴란드 라돔스코(Radomsko) 인근 작은 마을 코비엘레 비엘키(Kobiele Wielkie, Congress Poland)에서 오르간 연주가의 아들로 태어나 아버지의 스토리텔링(storytelling) 재능을 그대로 이어받았다. 평생 학교란 시골 초등학교에서 2년간 기초만을 배웠을 뿐, 아버지를 따라 바르샤바로 이사했고, 큰 누나의 남편(姊兄)으로부터 방학 때 배웠다. 밥벌이를 위해 직능재단사 직업 교육을 받아 1885년 18세 '잘 만든 연미복(a tail-coat, well-made)'이란 작품으로 재단교육증명서를 받았다. 그러나 재단사로 일하지 않고, 가출하여 '전원극장(garden theatres)' 활동을 하고자 지방 극장을 유람한 뒤에 땡전 한 푼 없이 바르샤바로 되돌아왔다. 아버지 인맥으로 월 16루블을 받는 경비원으로 채용되었다.

또 가출이란 고질병이 도지고 말았다. 1888년 파리와 런던의 극장을 방황하다가 빈손으로 고향에 또다시 돌아왔다. 1892년 『목소리(Głos)』라는 수필을 발표했다. 1893년 바르샤바에 살면서 작가로 활동을 서서히 시작했다. 1894년엔 11일간의 순례 여행을 마치고, 1895년 『자스나꼬레로 가는 순례(Pielgrzymka do Jasnej Gorry)』 수필을 집필했다. 1896년 최초로 소설 『사기꾼(Komediantka)』을 발표했고, 청년폴란드(Młoda Polska) 회원으로 활동했다. 1898년 『약속의 땅(Ziemia obiecana)』과 1904년과 1909년 4권의 대하소설 『농민(Chłopi)』이란 필생 대작으로 노벨 수상자의 반열에 올려놓았다. 그의 명성은 오늘날 "와디스와프 레인몬트 공항(Wladyslaw Reymont Airport)"이란 이름에서 업적 기념을 하고자 하는 국민적 존경을 받고 있는 농민 민족 문학가다.

한편 우리나라의 박경리(朴景利, 1926~2008) 소설가는 『토지(土地)』를 1969년부터 1994년까지 5부 16권의 대작을 저술했다. 이에 비해 『농민(農民)』는 1897년 집필해서 철도 사고와 건강 문제로 7년 만에 완성한 4부자 4권의 작품이다. 일제강점기 한말의 몰락상을 지주 계층 최씨 일가를 통해서 한민족의 질곡의 삶을 역사적 흐름으로 그렸다. 『농민(農民)』은 i) 인간의 삶과 자연의 관계를 맞물려(cycle of life and nature) 가을, 봄, 겨울, 여름인 4부작으로 4권에 통시적 그리고 동시적 구성에다가, ii) 물질적 현실, 관습, 행동 및 영적 문화에 대한 진정성을 보여주고자, iii) 지역 방언

(Wowicz)으로 작성되어 대화와 내레이션에서도 농민의 보편적 언어 창작으로 음성 문화의 다채로움을 가미했다. iv) 구성(plot)에서 엄격한 단순성과 기능성이 강조, v) 인생 경험의 레퍼토리와 풍부한 영적 삶을 묘사하기 위한 농민의 삶, 지식 및 스케치에 충실했다.

:: 07

쭉정이 콩이라고 버렸는데도 옹골찬 결실로 복수를

남에게 줘야 하는 "쭉정이 콩"에서 세계적인 여성 작가로

"이상주의적 영감을 담은 작품에선 소박하고 가소성의 선명도로 인간 문제를 깊이 있는 동정심으로 그림[31]"이라는 극찬을 받았던 1926년 노벨 문학상의 영광은 이탈리아 여성 소설가 그라치아 델레다(Grazia Deledda, 1871~1936)에게 돌아갔다. 그녀는 1871년 9월 27일 이탈리아 서쪽 지중해 고도(孤島) 사르테냐(Sardinia) 섬의 조용한 작은 도시 누오로(Nuoro, Sardinia, Italy)에서 비교적 부유한 가정에서 태어났으나 "남에게 줘야 하는 여식 아이"혹은 "쭉정이 콩"이라고 여기고 정규 교육의 기회조차 주지 않았다. 친척집에 출입하는 손님으로부터 글을 깨우쳤고, 어릴 때부터 남다르게 책을 읽었고, 가사를 돌보면서도 틈틈이 창작을 하겠다고 생전에 50여 권의 자작을 남겼다. 1890년 잡지 『류티마 모드(L'ultima moda)』를 통해서 첫 소설은 1892년 「소르디냐의 꽃(Fiori di Sardegna)」을 필두로, 산문과 시의 「동방의 별(Stella d'Oriente)」과 「어둠 속에서(Nell'azzurro)」를 발표했다. 그녀는 마치 옛 시골 농촌에서 쭉정이 콩이라고 두엄 속에 버렸는데 콩마다 싹이 트고 "쭉정이 콩 하나도 없어요."라고 말하듯이 옹골차게도 풍요한 결실을 맺는다.

배우지 못함을 복수라도 하듯이 마치 누에고치가 명주실을 풀듯이 술술 명작들을 만들어내었다. 대표작으로는 1896년의 『악의 길(La via del male)』과 성경에서 나오는 구절[32]로 1917년 『바람에 흔들리는 갈대 (Canne al vento)』, 1904년 『빈스를 증오한다(Odio Vince)』, 1905년 『향수 (Nostalgie)』와 『삶의 게임(I giuochi della vita)』, 1907년 『과거의 그림자 (L'ombra del passato)』와 『오늘날 사랑(Amori moderni)』, 1908년 『담쟁이 (L'edera)』와 『할아버지(Il nonno)』, 1910년 『우리 주인(Il nostro padrone)』 과 『국경까지 (Sino al confine)』, 1911년 『사막(Nel deserto)』, 1912년 『콜 롬비와 참새(L'edera: dramma in tre atti)』, 1914년 『타인의 과오(Le colpe altrui)』, 1915년 『마리안나 시카(Marianna Sirca)』 등 50여 권의 작품을 창작했다. 작품은 하나같이 소박한 삶에다가 원시적 사랑, 충동적인 정열, 절망적인 고통을 사실적으로 묘사했다.

세상살이의 절박함이 삶과 창작에 끈끈한 접착제가 되어

"중세 시대의 북구 유럽 삶에 대해 원칙적으로 강력한 작품을 묘사"[33] 한 평가를 받아 1928년 노벨문학상 단독 수상자로 노르웨이 여성 소설 가 시그리드 운세트(Sigrid Undset, 1882~1949)가 행운을 잡았다. 그녀 는 1882년 5월 20일 덴마크의 작은 항구도시 칼룬보르(Kalundborg)에 서 태어나 2살 때 부모를 따라 노르웨이(Norway)로 이사를 갔고, 1925년 까지 오슬로에서 성장했으나, 아버지가 10년간 투병 생활을 하는 동안 가 정의 빈곤은 극심했다. 결국 아버지는 40세 젊은 나이로 세상을 떠났다. 맏딸이었지만 대학 교육은 언감생심으로 생각했다. 아예 16세에 기술 회 사에 비서로 10년간 한 자리에서 근무했다. 그러나 사무실에서 자투리 시 간을 활용해서 창작 공부를 했다. 북유럽 중세 시대의 소설을 쓰기로 작 심하고 입사했던 16세 때 이미 시작했다. 중세 덴마크의 역사소설 원고는

22세가 되어서 마쳤으나 출간은 출판사마다 거절 일색이었다. 그토록 바랐던 작가의 꿈을 1907년에 이뤄 25세 나이에 작가로 데뷔를 했고, 노르웨이작가조합(Norwegian Authors' Union) 회원으로 가입과 작가 활동을 본격적으로 전개했다. 처음부터 책은 잘 팔렸고, 세 번째 책이 출판되고 전문 작가로 전직을 각오했다. 1908년 노르웨이 국가장학금을 받아 덴마크, 독일에 여행을, 1909년 12월 로마에 도착해 9개월간 체류했으며, "세계적인 작가로 개안의 기회(opportunity to open as a world-class writer)"를 잡았다.

중세기를 시대적 배경으로 북유럽 노르웨이의 사회와 여성 문제를 기반으로 연애와 결혼을 초점으로 소설 창작에 매달렸다. 중세기 스칸디나비아의 삶을 배경으로 『화환(The Wreath)』, 『주부(The Wife)』 및 『십자가(The Cross)』 3부, 필생 대작 『크리스틴 라브란스다더(Kristin Lavransdatter)』가 있다. 여성으로 출생과 사망까지 경험을 통한 시대적 정서를 쏟아내었으며, 1920년부터 1922년까지 출간하면서 동시에 영어로 발 빠르게 번역했고(swiftly translated into English), 지구촌에 보급했다. 계획과 실행은 적중했고 결국은 1928년 노벨문학상 수상자의 영광을 얻었고, 1933년부터 1935년까지 문학자문회의(Literary Advisory Council)를 운영했으며, 1940년 나치 독일을 피해 미국으로 도피했다가 1945년 전쟁이 끝나자 노르웨이로 귀국했다.

한국명 '박진주(朴珍珠)'라는 미국 최초 여성 노벨문학상 수상자

'중국 농민들의 삶에 대한 풍부하고도 진지하게 묘사로 자서적인 작품을 창작'[34]한 공로로 1938년 단독수상자로 노벨문학상의 영예를 안았던

미국 여성 소설가는 펄 벅(Pearl Sydenstricker Buck, 賽珍珠, 1892~1973)
이었다. 그녀는 미국 웨스트 버지지나 힐즈버러(Hillsboro, West Virginia)
에서 태어나 생후 수개월 만에 장로회 선교사인 부모를 따라 중국으로 건
너와 10년간 어머니와 국왕의 하녀들의 돌봄 속에서 공주처럼 성장했다.
1910년 대학 교육을 위해 도미, 1914년 버지니아 랜돌프 매콘 여자대학
(Randolph-Macon Woman's College in Lynchburg, Virginia)에서 우수한
성적(Phi Beta Kappa)으로 졸업을 하였고, 1917년 5월 30일 존 로싱 벅
(John Lossing Buck, 1890~1975) 박사와 결혼했다.

두 딸을 낳았는데 장녀가 정신지체 아동이었다. 이것이 동기가 되어『자
라지 않는 아이(The Child Who Never Grew)』라는 소설을 창작했다. 교회
에서 운영했던 난징대학(University of Nanking), 진릉대학(Ginling Col-
lege)과 국립중앙대학(National Central University)에서 영어와 영문학
을 강의했다. 이런 경험을 소재로 소설가로 전환하는 계기를 마련했다.
1927년 장개석 국민정부군의 난징 진압으로 온가족의 몰살 위기를 체
험한 게 문학 작품을 쓰게 되는 동기가 되었다. 1930년『동풍:서풍(East
Wind:West Wind)』은 예상을 뒤집고 3판을 유인했고, 1931년『대지(The
Good Earth)』의 작중 인물인 왕룽의 딸은 자신의 큰 딸을 모델로, 1933년
『아들들(Sons)』, 1935년『분열된 일가(A House Divided)』로 3부작 필생
대작인『대지의 집(The House of Earth)』을 완료했다.

한국명으로 '박진주(朴眞珠)'라고 자신을 소개했다. 6·25전쟁의 수난
사를 그린『갈대는 바람에 시달려도(The Living Reed)』를 1963년 출간,
1968년에 한국의 혼혈아를 소재로『새해(New Year)』를 저술했다. 1960
년 최초 경주를 방문했을 때에 첫인상으로 "소달구지를 끌고 가면서도 지
게에 한 짐을 진 농부"를 보고 "동물인 소까지도 이렇게 아끼는 순박함"

에 눈물을 흘렸다. 겨울철 까치를 위한 까치밥 홍시, 하늘의 새와 땅 속 벌레까지 생각해서 콩알 3개씩 심는 한국인의 순박한 정서에 감동했다.

여성 차별과 기득권의 진부함에 저항하는 폭로 문학

'비범한 언어적 열정으로 기득권과 사회적 진부함을 폭로하는 연극과 소설에서 찬반의 목소리를 특유의 음악적 흐름으로 창작'35한 공로

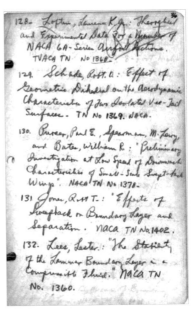

Pearl Buck의 육필원고

로 2004년 오스트리아 여성 소설가, 극작가 및 시인이었던 엘프리데 엘리네크(Elfriede Jelinek, 1946년생)가 노벨문학상을 수상했다. 그녀는 1946년 10월 20일 오스트리아 뮈르츠추슐라크(Mürzzuschlag)에서 체코계 유대인의 아버지와 오스트리아 부유한 집안의 어머니 사이에 태어났다. 어릴 때부터 음악적 재능이 뛰어나 비엔나 음악원(Vienna Conservatory)에서 음악을 배웠고, 비엔나대학(Viena University)에서 연극학, 미술사, 음악 등을 공부하고, 1964년 졸업했다. 배운 것과는 다른 분야인 전업 작가로의 길을 선택해서 1967년 첫 시집 『리자의 그림자(Lisas Schatten)』를 통해서 데뷔했다. 1970년 첫 소설은 『우리는 미끼 새다(Wir Sind Lock-vogel Baby)』로 여성의 사회적 지위 향상을 위해 투쟁적인 안티-러브스토리(anti-lovestory)를 출판했다. 1972년 『미하엘(Michael)』, 1975년 『연인들(Die Liebhaberinnen)』, 1980년 『내쫓긴 사람들(Die Ausgesperrten)』,

1983년 『피아노 치는 여자(Die Klavierspielerin)』, 1989년 『욕망(Lust)』, 1995년 『죽은 자의 아이들(Die Kinder der Toten)』, 2000년 『열정(Gier)』의 작품이 남아 있다.

대부분 작품엔 페미니즘, 자본주의의 소비 사회에 대한 비판, 소시민의 근성 등 다양한 주제를 녹이고, 아주 까다롭고 어려운 표현을 하는 "독자를 고문하는 작가(An artist who tortures readers)"라는 별명을 받았다. 1974년부터 1991년까지 오스트리아 공산당 당원에 몸담아 나치 전범 청산운동에도 참여했으며, 미국의 이라크 전쟁을 공개적으로 비난하는 작품도 있다. 해외 번역된 작품으로는 1976년 『포물선의 끝(Die Enden der Parabel)』, 1983년 『남자 사냥연극(Herrenjagd drama)』, 1986년 『벼룩귀의 드라마(Floh im Ohr drama)』, 1990년 『맥심 드라마의 여인(Die Dame vom Maxim drama)』, 2001년 『말타 드라마의 유대인(Der Jude von Malta drama)』 및 2004년 『진지한 모든 드라마(Ernst sein ist alles drama)』 등이 있다.

:: 08

인류 기여에 이상적 방향으로 글 쓰는 모두에게

최초로 과감하게 글 쓰는 사람으로 인정받아 수상의 영광을

"산문을 쓰는데 있어 고전 러시아의 전통을 이어받은 엄격한 예술성(for the strict artistry with which he has carried on the classical Russian traditions in prose writing)"[36]라는 공적으로 1933년 러시아 소설가, 번역인, 시인, 평론가였던 노벨문학상 수상자 이반 알렉세예비치 부닌(Ivan Alekseyevich Bunin, 1870~1953)에게 수상의 영광이 돌아갔다. 그는 1870년 10월 22일 러시아제국 보로네시(Voronezh, Russian Empire)에서 남부럽지 않은 부유한 가정환경에서 태어나 사람들에 싸여 사랑을 받으면서 지적인 삶 속에서 성장했다. 1881년 11살에 예일(Yelets) 공립학교에 입학했으나 가세가 갑자기 기울어져 마치지 못하고, 크리스마스 휴가를 끝내고도 학교에 가지 못했고, 1886년 3월에는 퇴학 처분을 받았다. 젊은 나날을 술꾼으로 보냈으며, 성격이 다급하고 충동적이며 도발적이었다. 그러나 농촌에서 생활함에 따라 자연에 감수성이 예민했고, 삶의 탈출구로 찾았던 창작에서는 자연 경외를 작품에 담았다.

1887년 최초 시 「동네 빈자들(Деревенские нищие)」을 상트페테르부르크(Saint Petersburg) 문학잡지 『조국(Rodina)』에 게재했다. 1891년 최초 단편 소설 「나라 스케치(Деревенский эскиз)」가 『러시아의 국보(Russkoye Bogatstvo)』 저널에 실렸다. 1889년 1월에 올레(Oryol) 지역

으로 옮겨 『올로프스키 신문(Orlovsky Vestnik)』 지국의 신문 편집을 맡았고, 단편소설, 시 및 리뷰를 출판했다. 1894년 상반기 우크라이나 전역을 여행하면서 "나는 그 마을과 대초원의 사랑에 빠졌을 때 열심히 일하는 사람들은 만나, 나라의 영혼인 우크라이나의 노래를 들었다."고 당시를 회상했다. 1895년 러시아 수도를 방문해 안톤 체홉(Anton Chekhov, 1860~1904) 등 당대 유명한 문인들과 서신을 통해 문학적 교류를 쌓아 성장의 터전을 다졌고, 1894년 1월 모스크바에서 레오 톨스토이(Leo Tolstoy, 1828~1910)를 만나 '총농민화(total peasantification)'라는 유토피아 같은 철학을 얻었다. 1899년 맥심 고리키(Maxim Gorky, 1868~1936)와 교류했으며, 문학 그룹 '지식(Znanie)'에도 가입해 활동을 했다. 1909년 학사원(Аспирантура) 명예 회원, 1911년 중편소설 「마을(The Village)」을 발표했다. 몰락하는 지주 계급을 소재로 퇴폐적인 색채와 심리 묘사가 뛰어났다. '부닌 양단(Bunin brocade)'이라는 별명처럼 풍부한 언어를 구사했다. 1917년 러시아 혁명 후 파리로 망명해 살다가 1933년 노벨 수상자로 수상의 영광을 얻었다.

고등학교 학창 시절에 『전쟁과 평화』를 읽고 필생 대작을 구상해

1937년 프랑스 소설가이며 극작가인 로제 마르탱뒤가르(Roger Martin du Gard, 1881~1958)에게 '소설 『티보』에서 인간의 갈등과 현대 생활의 근본적인 측면을 묘사한 예술적 힘과 진실'[37]을 창작했다는 공로로 단독 수상자로 노벨문학상을 수여했다. 그는 1881년 3월 23일 프랑스 파리 인근 뇌이쉬르센(Neuilly-sur-Seine, Hauts-de-Seine, France)라는 작은 동네에서 아버지가 소송 대리인이었던 전형적인 서민의 아들로 태어났다. 고등학교를 마칠 때 17세 톨스토이(Leo Tolstoy, 1828~1910)의 소설『전쟁과 평화(Война и мир)』를 독파하고 감격한 나머지 "등장인물과 무수한 삽화를 갖고 수명이 긴 소설(Des romans de longue durée avec des personnages et des illustrations innombrables)을 창작하겠다."라는 각오를 했다. 1899년 고전학교에 진학해 역사 연구 방법과 태도를 소설 작업의 하나로 익혔다. 1906년 결혼을 계기로 창작에 전념을 했고, 1908년 소설『생성(Devenir)』을 발표, 1913년 드레퓌스 사건(Dreyfus Affair)에 대한 당대 지식인들의 묘사를 장편소설『장 바로아(Jean Barois)』라는 문제작을 세상에 내놓았다.

한편, 희곡으로는 농민들의 풍속을 웃음으로 풀어가는 1913년『루류 신부의 유언(Le Testament du père Leleu, farce)』, 1920년에 착수해서 1940년에 완성한 필생 대작『티보가의 사람들(The Thibaults)』8부작 11권을 발표하고도, 1933년『비에유 프랑스(Vieille France)』를 출판했다. 1937년 노벨문학상을 수상하고 난 뒤에도 1951년『안드레 지드의 노트(Notes sur André Gide)』를 출판했다. 1953년『모모르 대령의 회상(Souvenirs du lieutenant-colonel de Maumort)』을 집필하고자 했으나 미완으로 남기고 1958년 세상을 떠났다.

세계 여행에서 얻은 걸로 인류의 진화 과정을 시로 풀어냄

1944년 덴마크의 소설가 요하네스 빌헬름 옌센(Johannes Vilhelm Jensen, 1873~1955)에게 '광활한 호연지기, 비옥함, 광범위하고도 대담함과 그리고 신선하면서도 창의적 스타일, 지적 호기심이 결합된 시적 상상력'[38]이란 공로로 노벨문학상을 수여했다. 그는 1873년 1월 20일 덴마크

북부 유틀란트 (Northern Jutland)의 페소(Farsø)에서 수의사의 아들로 태어나 코펜하겐대학교(University of Copenhagen)에서 약학을 공부하다가 3학년 때 포기하고 작가를 지망해 문학을 배웠다. 1898년부터 1910년에 출간한 『힘머란트 이야기(Himmerland Stories)』는 자신의 주변 이야기를, 1900년부터 1901년까지 크리스티앙 2세(Christianens II)의 이야기를 작품화한 『국왕의 타락(Kongens Fald)』이 첫 소설이었다. 1906년에 "시집(Digte)'을 발표했다.

오랫동안 미국, 에스파냐, 프랑스 파리 등지에 통신 기자로 일했고, 나중에 세계 일주 여행길을 올라 일본에 기착해 1906년 일본의 신화소설 『부소산(ふじさん, Fuji Mountain)』을 발표, 노벨문학상의 대상 작품이었던 『긴 여행(Den lange rejse)』은 1909년부터 1921년까지 6부작으로 구성, 내용은 빙하기 이전부터(pre-Ice Age up) 빙하기까지 이민, 바이킹 시대를 거쳐 콜럼버스(Christopher Columbus, 1451~1506)가 아메리카를 발견하기까지 인류의 진화 과정을 문화와 역사에다가 다윈(Charles Darwin, 1809~1882)의 진화론(Darwinian evolutionary theory)을 독자적인 해석을 시적으로 그린 작품이다. 문학적으로는 구약성서, 스칸디나비아 신화(神話), 아이슬란드의 사가(詞歌) 등을 인용하고, 지질학, 인류학, 고고학, 민족학의 지식을 바탕으로 하며, 동시에 소년 시절의 회상과 여행 과정의 인상으로 채색을 한 대작이었다.

의회 연설로 수상자가 되었던 처칠과 비난했던 헤밍웨이도

'전기와 역사서에서 보여 준 탁월함과 고양된 인간적 가치를 수호하기 위해 행한 훌륭한 연설'[39]이란 공로로 1953년 노벨문학상을 영국 제44대

총리 윈스턴 스펜서 처칠(Winston Leonard Spencer Churchill, 1874~1965)에게 돌아갔다. 이에 대해 최종 수상자 선정에 쟁탈전을 벌렸던 미국 신문 자유 기고자이며 소설가인 어니스트 헤밍웨이(Ernest Miller Hemingway, 1899~1961)는 문학성과 정치성을 구분도 못한다면서 "처칠은 구어의 대가이기 때문에 노벨문학상의 취지와는 맞지 않다."고 비판을 했다.

E. Hemingway의 육필메모

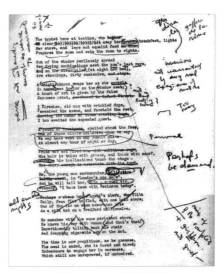

E. Hemingway의 원고 교정

영국 총리 윈스턴 처칠(Winston Leonard Spencer Churchill)은 1874년 11월30일 영국 옥스퍼드셔 블레넘 궁전(Blenheim Palace in Oxfordshire)에서 국왕과 같은 존귀한 귀족 가문의 후손으로 태어났다. 할아버지는 아일랜드 총독, 아버지는 재무장관을 역임했다. 1881년 7살 때 세인트 조지스쿨(St. George's School)에 입학했으나 말썽꾸러기로 낙제했으며, 1884년 브런즈윅스쿨(Brunswick School)로 전학, 1888년 해로우스쿨(Harrow School)로 또다시 옮겼다. 그러나 문학엔 취미가 있어 학교 잡지

『할로비언(Harrovian)』에 시(詩)가 게재되었다. 2번이나 낙방하고 3번째에 1893년 샌드허스트 육군사관학교(Royal Military College, Sandhurst)에 입학이 허락되었다. 기병 소위로 임관되어 쿠바, 인도 및 수단에 1895년부터 1899년까지 병영 생활, 1899년 12월 남아프리카 보어 전쟁(Boer War)에 참전했다가 포로가 되어 수용되었고, 로마가톨릭교회 신부로 가장해 탈출에 성공했다. 대영제국의 식민지 통치에 저항하는 수단과 인도의 주민 진압에도 참전, 제1차 세계대전 당시 해군 장관을 역임했다.

해군 장관 당시 i) 군함 연료를 석탄에서 석유로 하는 대체 방안은 독일의 잠수함 발명으로 실패, ii) 갈리폴리전투(Gallipoli Campaign)에서 오스만튀르크 무력에 영국군 작전 실패와 인명 피해에 대한 문책으로 장관직을 내놓았다. 퇴임 이후 시골에서 수채화 그리기에 몰두해 우울증 치유를 했다. 다시금 중령으로 복귀해 참전했고, 재무부 장관을 역임한 아버지의 고집불통으로 정치적 실패를 거울삼아 타협, 유머 및 기지를 발휘하는 리더십을 발휘했다. 이로 인해 병영의 군인들에게 사기를 제고, 장병들에 목욕을 권장해 피부병 치유, "겁먹지 말게, 전쟁은 웃으면서 하는 거야."라고 진정시켰다.

정치적 업적은 제쳐놓고, 문학 예술에 대해 언급하면, 그림 그리기는 아마추어 수준을 뛰어넘었고, 글쓰기는 종군기자 경험뿐만 아니라 신문에 기고, 수필, 평론, 소설, 전기, 회고록, 역사서를 집필했던 작가였다. 1940년부터 필생 대작 꿈을 마음속에 간직하고, 개인적

Winston Churchill의 육필 메모

메모, 업무상 공문서에 자신의 생각을 적어 자신의 집에 보관했다가 주변 지인들의 도움을 받아 6권이나 되는 대작을 집필했다. 1)『폭풍이 몰려온다(Gathering Storm, 1948)』, 2)『가장 훌륭한 시간(Their Finest Hour, 1949)』, 3)『위대한 연합(The Grand Alliance, 1950)』, 4)『운명의 힌지(The Hinge of Fate, 1950)』, 5)『링의 폐막(Closing the Ring, 1951)』, 6)『승리와 비극(Triumph and Tragedy, 1953)』으로 된 『제2차 세계대전(The Second World War)』 시리즈를 저술했다. 사실 그는 이미 1930년 대영제국의 역사를 관망하는 역사서 1)『대영제국의 탄생(The Birth of Britain)』, 2)『새로운 세계(The New World)』, 3)『혁명의 시대(The Age of Revolution)』 및 4)『위대한 민주주의(he Great Democracies)』라는 4권의 『영어 사용민의 역사(History of the English-Speaking Peoples)』이라는 대작을 저술했다. 이렇게 2차례나 필생 대작의 글쟁이로는 누구에게도 뒤지지 않았기에 정치인이라는 사실에도 노벨문학상을 주지 않을 수 없었다.

노벨
물리학상

ALFRED NOBEL

2016 노벨상 시상식 프로그램(스톡홀름)

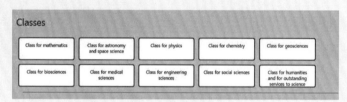

왕립과학아카데미, 10개 과학부문(www.kva.se)

노벨주간 대화 프로그램(노벨재단)

세계인의 주간도서 시간(Indy100.com)

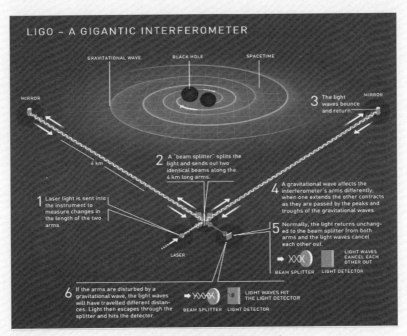

블랙홀의 중력파 발견(노벨재단, 2017)

:: 01

노벨물리학상 사냥을 위한 3개의 황금 열쇠

내면의 침묵 속으로 빠져들어 가라(prajna paramita)!

"빨리빨리!" 문화에 젖어있는 대구 사람들은 노벨상 수상에 대해서도 거두절미하고 "한 마디로 비결이 뭐냐?"라고 묻곤 한다. 마치 시큼하게 곰 삭은 묵은 김치는 좋아하지만, 숙성 기간을 못 참아서 겉절이 김치를 해 먹는 사람들처럼 말이다. 이들처럼 성급한 성질머리를 가진 나에게 아내 가 면박을 주면서 하는 말이 제대로 맛이 든 김치 한 쪽이라도 먹으려면 적어도 다섯 번은 '죽을 고비를 넘겨야(Passing over Humps to Die)' 비로 소 제맛이 든다고…. 첫 번째는 밭에서 배추 모가지가 잘리는 참수사(斬首 死), 두 번째는 칼로 배춧속을 가르는 개복사(開腹死), 세 번째는 소금, 고 춧가루, 생강, 계피 등 온갖 자극적인 양념을 뱃속에다가 집어놓는 양념사 (死), 네 번째는 장독에다가 빈틈없이 꼭꼭 집어넣어서 질식시키는 기절사 (氣絶死), 마지막으로 유산균이 배추 전체에 스며들게 하여 사람의 목구 멍으로 향미(香味)를 풍기면서 넘어가는 종천사(終天死)40다. 김치 한 쪽도 이런 과정을 거쳐야 풍미(豊味)가 나듯이 노벨상 수상자도 남다르게 진리 탐구(Veri Tax)라는 죽을 고비 혹은 숙성 과정(maturity process)을 거쳐 야만 비로소 인간으로서 절미(絶味)를 풍긴다.

대구 사람들의 성급한 체질을 두고 '소트 타임 체질(short-time tem-perament)'이라고 농담을 하는데, 뭐든지 후닥닥 해치우며, 길게 끌지 못

한다는 의미다. 대구에서 흔히 듣게 되는 말이 "딱 한 마디로 말해라!" 아
니면, "거두절미(去頭截尾)하면 뭔가요?" 혹은 "서론은 집어넣고, 결론만
말해!"이다. 이런 대구 사람들의 성미에 맞게 결말부터 말하면 노벨상 수
상자들이 공통으로 하는 말은 "노벨상 수상 후 1개월 동안에는 체중 조
절을 잘하라."는 것이다. 각국에서 노벨상 수상자에게 기념 연회에다가 축
하 파티를 열어주는데 일일이 참석해서 먹다가는 체중에 위험 신호가 온
다는 거다.

사실 마음속으로 가장 궁금하고 묻고 싶은 건 아마도 "수상 비결(秘訣)
이 뭔가요?"일 것이다. 이런 질문은 한국인들이 가장 많이 하는 질문이다.
하지만 일회성 신문 기사 제목으로는 가치가 있을지 모르나, 노벨상에 도
전하고자 하는 이가 아니라면 머리만 아프지, 아무런 도움이 안 된다. 만
일, 하버드대(Harvard University) 학생이라면 이런 질문을 하지 않을까.
"노벨상에 도전하고자 하는데 i) 현실에서 머나먼 그런 진리를 탐구하는
데 갖춰야 할 정신 자세는? ii) 세계 제1일 하버드대학에서도 없는 그런 진
리들이 무엇을 통해서 얻어지는가? iii) 미래 진리의 새싹이 자라고 있는
곳이 실험 연구실만이 아닌 것 같은데, 어디에 있는가?"

특히 노벨물리학상 수상자들을 살펴보면 일관되는 하나의 정신 자세
혹은 철학을 엿볼 수 있다. 레드 제플린이 부른 「언덕 너머 저 멀리(Over
the Hills and Far Away)」라는 노래 가사 가운데 "얼마나 알아야 할지 많
이 궁금했지. 많은 꿈이 이루어지고 밝은 희망이 되었지."[41]라는 구절이 연
상된다. 종교적으로 경전에서 찾는다면 아마도 AD 661년경에 중국 북
경 운거사(雲居寺)에 설치한 방산석경(房山石經, Fangshan Stone Sutra)
이 될 것이다. 이는 AD 649년 현장법사(玄奘, 602.4.6~664.3.7)가 심장경
(心藏經)을 260자로 요약 정리한 반야바라밀다심경(प्रज्ञापारमिताहृदयसूत्र

Prajñāpāramitā Hṛdaya sūtra)[42]의 최초 사본이고 현존하는 최고의 핵심 심경이다.

이 심경의 제목 자체가 '지혜의 극치에 대한 마음가짐(The Heart of the Perfection of Wisdom)'이다.[43] 좀 더 풀이하면, 고대 인도의 산스크리트(Sanskrit) 말로 반야바라밀다(Prajñāpāramitā, 般若婆羅蜜多)란 '초월의 세계에 대한 지혜', '저 피안(彼岸)의 경지에서부터 온 지혜' 혹은 '언덕 너머 저 먼 곳에서 온 지혜(Wisdom Over The Hills and Far Away)'라는 뜻이다. 이는 "가자. 가자. 넘어가자, 모두 넘어가서 무한한 깨달음을 이루자(揭諦揭諦.波羅揭諦.波羅僧揭諦.菩提薩婆訶).[44, 45, 46]"라는 구절로 끝맺고 있다.

심경(心經)의 핵심은 구도자(求道者)의 마음가짐이다. 즉 "비어있음은 곧 채워짐이고, 채워짐은 곧 비어있음이다(Form is empty, emptiness is form)."라는 구절이다. 비어있음에서 채워짐은 '무(無)로부터 창조(creatio ex nihilo)'라고 한다. 무(nothingness)는 지성을 작용하게 하고, 모든 존재는 무(無)에서 나온다. 지성이라면 확고하다고 믿었던 기반 지식도 의심하고 번복하는 것이다. 특히 물리학에서는 만유인력 법칙(law of universal gravity)이 상대성이론(theory of relativity)으로 일부가 붕괴되었고, 철옹성 같았던 상대성원리도 양자역학(quantum mechanics)으로 많은 부분에서 무너져 내렸다. 오늘날 물리학의 끝판인 양자물리학(quantum physics)에 있어, 양자 도약(quantum jump) 혹은 양자 중첩(quantum entanglement)은 자연과학으로는 이해할 수 없고, 오히려 철학 혹은 종교에 더 가깝다는 평가다.

방황(여행) 지옥에서 진리 공주를 구출하라?

많은 학자는 노벨상 수상의 비결을 노벨 위원회에 지명자로 공천되는 것이라고 한다. 물론 대다수 수상자도 그렇게 생각하고 접근했다. 특히 노벨물리학상 수상자들을 살펴보면, i) 대학교수 혹은 박사 학위 지도교수가 노벨상 수상자라면 3,000분의 1이라는 확률 안쪽에 접근하고, ii) 연구 동료 가운데 노벨상 수상자가 나오면 3,000분의 1이라는 확률 내에 다가선다. 그러나 사실은 노벨상 수상자로부터 배우는 것은 진리 탐구의 정신자세이고 접근 방법이다. 대부분은 노벨 위원회가 지명 공천을 의뢰하는 국제 기구, 국제 학회, 국가 기관 등에서 학술 활동을 통해서 지명자로 추천받는다. 그것보다 스웨덴 사람들은 노벨 위원회의 위원이나 연구 혹은 봉사 프로젝트에 직접 참여하기도 한다. 일본 물리학자들은 노벨 재단이 개최하는 세미나에 참석해서 자신의 연구 실적을 직접 발표했다. 이렇게 노벨 위원회에 공천되었다고 해도 수상 판정 기준인 '인류에 최대 기여(greatest benefit to humankind)'를 통과해야 한다. 자신의 공적이 "i) 국가 정책, 국가 지원에 의한 프로젝트가 아닌 순수한 학문적 연구로써, ii) 이용에 있어서 국내에 한정하지 않고 국제적 복리 증진에도 기여해야 한다."라고 하는 기준에 적합하도록 입증되어야 한다.

인류 역사를 통해서 보면, 인류는 수렵 채취 시대는 물론 오늘까지 사냥(hunting)을 통해서 필요한 것을 획득했다. "사랑스러운 자식이라면 반드시 혼자서 사냥하도록 하라(Be sure to hunt your beloved children alone)."라는 영국 속담이 있다. 영화 「채털리 부인의 사랑(Laddy Chatter's Love)」이란 영화 첫 장면에 영국 귀족들의 여우 사냥 광경이 나온다. 승자는 그날 파티에서 채털리 부인과 춤추는 영광을 얻는다. 오늘날에도 인재 공모(head hunting), 직장 찾기(job hunting), 엽색(girl hunting), 아파트 물색(apartment hunting) 등의 용어를 여전히 사용하고 있다.

최근 진리 탐구에서는 종교적 색채가 있는 구도자(investigator) 혹은 순례자(pilgrim)의 금욕과 수난의 의미를 덜고자 여행(journey)이란 말을 선호한다. 박사후 연구 여행(post-doc journey), 조사 여행(research journey), 대학 쇼핑(college journey), 연구소 쇼핑(institute journey), 동료 찾아 3만 리(co-worker journey) 등을 통해서 연구 경향 탐지, 연구 제목 모색, 연구 방법론 탐색, 연구 동료 물색, 정통 계보 입문 기회 등을 얻는다.

사실 학문 탐구 여행(study journey)은 기원전 600년경 춘추전국 시대부터 시작되었다. 공자(孔子), 맹자(孟子), 순자(荀子), 한비자(韓非子)는 천하를 다니면서 관직을 얻고자 자신을 피력했으며 이때의 유세 경험과 현지 견문은 현지 집필을 통해서 불허 명작으로 남겼다. 이런 천하 유세 여행을 주류철환(周流轍環)[47] 혹은 불원천리(不遠千里)라고 했으며, 그들의 저서는 바로 자기소개서였다. 석가모니(釋迦牟尼)도 천하 여행의 과제물로 화엄경(華嚴經)을, 예수 크리스트(Jesus Christ)도 여행 결과물을 제자들이 복음(福音)으로 남겼다. 세상이란 대백과 사전을 뒤집어서 찾고자 하는 답을 얻는다는 의미다. 오늘날 우리나라는 많은 가정에서 총명한 자녀를 낳고자 태교 여행(胎敎旅行, baby-moon)을 떠나곤 한다. "뭔가를 잉태하고 탄생시키기 위해선 여행보다 좋은 건 없다."[48]라는 게 노벨상 수상자들의 이구동성(異口同聲)이다.

볼펜 실험실과 노천 금광은 언제, 어디든지

일반적으로 노벨물리학상 수상자라고 하면 세계적 명문 대학교 혹은 유수 연구소에서 연구하는 박사로 생각하기 쉽다. 그러나 수상자들의 면면을 살펴보면 우리가 생각하는 것과는 판이하다. 공무원 신분으로 수상한 사람도 3명이나 된다. 1920년 프랑스의 국제도량형국 공무원 샤를 에두아르 기욤(Charles Édouard Guillaume, 1861~1938), 1921년 독일 특허청 공무원 알베르트 아인슈타인(Albert Einstein, 1879~1955)과 1961년 미국 도량형국(Office of Standard Weights and Measures) 담당 공무원 로버트 호프스태터(Robert Hofstadter, 1915~1975)가 있다.

Albert Einstein의 연구메모

물리학이라고 해서 반드시 실험실에서만 연구·분석하는 것은 아니다. 아직 대부분의 이론물리학은 컴퓨터와 볼펜으로도 충분히 할 수 있다. 1965년 노벨물리학 수상자인 하버드대학(Harvard University) 교수 줄리언 슈윙거(Julian Schwinger, 1918~1994)는 별명이 '볼펜 실험실(ballpoint-pen laboratory)'이라고 한다. 1998년 노벨물리학상을 수상한 오스트리아 출신 이론물리학자 월터 콘(Walter Kohn, 1923~2016)도 그의 제자였으며 스승에게 "그분의 실험실은 볼펜이지요(His laboratory is his ball-point pen)."[49]라고 말했다. 그의 볼펜 실험실에서 상대적으로 불변하는 섭동이론(perturbation theory)인 양자전기역학(QED, quantum electrodynamics)이 탄생되었다. 따지고 보면 실험을 통해서 입증되지 않았던 만유인력에서 상대성이론까지 대부분의 물리학이론은 모두가 볼펜 실험실의 결과물인 셈이다.

간단하게 독서를 예로 설명하면, 글자만 읽고 뜻은 모르는 문맹 독서(Il-literacy reading)가 아닌, i) 한 주제에 대해 여러 종류의 서적을 비교 분석하면서 읽는 비교 독서(comparative reading), ii) 행간을 읽어내고, 배후를 뒤집어보는 탐색 독서(black reading), iii) 한 주제에 대해 다양한 관점과 시점에서 읽는 3차원 입체적 독서(3-dimensional reading)와 형이상학적 독서(metaphysical reading)가 있다. 노벨상에 도전하는 속칭 볼펜 실험실에서는 형이상학적 독서(meta-reading) 즉 메타 분석(meta analysis)이 아니고서는 아무런 의미가 없다.

물론 이와 같은 독서는 볼펜 실험실(ballpoint-pen lab)이 아니더라도 '지식의 노천 금광(露天金鑛)'인 도서관(library)이나 '미래 학문의 씨앗 보관소'인 박물관에서도 가능한 독서이고 또한 연구(분석)다. 그래서 노벨상 수상자는 실험실에서만 나오지 않았다. 유명 대학교 출신 박사가 아니더라도 신문사 과학부 기자, 공직자 및 제조업 직공들까지 수상했다. 이와 맥락을 같이하는 실존주의 철학자, 심리학자 및 교육 혁명가였던 존 듀이(John Dewy, 1859~1952)는 "대학이 아닌 도서관에서 자기 주도 학습을 한다면 7배 이상의 지식을 습득할 수 있다."[50]라고 했다.

:: 02

물리학에서 한국의 위상과 선진국 큰 물줄기

통시적 관점(chronical viewpoint)에서 한국의 위상

옛 동양에서는 '우주(宇宙, universe)'를 옥식기(宇)나 대접(宙)과 같은 밥 그릇을 덮개로 덮은 모양으로 생각했고, 하늘과 땅은 동서남북으로 모서리가 난 바둑판에 둥그런 바둑통(圍棋盒)을 연상해서 '하늘은 둥글고 땅은 모서리진(天圓地方)'[51] 우주 모형을 디자인했다. 대표적으로 중국 북경의 사직단(社稷壇), 신라 첨성대(瞻星臺), 우리나라의 환구단(環丘壇) 등이 천원지방(天圓地方)의 개념(concept)으로 설계되었다. 공자(孔子, BC 500년) 이후 주역(周易)의 "하늘의 운행은 온전하다(天行健)."[52]는 기반에서 출발해 온갖 사물의 격물 취지(格物致知)를 규명하는 걸 사물이치(事物理致)라고 했으며, 이런 학문을 물리학(物理學, physics)이라고 했다.

우리나라의 물리학(物理學)이 세계를 이끌었던 때는 조선 세종 시대로 과학입국책(科學立國策) 덕분이었다. 1983년 일본 도쿄대학(東京大學) 연구진이 세계 과학기술을 통시적(通時的)으로 분석해 발간한『과학사·기술사 사전(科學史技術史事典)』[53]에 의거하면, 1400년부터 1450년까지 세계 과학기술의 중요 업적으로 등재된 건수를 보면, 중국 5건, 일본 0건, 동아시아 외 전체 지역에서 28건이 있는데 유독 조선만이 29건으로 가장 많았다. 그 기간은 세종대왕(世宗大王) 재위기 1418년부터 1450년과 일치했고, 등재된 발명품으로는 측우기(測雨器), 자격루(自擊漏), 금속활자, 신기전(神機箭), 칠정산 내외편(天體物理學), 대·소간의(大小簡儀) 등 29건이었다. 당시 군사력에서도 조선은 철갑선(鐵甲船), 신기전(神機箭) 등의 세계 최첨단 무기로 무장한 최강대국이었다. 이 모두가 오늘날로 보면 노벨물리학상 수상 대상에 맞먹는 위대한 업적이었다.

사실, 오늘날 물리학은 1900년대에 들어서면서부터 시작되었다. 1938년 서울대학교의 전신인 경성제국대학(京城帝國大學)에 물리학과 설치, 1950년대 말 박사 학위 수여, 1970년대 후반부터 신학위 제도(new degree system)를 도입했다. 초창기 물리학에 기여한 자로는 최규남(崔奎南, 1898~1992), 박철재(朴哲在, 1905~1970)와 권영대(權寧大, 1908~1985)를 손꼽을 수 있다. 최규남은 1926년 연희전문(數物科)을 나와 1932년 미국 미시간(Michigan)대학에서 박사 학위를 취득하고 서울대 물리학과를 창립했다. 박철재(朴哲在)는 1930년 연희전문(數物科)을 나와 일본 교토대학(京都大學)에서 「X선 회절법을 이용한 고분자의 구조 연구(X線の回折法を利用する高分子の構造に關な研究)」 학위 논문으로 박사 학위를 받고, 1945년 서울대학교 교수를 역임하고 한국물리학회 창립에 공헌했다.

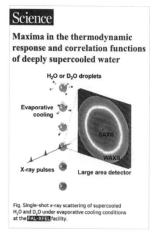

포항 가속기연구소(2018)

1970년에 이르러 비로소 학회 활동이 활성화되어 1971년 한국과학원 설립, 1976년 한국과학재단이 설립되었다. 1980년대 학술 회의와 논문 발표를 시작, 1982년 서울 국제 반도체 심포지엄, 1985년 제14차 국제 회의 개최, 1990년 중국 연변대학 남북 물리학자의 현대물리학 학술 토론회 등이 있었다. 1994년 12월 포항 가속기연구소(Pohang Accelerator Laboratory) 건설로 물리학의 새로운 시대를 여는 듯했으나 안타깝게도 지금까지 병아리처럼 종종걸음만 하고 있다.

한편 국민들의 마음속에 깊이 살아있는 분은 천재 물리학자 이휘소(李輝昭, Benjamin W Lee, 1935~1977)다. 그는 1960년 25세 때 펜실베이니아대학(University of Pennsylvania)에서 「K 이온 중간자와 핵자상관현상의 이중분산 표식에 관한 연구(A Study on the Dual Dispersion Mark of K ion Intermediate and Nuclear Correlation)」로 박사 학위를 받았다. 이후 1993년 이휘소(李輝昭, 1935~1977)[54] 박사를 기념하는 심포지엄 개최했을 뿐인데, 국민들 마음속에 위대한 물리학자로 남아있는 건, 1993년 공석하(孔錫夏, 1941~2011)의『소설 이휘소(李輝昭)』와 김진명(金辰明, 1958~)의『무궁화꽃이 피었습니다』[55]라는 소설의 주인공이었기 때문이다. 1977년 일리노이(Illinois) 근처 고속도로에서 교통사고로 의문사(疑問死)한 걸 두고 "노벨물리학상을 타기 직전 조국 대한민국 박정희 대통령에게 핵 개발 원리를 제공하고 의문사를 당했다."라고 스토리를 전개했다. 이에 대해 유가족은 명예 훼손 등으로 법적 쟁송을 벌였으나 1995년 서울중앙지방법원에서 "뛰어난 물리학자로서 국민들에게 많은 귀감이 될 수 있는 공인이 되었다고 할 것인데, 유가족들은 어느 정도 수인하여야 할 것으로 침해되었다고 볼 수 없다(94카합9230 판결)."라고 판시했다.

서양 물리학의 대류(mainstream)를 더듬어보면

서양의 물리학은 '자연의 지식(Phusikḗ)'으로 에너지(energy)와 힘(power) 개념에서 우주(cosmos)와 시간(time)을 통한 물질의 움직임 및 현상을 규명하는 학문이다. 역사는 대략 3,000년이 넘는 천문학(astronomy)과 같이 2,000년 이상의 역사와 체계를 갖췄다. 고대 그리스 (Greece)의 철학에서 연유하고 탈레스(Thales, BC 624~545), 데모크리 토스(Dēmokritos, BC 460~370), 톨레마이오스(Klaudios Ptolemaeos, AD 100~170)의 천문학과 아리스토텔레스(Ἀριστοτέλης, BC 384~322)의 물리학에 기원을 두고 있다. "좀 더 부드러운 조약돌이나 예쁜 조개껍데 기를 비로소 발견했을 뿐이다."[56]라고 했던 아이작 뉴턴(Isaac Newton, 1643~1727)이 1666년 떨어지는 사과에서 운동 법칙과 우주 중력의 법칙 을 발견한 것이 고전 물리학의 시발점이었다.

당시 우주관이었던 지구 중심 모델에서 점차 벗어나기 시작해 니콜라 우스 코페르니쿠스(Nicolaus Copernicus, 1473~1543)가 태양 중심 모델 (Copernicus model)을 구상했으며 1543년 「천체의 회전에 관하여」를 통 해 발표되었다. 요하네스 케플러(Johannes Kepler, 1571~1630)가 1609년 화성 관측 결과서 『신 천문학(Astronomia nova)』을 출간해 케플러의 3법 칙 중 타원궤도의 법칙(제1 법칙)과 면적 속도의 일정의 법칙(제2 법칙)을 발 표했다. 1619년 『우주의 조화(Harmonice Mundi)』라는 저서에서 행성의 공 전주기, 공전 궤도의 반지름과의 관계를 설명하는 제3법칙을 완성했다. 이 어 갈릴레오 갈릴레이(Galileo Galilei, 1564~1642)가 망원경과 천문학 연구 에 박차를 가했다.

1905년은 알베르트 아인슈타인(Albert Einstein, 1879~1955)은 물론 세계 과학사에서 '기적의 한 해(annus mirabilis)'이다. 아인슈타인은 취 리히대학(University of Zürich)에서 「분자 차원의 새로운 결정(Eine neue Bestimmung der Moleküldimensionen)」 학위 논문으로 박사 학위를 받았 고, 광전 효과, 브라운운동, 특수상대성이론, 질량과 에너지의 동등성에 관련 4개 논문을 발표했다. 그때 불과 약관 26세였다.

1939년은 그에게 최악의 해였다. 아인슈타인은 독일 과학자들이 원자 폭탄 경쟁에서 앞서가고 있고, 히틀러가 신무기에 의존하고 있다고 주장하며 7월에 루스벨트(Roosevelt) 대통령에게 맨해튼 프로젝트(Manhattan Project)[57]를 권유하는 서신을 보냈다. 하지만 1954년 원자폭탄 제조를 주장했던 걸 후회했다.[58] 현대 물리학의 터전을 다진 막스 플랑크(Max Planck, 1858~1947)는 양자역학의 창시와 고전역학의 부정확성을 규명했다. 제임스 클라크 맥스웰(James Clerk Maxwell, 1831~1879)은 1861년 빛의 속도를 예측하는 '맥스웰 방정식(Maxwell's equation)'을 주장했으나 1905년 아인슈타인의 '특수상대성이론(special theory of relativity)'에 의해 수정되었다. 양자역학(quantum mechanics)은 베르너 하이젠 베르크(Werner Karl Heisenberg, 1901~1976)와 폴 디랙(Paul Dirac, 1902~1984)에 의해 새로운 광맥의 줄기를 찾아 탐광에 들어갔다.

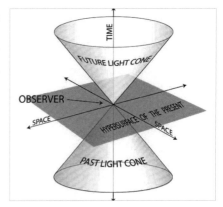

특수상대성원리(아인슈타인)

노벨물리학상 수상자들의 개관

노벨 재단은 1901년부터 2019년까지 물리학에 관련된 발견 및 발명으로 '인류에 가장 탁월한 기여(greatest benefit to humankind)'를 한 공로자 213명에게 노벨물리학상을 수여했다. 113번 시상에서 209명의 물리학 공로자에게 개별로 수여했다. 2회 수상자로는 반도체(semiconductor)와 트랜지스터(transistor)를 발명한 공적으로 1956년에 노벨물리학상을 수상한 데 이어 1972년에 초전도체이론Superconductor Theory)

으로 재차 수상자가 된 존 바딘(John Bardeen, 1908~1991)뿐이다. 최연소자는 1915년 수상자인 윌리엄 로렌스 브래그(William Lawrence Bragg, 1890~1971)로 25세였으며 최연장자는 2018년 수상자인 아셔 애슈킨(Arthur Ashkin, 1922년생)으로 96세이다. 여성 수상자는 다른 노벨상보다 희소한 3명으로 1903년과 1911년 수상자 마리 퀴리(Marie Curie, 1867~1934), 1963년 마리아 괴퍼트 메이어 (Maria Goeppert Mayer, 1906~1972)와 2018년 도나 스트리클런드(Donna Strickland, 1959년생)가 있다.

1903년도 수상자인 마리 퀴리(Marie Curie,1867~1934)는 "가난하여 끼니조차 때우지 못하고 난로조차 없어 손가락이 곱아서 글씨조차 쓸 수 없는 연구소에서…"라고 시작하는 위인전 『퀴리 부인』과 초등학교 교과서 등에 나오면서 우리에게 잘 알려졌다. 1963년 독일 태생 마리아 괴퍼트 메이어(Maria Goeppert Mayer, 1906~1972)는 '원자핵의 핵 껍질의 모형(nuclear shell model of the atomic nucleus)'[59]을 규명한 공로로 노벨

Maria Curie의 연구 노토(1898.6)

물리학상을 수상해 퀴리(Curie)에 이어 두 번째로 수상한 여성 물리학자
가 되었다.[60]

노벨상은 행운아의 징표이기도 하다. 수상자의 업적을 장기 검증하기에
연구 결과를 발표하고 수상하기까지 20년에서 50년이 걸린 경우도 있다.
1933년 '별의 구조와 진화(Polytropic distributions)'에 관한 연구로 논
문을 발표했던 파키스탄 물리학자 수브라마니안 찬드라세카르(Subrah-
manyan Chandrasekha, 1910~1995)에게 1983년에 노벨물리학상이 수여
되었다.

:: 03

괴팍한 성질머리가 노벨물리학상을 타게

"의리의 사나이 돌쇠"가 뢴트겐 광선을 발견

노벨상의 첫 시상은 1901년부터다. 이중 첫 노벨물리학상 수상자는 뢴트겐이다. 1861년에서 1863년까지 네덜란드 위트레흐트 기술학교 (Utrecht Technical School)에 다니던 빌헬름 콘라트 뢴트겐(Wilhelm Conrad Röntgen, 1845~1923)은 1865년 선생님의 얼굴을 우습게 그린 친구를 밝히라는 선생님의 지시에 대해 "죽어도 고자질은 못 하겠다."라는 자존심으로 거부하다 졸업을 앞두고 퇴학당했다. '불온한 학생(Een sombere student)'이라는 블랙리스트로 인해 조국인 네덜란드뿐만 아니라 독일의 직업학교인 김나지움(gymnasium)도 들어갈 수 없었다. 공식 학교를 졸업하지 않았다는 이유로 대학 입학 자격까지 박탈되었다. 1865년에 위트레흐트대학(Utrecht University)에 입학을 시도했으나 속수무책이었다. 백방으로 방법을 강구한 결과 해결책을 찾았다. 스위스 취리히 연방 기술 전문학교(Zurich Federal Technical School)는 시험만 통과하면 입학할 수 있었다. 스위스로 옮겼으며 그곳에서 기계공학과를 졸업하고, 1869년에 취리히대학(University of Zurich)에서 아우구스트 쿤트(August Kundt, 1839~1894) 교수의 지도 아래 박사 학위를 취득했다.

프랑스로 옮겨 1874년에 스트라스부르대학(Strasbourg University)에서 강의를 시작했고, 다음 해에 호엔하임 농업아카데미(Hohenheim Academy of Agriculture)에서 교수직을 맡았다. 1876년에 스트라스부르대학 물리학 교수로, 1879년 독일 기센대학(University of Giesses)의 물리학 과장(chair of physics)으로 지명되었다. 1888년에 뷔르츠부르크대학(University of Wurzburg)의 물리학 연구소장을 역임했다. 1895년 11월 초, 뷔르츠부르크대학 연구소에서 '뭔가 가치 있는 광선(remarkable X ray)'을 발견했는데, 레나르트(Philip Eduard Anton von Lenard, 1862~1947)의 진공관 가운데 하나로 실험을 반복하던 참이었다. 진공관의 음극선 방출을 위해 얇은 알루미늄 창(aluminum window)을 덧대고, 알루미늄 손상을 방지하고자 마분지(cardboard)로 덮개를 했다. 이때 바륨(barium)을 칠했던 마분지 조각에 음극선의 형광 작용(fluorescence effect)이 발생하였고 이를 발견했다.

"하고자 하면 귀신도 못 말린다."

AD 445년 송나라 범엽(範曄, 398~445)이 저술한 『후한서(後漢書)』에서 유수(劉秀)가 "장군이 전에 남양에서 큰 계책을 세워놓았다고 할 때, 당시에는 함락해 통합하는 것이 어려워 보였지만 반드시 하고자 한다면 귀신도 못 말릴 것이다."[61]라고 했듯이, 노벨물리학상 수상자들은 "뜻이 있는 곳에 길이 있다(Where there's a will there's a way)."라는 속담을 확신했고 뜻을 이뤘다.

1907년 노벨물리학상을 수상한 미국 물리학자 앨버트 마이컬슨(Albert Abraham Michelson, 1852~1931)은 폴란드 스트렐노(Strzelno, Poland)의 유대인 가정에서 태어났다. 1954년 삼촌이 사는 샌프란시스코로 일가족이 이주해 1969년 고등학교를 겨우 마치고, 1873년 학비가 들지 않는 아나폴리스 해군사관학교(United States Naval Academy)에 입학해서 1985년 졸업한 뒤 2년간 해상 근무를 하고 모교 해군사관학교로 되돌아와서 화학과 물리학 교관으로 강의를 했다. 광학과 음향학에 관심을 가졌기에 매질(媒質) 연구를 했으나 생각지도 않게 광속도 측정 실험을 시작했다. 연구 공로를 인정받아 1879년 워싱턴 소재 항해력국(Nautical Almanac Office, Washington)에 초빙을 받아 광속 측정 업무를 맡았다.

세계적인 연구 방향 감각을 익히고자 1880년 베를린대학교, 하이델베르크대학교, 파리대학교, 파리 폴리테크 등지에서 연구했으며 베를린대학교 포르만 폰 헬름홀츠(Hermann von Helmholtz, 1821~1894) 교수의 지도를 받아 박사 학위를 받았다. 1877년 광속 측정 실험으로 초속 299,940km라는 결과를 도출, 1881년 마이컬슨 간섭계(Michelson interferometer)를 고안했다. 1883년 미국으로 귀국해 케이스 응용 대학교(ase Western Reserve University) 교수를 맡았다. 1885년 마이컬슨-몰리 실험(Michelson-Morley experiment)이란 공동 프로젝트를 실시하여 1902년 '광속(Velocity of Light)', 1903년 '광파와 이용(Light Waves and Their Uses)'으로 아인슈타인의 상대성이론(Einstein's theory of relativity)의 길을 열어놓았다.

1909년 노벨물리학상 수상자 굴리엘모 마르코니(Guglielmo Marconi, 1874~1937)는 이탈리아 볼로냐(Bologna, Italy)의 대단위 농가 가정에서 태어났다. 볼로냐대학 교수를 가정교사로 채용해서 전기, 자기 및 과학 전반에 대한 지식을 익혔으며 18세에 볼로나대학(University of Bologna)에 입학해 전기 전파에 관해 공부했다. 1888년 하인리히 헤르츠(Heinrich Rudolf Hertz, 1857~1894)와 공동 프로젝트로 무선통신(wireless telegraphy)을 구상했고, 자택에서 무선전신 실험을 하고 3km까지 무선통신 장치를 발명했다. 1896년 무선전신 영국 특허를 획득하고, 영국 체신청에 최초로 실험 도입에 성공했다. 1897년 런던 마르코니 무선전신 회사를 창립하고 통신사업을 시작했으며 도버해협에서 영불 무선통신 성공에 이어 대서양 간 무선통신 실험에도 성공했으나 무선 전선 해저전신 사업은 저항을 불러왔다. 1902년 자기 검파기(magnetic detector)와 1905년 수평 지향성 안테나(horizontal directional antenna) 등을 발명했다.

1910년 수상자인 판데르 발스(Johannes Diderik van der Waals, 1837~1923)는 1837년 네덜란드 레이던(Leiden, Netherlands)에서 태어났다. 노동자 계급인 목수(木手) 가정에서 10명의 자녀 가운데 맏아들로 태어난 그는 가난으로 인해 정규 교육을 받지 못했다. 독학으로 천신만고 끝에 대학 입학 시험에 합격했으며 교사가 되기 위해 1856년부터 1861년까지 5년간 피나는 노력으로 교생 실습과 선발 시험을 거쳐서 자격을 얻었다. 1862년부터 레이던대학에서 수학, 물리학 및 천문학 강의를 청강할 수 있었으며 수학과 물리학 교사 시험에 2년간 도전했다. 드디어 1865년 데벤테르(Deventer)에서 물리학 교사가 되었으며 금상첨화로 기회를 포착해 1873년에 레이던대학(University of Leiden)의 피테르 리케(Pieter Rijke, 1812~1899) 교수로부터 지도를 받아 「가스와 액체 상태의 연속성에 관한 연구(gas-en Vloeistoftoestand)」 학위 논문으로 박사 학위를 취득했다. 이후 1877년 최초로 암스테르담 시립대학(Municipal University of Amsterdam)에서 물리학 교수로 임명되어 1907년까지 교수로 재직했다.

1913년 수상자 헤이커 카메를링 오너스(Heike Kamerlingh Onnes, 1853~1926)는 1853년 네덜란드 흐로닝언(Groningen, Netherlands)에서 태어났다. 수학과 물리학에 대한 관심을 가졌으며 1870년 흐로닝언대학교(University of Groningen)에 입학해 공부하다 1871년 독일로 옮겨 하이델베르크대학교(University of Heidelberg)에서 1873년까지 수업을 듣다가 다시 흐로닝언대학교로 되돌아왔다. 1878년 석사 학위를 받고 루돌프 아드리안 메스(Rudolf Adriaan Mees) 교수의 지도로 「지구 순환의 새로운 증거(Nieuwe bewijzen voor de aswenteling der aarde)」 학위 논문으로 1879년에 박사 학위를 취득했다. 그가 이렇게 대학 사냥(college hunting)을 한 속셈에는 노벨물리학상 수상이라는 꿈이 있었다. 1911년 수상자 판 테르 발스(Johannes Diderik van der Waals, 1837~1923)를 벤치마킹해 그의 업적인 기체 액체 상태의 방정식(Gas-Liquid Equations)에 착안하여 온도와 압력의 연구에 집중했다. 1894년 레이던대학교(University of Leiden)에 저온연구소(Low Temperature Laboratory)를 설립해 연구했으며, 1904년 액체 공기와, 1906년 액체 수소를 제조했다. 그리고 1908년 절대 온도 -269℃에서 헬륨 액화에 성공했다. 이어서 초전도 현상(superconductivity phenomenon at metal low temperature)까지 발견해 극저온물리학을 개척했다.

1939년 수상자인 미국 물리학자 어니스트 올란도 로런스(Ernest Orlando Lawrence, 1901~1958)는 미국 사우스다코타 켄턴(Canton, South Dakota, U.S.)에서 태어났다. 공립 고교를 졸업하고 세인트 올라프대학교(St. Olaf College, Minnesota)에서 한 학기를 수업하고, 사우스다코다대학교(University of South Dakota)로 전학해 1922년 화학 학사 학위를 취득했다. 1923년 미네소타대학교(University of Minnesota)에서 물리학 석사 학위를 취득해 시카고대학에서 1년간 일하다가 예일대학교(Yale university) 윌리엄 프란시스 그레이 스완(William Francis Gray Swann, 1884~1962) 교수의 지도로 「빛의 주파수의 함수로서 칼륨 증기의 광전 효과(The Photoelectric Effect in Potassium Vapor as a Function of the Frequency of the Light)」에 관한 학위 논문을 1924년에 제출하고, 1925년에 박사 학위를 취득했다.

곧바로 모교 예일대학교에 연봉 3,000달러의 조교수 자리를 얻었으나, i) 강의 경험이 없었고, ii) 출신 지역이 사우스다코타라는 이유로 동료들의 질투와 함께 따돌림을 당했다. 1928년에 캘리포니아대학교(Berkeley Campus, University of California)로 옮겨 조교수에 임용되었으며 1930년에 정교수가 되었다. 그는 '입자 가속기(particle accelerator)', '핵에너지의 열쇠를 쥐고 있는 사나이(a man holding the key to nuclear energy)'라는 별명을 얻었다. 1930년 식당에서 롤프 비데뢰(Rolf Wideröe, 1902~1996)의 논문을 보다가 '냅킨 종이 한 장에 그린 스케치(from a sketch drawn on a sheet of napkin paper)'로 25달러를 들여서 최초로 입자가속기 사이클로트론(cyclotron)을 발명했기 때문이다. 1936년 대학 부설 방사선연구소장에 올랐으나 제2차 세계대전이 발발하자 과감하게 버클리 캠퍼스(Berkely Campus)에서 뛰쳐나와 맨해튼 프로젝트(Manhattan Project)에 참여했다.

:: 04

공무원 출신 노벨물리학상 수상자들

국제도량형국 공무원으로 노벨물리학상

1920년 수상자인 스위스 물리학자 샤를 에두아르 기욤(Charles Éd-ouard Guillaume, 1861~1938)은 스위스 취리히 연방공과대학(ETH Zurich)에서 1883년 물리학 박사 학위를 받았다. 이후 국제도량형국(International Bureau of Standards)에 국제 공무원으로 들어갔다. 1875년에 설립한 이 기구는 파리 인근 센(Seine) 강 주변의 인구 2만의 작은 도자기 도시인 세브르(Sévres)에 있다. 그는 업무 수행을 위해서 온도 측정, 기상학, 미터법 등에 대한 실험과 관찰을 하며 깊이 연구했다. 도량형이 온도 변화에 오차가 발생함을 알고 이를 해결하고자 했던 그는 1897년 신물질인 '인바(invar)'라고 하는 니켈강을 발견하였다.

1902년에 책임연구원이 되었으며 1915년에 국제도량형 국장에 올라 20년간 활동을 했다. 스웨덴 왕립과학원에서는 1920년에 노벨물리학상을 수여하면서 시상식에서 "수년간 지루하고 어려운 실험 끝에 마침내 온도 변화에도 부피 변화가 전혀 없는 인바라는 니켈을 발견하였습니다. 백금 대체 용품으로 2,000만 프랑의 비용을 절감하게 되었습니다."[62]라고 스웨덴 왕립과학원 원장 엑스트란드(A.G. Ekstrand, President of the Royal Swedish Academy of Sciences, on December 10, 1920)는 수상자 선정 보고에서 언급했다.

그의 저서로는 1896년 『우주의 온도(La Température de L'Espace)』, 1886년 『온도에 대한 연구(Études thermométriques)』, 1889년 『온도에 대한 논문(Traité de thermométrie)』, 1894년 『단위 및 표준(Unités et Étalons)』, 1896년 『엑스레이(Les rayons X)』, 1898년 『니켈 및 그 합금에 관한 연구(Recherches sur le nickel et ses alliages)』, 1899년 『물질의 생명(La vie de la matière)』, 1902년 『미터기 협약과 국제 중량 측정 기구(La Convention du Mètre et le Bureau international des Poids et Mesures)』, 1904년 『니켈강의 응용(Les applications des aciers au nickel)』, 1907년 『물질의 상태(Des états de la matièr)』, 1913년 『레알 마드리드의 기술(Les récents progrès du système métrique)』, 1913년 『메신저의 입문(Initiation à la Mécanique)』 등이 있다.

특허청 직원으로서 상대성원리를 구상

1921년은 천재 물리학자이며, 최고의 지능 지수(IQ)를 지녔다고 알려진 아인슈타인(Albert Einstein, 1879~1955)이 '이론물리학에 대한 공로와 특

아인슈타인(1921, 노벨물리학상)

히 광전 효과의 법칙 발견의 공로 (for his services to Theoretical Physics, and especially for his discovery of the law of the photo-electric effect)'로 노벨물리학상을 받았다. 그는 독일 뷔르템베르크 울름(Ulm, Kingdom of Württemberg, German Empire)에서 전

기 회사 사장이었던 유대인 아버지와 어머니 사이에서 장남으로 태어났으며 1살 때에 뮌헨으로 이사했다. 초등학교 시절 반유대주의로 인해 상처를 많이 받았다. 특히 로마가톨릭 학교에서 교사가 했던 "유대인은 예수를 죽인 민족(Die Juden waren die Menschen, die Jesus getötet haben)."이라는 말이 가슴에 못이 되었다.

1894년 아버지 사업의 부진으로 밀라노로 이사했다. 이후 독일의 군대식 교육 기관인 김나지움에 진학했으나 잘 적응하지 못했다. 17세 때 "다시는 독일 땅을 밟지 않겠다(Ich werde nicht wieder auf den deutschen Boden treten.)."라고 결심하고 학교를 나와서 독학을 해 스위스 취리히연방 공과대학(ETH Zürich) 입학 시험에 응시했으나 낙방했다. 그러나 그의 뛰어난 수학 성적을 눈여겨본 학장의 배려로 1년 동안 김나지움과 달리 자유롭고 민주적인 분위기인 스위스 아라우의 아르가우(Aargau) 칸톤

아인슈타인 성적표(아라우, 1896)

학교에 다니면서 부족한 과목을 보충했다. 이후 1896년 취리히연방 공과대학의 전신인 연방 폴리테크 스쿨(Federal Polytechnic School)에 입학해 1900년까지 다녔다. 졸업하고도 한동안 가정교사, 임시 교사 등을 전전하다 1902년 베른 소재 특허사무소(Swiss Patent Office Bern) 심사관으로 채용되어 5년 동안 근무했다.

특허청에 근무하면서 물리학 연구를 계속한 아인슈타인은 1905년에 독일 물리학연보(Annalen der Physik)에 연달아 5편의 논문을 발표했다. 브라운운동, 빛의 광전 효과, 특수상대성이론인 「운동하는 물체의 전기역학(Zur Elektrodynamik bewegter Körper)」을 5월 한 달 동안 발표했다. 1905년 7월에 알프레드 클레이너(Alfred Kleiner, 1849~1916) 교수의 지도 아래「분자의 크기에 관한 새로운 규정(Eine neue Bestimmung der Moleküldimensionen)」이란 학위 논문으로 취리히대학교(University of Zürich)에서 물리학 박사 학위를 취득했다.

1908년부터 1909년 독일 베를린대학교(University of Bern), 1909년부터 1911년까지 스위스 취리히대학교(University of Zurich), 1911년부터 1912년까지 체코 프라하대학교(Charles University in Prague: 카를대학이라고도 불린다), 1912년부터 1914년까지 모교인 취리히연방 공과대학(ETH Zürich) 교수로 재직했다. 1914년부터 1933년까지 프로이센 과학 아카데미(Prussian Academy of Sciences)에 재직했으며 1914년부터 1933년 베를린 훔볼트대학교(Humboldt University of Berlin) 교수, 1917년부터 1933년까지 카이저 빌헬름연구소(Kaiser Wilhelm Institute) 소장을 역임했다.

주요 연구로는 1914년 특수상대성이론 발표, 1915년 '중력의 장 방정식(Feldgleichung der Schwerkraft)' 발표, 1919년 5월 29일 런던 왕립학회(Royal Society of Lodon) 기니 걸프 프린시페(Principe Island, Gulf of Guinea)의 일식 관측에서 일반상대성이론 예측을 검증 발표했으며 1921년에 광전 효과에 대한 업적으로 노벨물리학상을 수상했다. 1933년 미국으로 망명하여 1940년 미국 시민권을 취득했으며 프린스턴 고등연구소(Institute for Advanced Study) 교수로 지냈다. 나치 독일에 앞서 핵무기를 개발하도록 프랭클린 루스벨트(Franklin Delano Roosevelt, 1882~1945) 대통령에게 편지를 보내 '새로운 형태의 최강 폭탄(extremely powerful bombs of a new type)'을 만드는 맨해튼 프로젝트(Manhattan Project)를 설득했다.

제2차 세계대전을 종식시킨 원자폭탄 제조 계획이었던 맨해튼 프로젝트(Manhattan Project)는 1939년 8월 과학자 레오 실라르드(Leo Szilard, 1898~1964)와 위그너(Eugene Paul Wigner, 1902 ~1995)가 당시 프랭클린 루스벨트(Franklin Delano Roosevelt, 1882~1945) 대통령에게 원자폭탄 개발을 권유하였고, 1942년 9월에 미국의 뉴멕시코 로스앨래모스(Los Alamos)에 위치한 로스앨러모스 국립연구소(Los Alamos National Laboratory)의 소장 로버트 오펜하이머(Julius Robert Oppenheimer)에게 원자폭탄 개발 비밀 과제가 떨어졌다.

총책임자는 그로브 장군(General Leslie R. Groves, Jr.)이, 총괄은 연구소장이 맡았다. 시카고대학의 엘리코 페르미(Enrico Fermi, 1901~1954)를 중심으로 연구실, 실험실 및 제조 시설을 만들었으며 1943년에 영국 리버풀대학 핵물리학연구소장 조지프 롯블랫(Rotblat, Joseph, 1908~2005) 박사팀이 합류했다. 1945년 7월 15일에 최초로 핵실험을 했다. 위력은 TNT 15,000t이었다. '어린아이(little boy)'와 '뚱보(fat man)'라는 별명을 붙인 이 원자폭탄은 1945년 8월 6일과 9일에 히로시마와 나가사키에 투하하여 모두 20만여 명의 목숨을 빼앗았다.

3번째 공무원 출신 노벨물리학상 수상자

1961년 미국 도량형국 공무원 출신 물리학자 로버트 호프스태터(Robert Hofstadter, 1915~1975)는 미국 뉴욕시(New York City, U.S.A.)에서 태어났다. 1927년부터 1931년까지 드윗 클린턴 고등학교(DeWitt Clinton High School)를 졸업하고, 1931년부터 1935년까지 뉴욕시립대학(City

College of New York)에서 학사 과정을 마친 뒤 1935년부터 1938년까지 프린스턴대학교(Princeton University)에서 석사 과정을 거쳐 1938년 박사 학위를 취득했다. 박사후 연구(post-doctoral research)는 프린스턴대학(Princeton University)과 펜실베이니아대학(University of Pennsylvania)에서 연구했다. 제2차 세계대전 중 미국 국가 공무원으로 도량형국에서 근무했으며, 종전 이후 모교 프린스턴대학교(Princeton University)로 돌아와서 조교수가 되었다. 1950년 스탠퍼드대학교(Stanford University)로 옮긴 후 교수로 승진했으며 1985년까지 근무했다.

공무원 출신 노벨물리학상 수상자로는 1920년 국제도량형국(Bureau international des poids et mesures) 공무원인 프랑스의 샤를 에두아르 기욤(Charles Édouard Guillaume, 1861~1938)이 도량형 재료로 합금 니켈을 개발한 공로로 수상했으며 1921년 독일 특허청 공무원 출신인 알베르트 아인슈타인(Albert Einstein, 1879~1955)에 이어 1961년 로버트 호프스태터(Robert Hofstadter, 1915~1975)가 미국 도량형국(Office of Standard Weights and Measures) 담당 공무원으로 3번째 노벨물리학상 수상자가 되었다. 그의 주요 연구는 처음엔 유기화합물 분자의 적외선 스펙트럼과 수소 결합 연구, 1953년 고에너지의 전자 산란 연구, 원자핵의 하전 분포 규명, 중성자와 양성자에 대한 하전 및 자기모멘트 분포를 조사해 구조인자를 밝혀냈다.

:: 05

종교 섭리를 열쇠로 물리학 문제를 풀다

.

공즉시색(空卽是色)의 전자 본질을 규명하고자

1929년 노벨물리학상 수상자인 프랑스의 물리학자 프린스 루이스 드 브로이(Prince Louis-Victor Pierre Raymond de Broglie, 1892~1987)는 1892년 센마리팀 디에프(Dieppe Seine-Maritime)에서 태어났다. 1910년 파리 소르본대학교(Sorbonne, University of Paris)에서 인문학 분야인 역사학 학사 학위를 받고 1913년 다시 과학 학사 학위를 취득했으며 1914년 제1차 세계대전이 발발하자, 군대에 입대해 라디오 통신부대에서 근무했다. 1924년 폴 랑주뱅(Paul Langevin, 1872~1942) 교수의 지도로 「양자이론에 대한 연구(Recherches sur la théorie des quanta)」 논문으로 물리학 박사 학위를 취득했다. 이 논문은 맥스 프랑크(Max Planck, 1858~1947)와 알베르트 아인슈타인(Albert Einstein, 1879~1955) 이론에 기초한 물질의 파동·입자 이중성(wave·particle duality of matter)을 규명했다. 이어 전자의 파동성(wave nature of electrons)에 대해 규명했다.

사실, 양자론(quantum theory)은 1900년 프랑크(Marx Planck, 1858~1947) 양자가설(quantum hypothesis)에서 시작되어, 1905년 아인슈타인(Albert Einstein, 1879~1955)의 광양자설(light quantum theory), 1913년 닐스 보어(Niels Henrik David Bohr, 1885~1962)의 원자 구조와 스펙트럼의 해명에 의해서 파동역학(wave mechanics)과 행렬역학(matrix mechanics)이란 두 갈래로 갈라졌다. "양자론을 접하고서 놀라지 않는다면 그것은 양자론을 이해하지 못한 것이다."라고 말했던 그는 1922년 노벨물리학상을 수상한다. "파동이 입자의 성질을 가진다."는 닐스 보어의 생각은 1924년 프랑스의 물리학자 드브로이(Louis Victor Pierre Raymond de Broglie)에 의해서 뒤집혔다.

즉 "입자도 파동을 가진다."라고 한 그는 전자를 이중 슬릿(double-slit)에 발사시켜 입증했다. 입자(전자)에서 파장의 성격을 띤 간섭무늬(interference fringe)가 나타났고, 간섭이란 파동만이 지니는 특성을 보였다. 이는 곧바로 "물질은 텅 빈 것과 다름이 없고, 텅 비었다는 건 또한 물질로 꽉 차 있다는 것이다(色不異空, 空不異色, 色卽是空, 空卽是色)."[63] 구절을 연상하게 했다.

'광명과 복음'을 과학의 '빛과 음향'으로 규명

1930년 수상자인 인도 물리학자 찬드라세카라 벵커타 라만 경(卿)(Sir Chandrasekhara Venkata Raman, சந்திரசேகர வெங்கடராமன், 1888~1970)은 빛(입자)의 산란에 관한 라만 효과(Raman effect)를 규명했다는 공적, 즉 '빛의 산란과 자신의 이름을 딴 효과를 규명한 공로(for his work on the scattering of light and for the discovery of the effect named after him)'로 아시아인으로서 최초로 노벨물리학상을 받았다.

그는 인도 타밀나두 주 티루치라팔리(Thiruvanaikoil, Madras Presidency, British India)에서 브라만(Brahmins) 가문에서 수학과 물리학 강사를 하는 아버지의 아들로 태어났다. 1902년 세인트 알로이시오 앵글로-인디언 고등학교(St Aloysius Anglo-Indian High School)를 졸업하고

1902년 첸나이 프레지덴시대학교(Chennai President University)에 입학, 물리학 경연대회에서 최고 수상자(금메달)로 선정되었다. 1904년 예술학 학사 학위를 취득하고, 1907년 마드라스대학교(Presidency College, University of Madras)에서 석사 학위를 취득했다. 1907년 인도 재정부(Indian Finance Department)에서 근무했으며, 과학문화협회(Cultivation of Science at Calcutta)에서 실험 연구에 종사했다.

그런데 운명은 그를 다른 길로 인도했다. 1917년부터 콜카타대학교 (University of Calcutta) 물리학 교수가 되어 15년간 근무했으며, 1933년 부터 1948년까지 방갈로르 인도과학연구소(Indian Institute of Science, Bangalore)에서 광학 및 음향학에 관한 많은 연구를 했다. 인도 과학문화 협회(Indian Association for the Cultivation of Science) 회원, 인도 과학연 구원(Indian Institute of Science)에서도 종사했다. 1926년『인도과학저널 (Indian Journal of Physics)』을 창간했다. 1928년 2월 28일 라만효과(Raman effect)를 발견하여「새로운 방사성(A New Radiation)」이라는 연구논문을 발표해 빛의 양자적 특성을 입증했다. 이로 라만 분광학이란 기반을 마련했다.

라만과 라만효과(산란)

현재 남아있는 저서로는 1984년 『마르탄다 베르마(MARTHANDA VARMA)』, 1985년『라마라하 바하두르 (Ramaraja Bahadur)』, 1989년「과학논문: 음향(Scientific Papers: Acoustics)」, 1989년「과학논문: 꽃 색깔과 시각 지각(Scientific Papers: Floral Colours and Visual Perception)」, 2012년『라만 분광학 개론(Einführung in die Ramanspektroskopie)』, 2016년『다르마 라야(DHARMARAJA)』,

2016년 『빛의 분자 회절(Molecular Diffraction of Light)』 및 2018년 『마르탄다 바르마(MARTHANDAVARMA)』 등이 있다.

팔정도(八正道) 모양의 8소립자 모형

1969년, 미국의 물리학자 머리 겔만(Murray Gell-Mann, 1929~2019)은 '기초입자와 상호작용의 분류에 관한 공헌(for his contributions and discoveries concerning the classification of elementary particles and their interactions)'이란 명목으로 노벨물리학상을 받았다. 여기서 먼저 소립자 (elementary particle)란 물질을 형성하고 있는 입자(粒子)인 분자→원자 →원자핵→…으로 세분화되어 더 이상 나눌 수 없는 입자를 말한다. 현재는 약 300여 종의 소립자가 알려져 있다. 가장 먼저 발견한 소립자는 전자였다. 원자는 1mm의 1만 분의 1, 원자핵은 대략 1mm의 1조 분의 1정도, 전자는 원자핵의 1만 분의 1 크기, 질량은 9.1×10^{-28}g 정도로 소립자 물리학(elementary particle physics)에서는 소립자의 크기를 0으로 설정한다.

1897년 영국 조지프 존 톰슨(Joseph John Thomson, 1856~1940)이 소립자 전자, 1908년 영국 물리학자 어니스트 러더퍼드는 원자핵을 찾아내었다. 1932년 영국 제임스 채드윅 (James Chadwick, 1891~1974)은 중성자와 양전자를 규명, 1936년 앤더슨이 중간자 뮤온(Muon) 발견했다. 1930년대 스위스 물리학자 볼프강 파울리 (Wolfgang Pauli, 1900~1958)는 중성미자 존재를 제시, 1950년 중성미자를 규

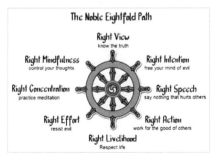

Eightfold Way Model(Gell-Mann)

명했다. 1964년 머리 겔만(Murray Gell-Mann, 1929~2019)과 조지 츠바이히(George Zweig, 1937년생)는 양성자와 중성자, 전자보다 미세한 쿼크라는 소립자를 규명했으며, 1975년 가속기를 통한 타우온(Tauon)을 발견했다. 우주 공간을 구성하는 최소 단위의 물질, 즉 소립자라고 알려진 힉스(Higgs) 입자는 입자의 질량을 설명하기 위해 도입한 입자로 1964년 피터 힉스(Peter Higgs, 1929년생)가 우주에 존재할 것이라고 제기했으나 자연 속에 관찰되지 않아 입자가속기로 입자 충돌을 통한 실험으로 규명했다.

그런데 1961년 머리 겔만(Murray Gell-Mann, 1929~2019)과 이스라엘 물리학자 유발 네에만(Yuval, Ne'eman, 1925~2006)이 소립자들이 8개씩 짝지어 있는 것을 발견하고 농담으로 했던 불교의 팔정도(八正道, Eightfold Way)에서 이름을 따서 팔정도 모형(Eightfold Way Model)이라고 했다. 이는 마치 1946년도 노벨문학상 수상자 헤르만 헤세(Hermann Hesse, 1877~1962)의 자서전『수레바퀴 밑에서(Unterm Rad)』의 운명의 수레바퀴(wheel of fate) 혹은 법륜(Dharma cakra)에 의한 인과 법칙의 지배를 받고 있다. 구체적으로 비유하면 오늘날 우리들이 자동차 운전대(steering wheel), 항공기 조정간(control handle), 선박 방향타(rudder), 드론의 리모콘(remote control)에 통제를 받는 것과 같다.

머리 겔만은 미국 뉴욕 맨해튼(Manhattan, New York City, U.S.)에서 오스트리아·헝가리 이민 저소득층의 유대인 가정에서 태어났다. 14세까지 콜롬비아 예비학교(Columbia Grammar & Preparatory School)를 다녔으며 15세에 예일대학(Yale University)에 입학했다. 19세에 MIT(Massachusetts Institute of Technology) 대학원에 들어갔으며 21세 때인 1951년에 빅터 와이스코프(Victor Weisskopf, 1908~2002) 교수의 지도 아래「커플링 강도와 핵반응(Coupling strength and nuclear reactions)」이라는 학위 논문으로 물리학 박사 학위를 취득했다. 박사후 연수 과정(post-doc course)으로 MIT 고등연구소(Institute for Advanced Study)의 연구원으로 일했으며 1952년부터 1953년까지 일리노이대학교(University of Illinois at UrbanaChampaign) 방문 조사 교수, 1954년부터 1955년까지 콜롬비아대학교(Columbia University) 방문 조교수, 시카고대학교(University of Chicago) 조교수, 1955년부터 1993년 정년퇴직까지 캘리포니아공과대학교(California Institute of Technology)에서 교수로 교편을 잡았다.

06

노벨물리학상 사냥의 성패는 팔자 소관

원폭 제조의 주역이었으나 중성자 발견으로 수상

영국의 물리학자 제임스 채드윅(James Chadwick, 1891~1974)은 1932 년 하전(charge)을 지니지 않은 소립자와 중성자를 발견하여 초기 핵물리학의 각종 모순을 제거하고, 원자핵론 및 소립자론에서 새로운 전기를 마련했다. 1935년, '중성자를 발견한 공로(for the discovery of the neutron)'로 노벨물리학상을 수상했다. 이후 제2차 세계대전 때 원자폭탄 개발 프로그램인 맨해튼 프로젝트(Manhattan project)에도 참여했다.

채드윅은 영국 잉글랜드 체셔 볼링턴(Bollington, Cheshire, England)의 가난한 가정에서 태어나 외가(外家)에서 성장했다. 맨체스터 그래머스쿨(Manchester Grammar School)에 입학했으나 학비가 없어 포기했다. 이후 센트럴 그래머스쿨(Centrol Grammar School)에 재입학했으며 부모와도 같이 살게 되었다. 1908년 맨체스터 빅토리아대학(Victoria University of Manchester)에서 '핵물리학의 아버지(the father of nuclear physics)', 어니스트 러더퍼드(Ernest Rutherford, 1871~1937) 교수를 만나 3년 만에 졸업하고 졸업 후에는 연구 조수 자리를 얻었다. 1912년에 러더퍼드(E. Rutherford)와 공동 저자로 연구논문을 발표했다. 1913년 석사 학위를 취득, 베를린공과대학(Berlin Institute of Technology)으로 이동했으며 그곳에서 가이거 계수기(Geiger counter)를 발명하고 공동 연구 프로젝트에도 참여했다.

제1차 세계대전이 터지자, 체포되어 베를린 루흐레벤 수용소(Ruhleben internment camp, Berlin)에서 연구하다가 종전 후 석방되었으며 어니스트 러더퍼드(E. Rutherford) 교수가 있는 케임브리지대학교 캐번디시연구소(Cavendish Laboratory, Cambridge University)로 옮겨 그의 지도 아래 1921년 6월에 물리학 박사 학위를 취득했다. 그곳에서 1932년 중성자를 발견했다. 제2차 세계대전 동안 영국의 원폭 제조 튜브 알로이스 계획(Tube Alloys Plan)에 참여했다. 1935년 리버풀대학교(University of Liverpool) 물리학 석좌교수로 리버풀연구소(Liverpool Institute)에서 연구하면서, 나치 독일 루프트바페(Luftwaffe, 독일 공군부대)와 서로 원폭 개발 경쟁을 했다. 1943년 퀘벡 협정(Quebec Convention)으로 영국의 알로이스 계획(Alloys Plan)은 미국의 맨해튼 프로젝트(Manhattan Project)에 합류되었다. 그는 1941년 세칭 모드 위원회 보고서(Military Application of Uranium Detonation, MAUD Committee Report)를 작성했는데, 제조 비용이 수백만 달러로 예상된다고 미국 프랭클린 루스벨트(Franklin Roosevelt, 1882~1945) 대통령에게 보고했다. 팀장으로 역할을 한 공로로 1945년 기사 작위를 받았다. 또한 과학 고문으로 임명되어 1948년 케임브리지대학교 곤빌 카이우스 칼리지(Gonville & Caius College, University of Cambridge) 학장이 되었다가 1959년에 퇴임했다.

그의 저서로는 1932년 논문으로 「중성자의 존재 가능성(Possible Existence of a Neutron)」, 1951년 「방사성 물질의 방사능(Radiations from Radioactive Substances)」, 1961년 『주니어 사이언스 백과사전. 제4권: 중력에서 로그 라인까지(Junior Science Encyclopaedia. Volume 4: Gravitation to Loglines)』, 1962년 『넬슨 러더포드 논문집, 1권(Collected Papers of Lord Rutherford of Nelson, Volume 1)』, 1965년『넬슨 러더포드 논문집, 3권(The Collected Papers of Lord Rutherford of Nelson, Volume 3)』, 1989년『채드윅: 개인적 인물 조명(Chadwick: On individual landscaping)』등이 현재까지 남아 있다.

보따리 수학 강사가 원폭 제조와 원자로의 최고 권위자로

노벨상수상 기념우표(페르미,1938)

1938년 수상자인 엔리코 페르미(Enrico Fermi, 1901~1854)는 이탈리아 로마 출생으로 1918년 피사 왕립 고등사범학교에서 학사 학위를 받고, 독일 괴팅겐대학교(University of Göttingen)의 맥스 보른(Max Born, 1882~1970) 교수와 레이던대학교(Leiden University)의 폴 에렌페스트(Paul Ehrenfest, 1880~1933)로부터 첨단 지식을 전수하였다. 1924년에 피렌체대학(Firenze College)에서 수학 강사 자리를 얻었으며, 1926년에 젊은 나이에 로마대학교(University of Rome)의 이론물리학 교수로 임명되었다. 처음에는 상대성이론(Relativitätstheorie)을 연구했으나, 로마대학에서 교수 자리를 받고부터 양자론과 분광학에서 원자핵 연구로 옮겼다. 1934년에 β붕괴이론을 발표했으며, 복사이론과 중성미자 가설(radiation theory & neutrino hypothesis)을 종합했다. 유카와 히데키(湯川秀樹, 1907~1981)의 핵력 연구(nuclear power research)에 선행 연구로 단서를 제공했다. '중성자 조사에 의해 생성된 새로운 방사성 원소의 존재에 대한 시연과 완중성자(緩中性子)에 의해 야기된 핵반응 관련 발견'을 공로로 노벨물리학상을 수상하였다.

그의 주요 연구는 단순하게는 모든 원소의 핵변환의 가능성을 시사했지만, 완(緩) 중성자(slow neutrons)에 의한 핵변환에서 방사성동위원소를 만드는 초우라늄원소(transuranic element) 및 핵분열의 연구로 향하는 길을 열었다. 그는 무솔리니(Benito Andrea Amilcare Mussolini, 1883~1945)에 의한 파시즘(fascism)의 압박으로 미국으로 망명해 컬럼비아대학(Colombia University) 교수 자리를 얻었다. 핵분열, 2차 중성자의 방사 및 연쇄 반응을 발견했고, 1942년에 시카고대학(Chicago University) 야금연구소로 갔으며 대형 원자로를 건설하여 핵에너지 제어 등을 연구했다. 원자폭탄 제조에 있어 맨해튼 프로젝트(Manhattan project)에도 직접 참여하여 원자폭탄의 제조에도 기여했다.

그의 저서로는 시카고대학에서 발간한 엔리코 페르미의 논문집에 128편이 등록되어 있으며, 저서로는 1950년 『핵물리학의 한 과정(Nuclear Physics: A Course Given)』, 1951년 『초미립자(Elementary Particles)』, 1962년 『엔리코 논문집 1권』, 1965년 『엔리코 페르미 논문집 2권(Collected Papers of Enrico Fermi, Vol. 2)』 등이 있다.

행운과 불행으로 꼬여진 새끼줄 같은 인생을

1962년, 소련의 이론물리학자 레프 다비도비치 란다우(Лев Давидович Ландау, 1908~1968)는 '응축물질 특히 액체헬륨에 대한 선구적 이론을 규명한 공로(for his pioneering theories for condensed matter, especially liquid helium)'로 단독 수상자로 노벨물리학상을 받았다.

그는 소련의 아제르바이잔의 바쿠시(Baku, Baku Governorate, Russian

Empire)에서 태어났다. 1921년, 13세에 김나지움을 졸업한 그는 대학에 가기에는 어린 나이여서 바쿠 경제 기술학교(Baku Economical Technical School)를 다녔다. 하지만 1년 후인 1922년 바쿠 국립대학교(Baku State University)에 진학해 물리학과 화학을 공부했고 1924년에 다시 레닌그라드대학교(Leningrad State University)로 옮겼다. 1925년에 『스펙트럼선의 제이만 효과와 다중선 구조』라는 저서를 발간해서 세계의 이목을 끌었으며 1927년 19살의 나이로대학을 졸업하고 대학원 과정으로 레닌그라드 물리 공학연구소(Leningrad Physico-Technical Institute)에서 연구를 계속 했다. 1929년 소련 정부의 여행 장학금을 받아 1년 반 동안 외국에서 공부할 기회를 얻은 그는 코펜하겐대학교에서 1922년도 노벨물리학상 수상자인 닐스 다비드 보어(Niels Henrik David Bohr, 1885~1962)를 만나 노벨물리학상에 대한 꿈을 싹틔웠다. 1930년 궤도 반자성이란 논문을 발표했으며 1934년 레닌그라드 물리 공학연구소(Leningrad Physico-Technical Institute)에서 물리학 박사 학위를 취득했다.

1937년 카피차의 제안으로 모스크바의 와이로프 물리 문제연구소 이론 부장을 맡아 액체헬륨의 초유동 문제를 연구했다. 1938년 소련 대숙청 때 UPTI 사건(우크라이나 물리 기술원 사건)에 연루되어 조사받고 모스크바를 탈출했으나 1938년 5월 27일 체포 구속되었으며 내무인민위원회(NKVD)에서 유형(流刑)을 판결했다. 하지만 1939년 5월 29일 동료인 저온 실험물리학자(low-temperature experiment physicist) 표트르 레이나도비치 카피차(Пётр Леони́дович Капи́ца, 1894~1984)가 스탈린에게 란다우가 결백하고 신분을 보장한다는 편지를 써 석방되었다. 이후 1941년 액체헬륨II이론을 도출, 1946년 플라즈마 진동(plasma vibration)에 관한 논문을 발표해 '란다우 감쇠(Landau distribution)'라는 용어를 만들었으며

1950년 초전도이론, 1956년부터 1958년까지 페르미 양자 유체의 일반 이론을 전개했고, 제로 음파의 존재를 예언했다.

그의 저서로는 1935년 『금속 전도성(The Metal Conductivity)』, 1960년 『상대성이란 뭘까?(What is Relativity?)』, 1967년 『일반 물리학, 역학 및 분자 물리학(General Physics, Mechanics and Molecular Physics)』, 1975년 『고전적 필드이론(The Classical Theory of Fields)』, 1976년 『역학(Mechanics)』, 1977년 『양자역학: 비상대론적이론(Quantum Mechanics: Non-Relativistic Theory)』, 1978년 『모두를 위한 물리학(Physics for Everyone)』, 1980년 『통계물리학(Statistical Physics)』, 1981년 『물리적 운동학(Physical Kinetics)』, 1982년 『양자전자역학(Quantum Electrodynamics)』, 1984년 『연속 메디아 전기역학, 8권(Electrodynamics of Continuous Media)』, 1986년 『탄성이론(Theory of Elasticity)』, 1987년 『유체역학(Fluid Mechanics)』 등이 남아 있다.

07

노벨물리학상 사냥에 크게 작용하는 변수들

포스트닥터 연수(Post-Doc Training)로 유럽 유수 대학 학자와 교류

1945년, 오스트리아 이론물리학자인 볼프강 에른스트 파울리(Wolf-gang Ernst Pauli, 1900~1958)는 '파울리 배타 원리를 발견한 공로'에 대해 단독 수상자로 노벨물리학상을 받았다. 그는 오스트리아 빈(Vienna, Austria-Hungary)에서 명망 있는 유대인 화학자 볼프강 조지프 파울리(Wolfgang Joseph Pauli, 18691955)의 아들로 태어나 1918년 되블링어 김나지움(Döblinger Gymnasium)을 졸업했다. 고등학생으로 아인슈타인의 상대성원리에 정통했으며, 상대성이론을 배우고자 뮌헨의 루드비히-막시밀리안대학(Ludwig-Maximilians University)에 입학했으며, 19세에 200페이지의 설명 논문을 작성해 아인슈타인을 경악하게 했다. 뮌헨대학교(University of Munich)에서 아널드 조머펠트(Arnold Sommerfeld) 교수의 지도를 받아 「이온화된 수소 분자에 관한 양자이론(About the Hydrogen Molecular Ion Model)」 학위 논문으로 1921년 7월에 박사 학위를 취득했다.

박사후 연구 과정(post-doc course)으로 괴팅겐대학교(University of Göttingen)의 막스 보른(Max Born)의 조수, 코펜하겐대학교(University of Copenhagen)의 닐스 보어(Niels Bohr)와 공동 연구, 함부르크대학교(University of Hamburg)에서 강의를 시작했다. 이 연수 기간에 현대 양

자역학(Modern Quantum Mechanics)에 관심을 두고 배타 원리를 구상해 이론적 확립을 했다. 1928년 취리히 연방공과대학교(FETH Zurich) 교수로 임명되었고, 제2차 세계대전 중 프린스턴 고등연구소(Institute for Advanced Study, Princeton University)에 객원교수를 지냈으며, 종전 후에 취리히 연방공과대학 교수로 복귀했다.

물리 실험에 매료된 해군 장교가 은사님처럼 노벨물리학상 수상자

1948년, 영국 물리학자 패트릭 메이너드 스튜어트 블래킷(Patrick Maynard Stuart Blackett, 1897~1974)은 '윌슨의 안개상자 방법의 발전, 핵물리학과 우주 방사선 분야의 발견'이란 공로로 노벨물리학상을 받았다. 그는 영국 잉글랜드 런던(London, England)에서 태어났으며 모형 비행기와 라디오가 그의 주된 취미였다. 1911년 오즈번 해군대학(Osborne Naval College)에 입학한 그는 1914년 제1차 세계대전이 발발하자 해군 장교로 참가하여 케이프 버드 아일랜드(Cape Verde Islands)로 배치, 유틀란트 해전(Battle of Jutland)에 참전했다.

1918년 5월에 해군을 전역하고 1919년 1월에 일반 교육 과정으로 케임브리지대학교(Magdalene College, Cambridge)에 교육 파견되었다. 이때 캐번디시연구소(Cavendish Laboratory)를 견학한 그는 연구에 몰두하고 있던 1908년 노벨물리학상 수상자 어니스트 러더퍼드(Ernest Rutherford, 1871~1937) 교수와 대화를 나누고 물리 실험에 매료되어 수학과 물리학을 연구하고자 해군을 전역했다. 1921년 케임브리지 모들린 칼리지(Magdalene College, Cambridge University)를 졸업하고, 캐번디시연구소(Cavendish Laborator)로 옮겨서 10년 동안 어니스트 러더퍼드(Ernest

Rutherford)와 연구를 했다. 1923년부터 1933년까지 킹스 칼리지(King's College, Cambridge)의 교수로 재직하였다.

1925년 윌슨의 구름 상자(cloud chamber)를 통한 이온화 분자를 연구해 실험 논문을 발표했다. 1924년부터 1925년까지 독일 괴팅겐대학 (University of Göttingen, Germany)에서 제임스 프랑크(James Franck, 1882~1964)와 원자스펙트럼(atomic spectra)을 연구했다. 1932년 주세페 오키알리니(Giuseppe Occhialini, 1907~1993)와 공동 연구로 구름 상자에 고지 에너지 우주선 분자(high energy cosmic ray particles)가 접촉할 때 사진을 촬영할 수 있는 가이거 계수기(Geiger counters)를 제작했다. 1933년 양전자의 존재 확인(existence of the positron)과 양전자와 전자 쌍 생성에 반하는 나선형 흔적(recognizable opposing spiral traces)을 발견했다.

런던대학교 버벡대학(Birkbeck College, University of London)으로 옮겨 4년 동안 물리학 교수를 역임했다. 1937년 맨체스터 빅토리아대학교 (Victoria University of Manchester) 교수로 자리를 옮겼다. 1953년 런던의 임페리얼 칼리지(Imperial College London) 물리학과장 및 교수가 되었으며 1963년 퇴임했다.

노벨물리학상의 산실 케임브리지대학교 캐번디시연구소에서

1950년, 영국 물리학자 세실 프랑크 파월(Cecil Frank Powell, 1903~1969)은 '중간자의 발견과 핵 과정의 사진 기법을 발명한 공로'로 노벨물리학상을 받았다. 그는 영국 켄트 톤 브리지(Tonbridge)에서 태어나 톤 브리지 쥬드 스쿨(Judd School, Tonbridge)을 졸업하고, 케임브리지대학교 시드니 서식스 칼리지(Sidney Sussex College, Cambridge University)에 입학해서 1925년에 자연과학의 학사 학위를 받았고, 학업을 지속해 1927년도 노벨물리학상 수상자인 찰스 톰슨 리스 윌슨(Charles Thomson Rees Wilson, 1869~1959) 교수의 지도를 받아 1927년 박사 학위를 받았다. 케임브리지대학교 캐번디시연구소(Cavendish Laboratory, Cambridge University)에서 찰스 톰슨 리스 윌슨(Charles Thomson Rees Wilson)과 1908년 노벨물리학상 수상자인 어니스트 러더퍼드(Ernest Rutherford, 1871~1937) 교수의 연구 조교를 하면서 박사후 연수 과정(post-doc course)을 마쳤다.

브리스틀대학교(University of Bristol)로 옮겨 1928년에 조교수, 1948년 정교수로 승진했으며, 1950년 노벨물리학상을 수상했다. 1964년 브리스틀대학교 윌스 물리학연구소(H. H. Wills Physical Laboratory) 소장을 역임했다. 주요 연구는 캐번디시연구소(Cavendish Laboratory, Cambridge University) 시절에 응축 현상, 증기 급팽창에 의한 과포화 상태, 이온의 이동도, 코크로프트-월턴 가속장치(Cockcroft Walton accelerator)를 설치, 중성자·양성자 산란 연구, 원자핵과 우주선의 실험적 연구가 있다. 1938년부터 사진 건판(photographic plates)을 이용해 우주선의 고에너지 중양성자의 산란과 붕괴 현상을 연구했다. 고지 우주선(high-land cosmic rays)을 관측하고자 안데스 피레네 혹은 융프라우(Andes, Pyrenees or Jungfrau) 등 현지에서 실측했다. 1947년 π중간자 발견과 붕괴 과정을 규명했다. 브리스틀대학 시절(University of Bristol)에 양이온 이동성 측정, 원자핵 산란 연구를 위한 코크로프트 생성기(Cockcroft generator) 개발, 특화된 감광유제(photographic emulsions) 이용, 특수 고안된 풍선을 이용한 우주 방사선 측정, 1946년 파이온(pion)을 발견했다.

연구 동료와 같이 노벨물리학상 수상자로

1951년, 영국 물리학자 존 더글러스 코크로프트 경(Sir John Douglas Cockcroft, 1897~1967)은 '인위적으로 가속한 원자핵의 핵변환에 대해 연구한 공로'로 노벨물리학상을 받았다. 그는 영국 북잉글랜드 토드모 던에서 태어나 1901년부터 1908년까지 교회학교(Church of England school in Walsden)에서, 1908년부터 1909년까지 초등학교(Todmorden Elementary School)에서, 1909년부터 1913년까지 중학교(Todmorden Secondary School)에서 수업을 받았다.

1914년 맨체스터대학교(Victoria University of Manchester)에 합격해 수학을 전공한 다음 1915년 12월에 영국 육군에 입대해 제1차 세계대전 에 종군했다. 병역을 마치고 1919년 1월 맨체스터대학으로 복귀해서 전 기공학을 전공하고 1920년에 학사 학위를 받았다. 그 후 케임브리지대학 교 세인트 존스 칼리지(St. John's College, University of Cambridge)에 입 학해서 다시 수학을 전공했으며 1922년 6월 학위 논문 「교류에 대한 고 조파 분석(Harmonic Analysis for Alternating Currents)」으로 석사 학위를 받았다.

그리고 어니스트 러더퍼드(Ernest Rutherford, 1871~1937) 교수의 지도 아래 「표면상의 분자 흐름의 응축 현상에서 발생하는 현상(On phenom-ena occurring in the condensation of molecular streams on surfaces)」학 위 논문으로 1925년 박사 학위를 취득했다. 박사후 연수 과정(post-doc course)으로 캐번디시연구소(Cavendish Laboratory)에서 1908년 노벨물 리학상 수상자·어니스트 러더퍼드(Ernest Rutherford, 1871~1937) 박사 밑에서 속칭 '노벨상 수상자의 고차 방정식(High-Level Equation of Nobel

Laureates)'이라는 비법인 전기공학의 실용 기술과 고도의 수학을 다시 익혔다.

1939년 케임브리지대학교(University of Cambridge) 교수가 되었으며, 페드루 카피차(Petru Leonidovici Căpiță, 1894~1984)와 공동 연구 프로젝트로 강력 자기장과 저온 연구를 했다. 1930년 조지 가모프(George Gamow, 1904~1968)가 이론으로 제시했던 것을 1932년 어니스트 토마스 월턴(Ernest Thomas Sinton Walton, 1903~1995)과 같이 양성자 700kv로 가속할 수 있는 양성자 가속장치(CockcroftWalton accelerator)를 고안했다. 이를 이용해 가속화된 양성자를 리튬 핵에 붙여서 2개 알파입자로 변경시켜 인공 가속입자에 의한 원자핵 파괴 실험을 했다. 제2차 세계대전 중에 전쟁물자부연구소(Scientific Research in the Ministry of Supply)의 부소장을 역임했으며, 그곳에서 영국 핵무기 개발 프로젝트(MAUD Committee)의 원자폭탄에 대한 기술적 타당성(technical feasibility)을 분석했다.

08

노벨물리학상 사냥의 학제간 학문(Interlocking Science)

노벨상 수상은 학문의 거미줄로 공동 포획 프로젝트

1963년, 헝가리 태생의 미국 수학자이자 공학자이며 물리학자인 유진 폴 위그너(Eugene Paul Wigner, 1902~1995)는 '원자핵과 기본입자에 관한 이론 및 기본 대칭 응용에 대한 발견의 공로'로 노벨물리학상을 받았다. 그는 헝가리 부다페스트(Budapest, Austria-Hungary) 유대인 가정에서 태어나 1914년에 파소리 루터교 고등학교(Fasori Evangélikus Gimnázium)를 졸업했다. 1920년 부다페스트 기술과학대학(Budapest University of Technical Sciences)에 입학했으나 학업이 즐겁지 않다며 1921년 베를린공과대학(Technische Hochschule Berlin)에 입학해 오전에는 학습하고 오후에는 독일물리학회(German Physical Society)에 참석해 토론을 즐겼다.

이때 막스 플랑크(Max Planck, 1858~1974), 막스 폰 라우에(Max von Laue, 1879~1960), 루돌프 라덴부르그(Rudolf Ladenburg, 1882~1952), 1932년 노벨물리학상 수상자 베르너 하이젠베르크(Werner Heisenberg, 1901~1976), 월터 네른스트(Walther Nernst, 1864~1941), 1945년 노벨물리학상 수상자 볼프강 파울리(Wolfgang Pauli, 1900~1958) 및 1921년 노벨물리학상 수상자 알베르트 아인슈타인(Albert Einstein, 1879~1955) 등과 학문적 교류를 했다. 이후 마이클 폴라니(Michael Polanyi, 1891~1976)

교수의 지도로 박사 학위를 취득했다.

베를린 카이저 빌헬름연구소(Kaiser Wilhelm Institute in Berlin)에서 카를 바이센베르크(Karl Weissenberg, 1893~1976)와 리처드 벡커(Richard Becker)의 조수로 일과 연구를 같이 했으며, 괴팅겐대학교(University of Göttingen)에서 수학자 다비드 힐베르트(David Hilbert, 1862~1943)와 연구를 했다. 수학자 헤르만 바일(Hermann Weyl, 1885~1955)과 공동으로 물리학에서 집단이론(group theory)을 도입해 접목했다. 1928년 모교 베를린공과대학(Technische Hochschule Berlin) 강사를 지냈으며, 1930년 도미해 프린스턴대학교(Princeton University) 강사를, 1938년부터 1971년까지 프린스턴대학교(Princeton University) 이론물리학 교수를 역임했다. 제2차 세계대전 땐 시카고대학교 야금연구소(Institute of Metallurgy, University of Chicago)에서 엔리코 페르미(Enrico Fermi, 1901~1954) 등과 1939년 8월 2일 원자폭탄 제조 연구단(Manhattan Project) 참여와 원자로 건설에 몰두했다.

노벨물리학상, '기획된 우연'의 결실

1965년, 일본 물리학자 도모나가 신이치로(Sin Itiro Tomonaga, 朝永振一郞, 1906~1979)는 '기본입자물리학에 심오한 탐구 결과로 양자전기역학의 기반을 정립한 공로'로 노벨물리학상을 받았다. 그는 일본 도쿄 부 도쿄시 고이 시키어와 구(東京府, 東京市, 小石川區)에서 태어났으며 몸이 허약했다. 교토 제1중학교(京都一中)와 제3고등학교(第三高等學校)를 졸업하고, 1913년 아버지(朝永 三十郞)[64]가 교토제국대학교 교수로 취임하여 교토로 이사했다. 1926년 교토제국대학(Kyoto Imperial University, Japan)에 입학해서 1931년에 졸업했다. 니시나 그룹(Nishina's group)의 이화학연구소(理化學硏究所, RIKEN)에서 연구 생활을 하다가, 1937년에 첨단 물리학을 배우고자 독일 라이프치히대학(Leipzig University)에서 1932년 노벨물리학상 수상자인 베르너 하이젠베르크(Werner Karl Heisenberg, 1901~1976) 교수와 2년간 연구를 하고 1939년에 돌아왔다. 이후 동경제국대학(Imperial University of Tokyo)에 독일에서 했던 핵물질 연구에 관한 논문을 제출했다. 1938년 일본 최초로 원자핵 연구와 인공 파괴 활용을 위한 사이클로트론(cyclotron) 제작했던 니시나 요시오

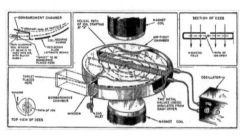

사이클로트론(cyclotron)

(仁科芳雄, にしなよしお, 1890~1951) 교수의 지도 아래 「핵물질의 내부마찰과 열전도도(Innere Reibung und Wärmeleitfähigkeit der Kernmaterie)」 학위 논문으로 1939년 박사 학위를 취득했다.

1941년 도쿄 문리과 대학교(이 대학을 기반으로 쓰쿠바대학 설립) 물리학 교수가 되었다. 제2차 세계대전 중 마크네트론, 중간자이론 및 슈퍼타임이론(超多時間理論)에 매달렸고, 1940년 프린스턴대학교 고등연구소(Institute for Advanced Study, Princeton University) 로버트 오펜하이머(Robert Oppenheimer, 1904~1967)의 초청으로 '양자역학적 시스템의 집단진동(collective oscillations)'에 관한 연구를 했다. 1942년 토모나가-루팅거(Tomonaga-Luttinger)라고 불리는 액체운동을 발견했으며 1955년 도쿄 핵연구소(Institute for Nuclear Study, Tokyo University)를 설립해 연구를 추진했다.

마법의 돌(magic stone) 반도체가 발명되기까지

1956년 수상자는 오늘날 지식정보화 세계를 개막하게 한 황금 열쇠인 반도체를 발명한 영국 출생 미국 물리학자 윌리엄 브래드퍼드 쇼클리(William Bradford Shockley, 1910~1989)로 '반도체에 대한 연구와 트랜지스터 효과 발견'에 대한 공로로 노벨물리학상을 받았다.

1940년대 '고양이 수염(cat's whisker)'이라고 했던 전파탐지기와 라디오 다이오드(diode), 1947년 라디오 트랜지스터(transistor), 1950년 집적회로(integrated circuit)가 발명됨으로써 컴퓨터 하드디스크(hard disk), 메모리(memory), 신용카드의 아이 씨 칩(integrated circuit chip), LED(light emitting diode) 등이 연차적으로 발명되었다. 우리는 너무 흔해 반도체(semiconductor)라는 용어조차 잊고 있다. "국 속에 빠져 있는 국자가 오히려 국 맛을 모른다. 아무리 오랫동안 가까이 있다고 해도 오히려 참된 모습을 알지 못한다(愚人盡形壽, 承事明知人. 亦不知眞法, 如杓斟酌食)."[65]라는 법구경 구절이 연상된다.

반도체 발견은 1821년 독일의 물리학자 요한 제베크(Thomas Johann Seebeck, 1779~1831)에 의해 최초 발견되었고, 1833년 영국의 화학자이며 물리학자인 마이클 패러데이(Michael Faraday, 1791~1867)에 의해 황화은 시료를 가열하면 저항이 감소한다는 도핑(doping) 기법이 발견되었다. 1839년에 알렉산더 베크렐(Alexandre Edmond Becquerel, 1820~1891)은 고체와 액체의 전해질 전압(광전지 효과)을 찾아내었다. 1873년 윌러프비 스미스(Willoughby Smith, 1828~1891)는 셀레늄 광전도성을 발견하고 광전지를 발명했다. 1878년 에드윈 홀(Edwin Herbert Hal, 1855~1938)의 홀효과(Hall effect), 1897년 조지프 존 톰슨(Joseph John

Thomson, 1856~1940)의 고체 전도이론 등으로 지속적인 연구와 발명이 이어졌다. 이런 선행 연구가 반도체라는 결과물을 낳았다.

윌리엄 브래드퍼드 쇼클리(William Bradford Shockley, 1910~1989)는 영국 런던(Greater London, England)에 태어나 3살 때에 광산 기사인 아버지를 따라 도미해 캘리포니아공과대학교(California Institute of Technology)에서 학위를 취득하고, 매사추세츠공과대학으로 진학해, 1936년 존 클라크 슬레이터(John Clarke Slater, 1900~1976) 교수의 지도로 「염화나트륨 결정에서 전자 파동함수의 계산(Calculation of Electron Wave Functions in Sodium Chloride Crystals)」 학위 논문으로 박사 학위를 취득했다.

1936년 해군에 입대해 벨연구소(Bell Laboratory)에 파견되었고, 데이비슨(C. J. Davidson)의 연구단에 참여했다. 그의 주요 연구는 고체의 에너지띠, 합금의 질서와 무질서(order & disorder in alloy), 진공관의 이론(theory of vacuum tubes), 구리의 자기확산(Self-Diffusion of Copper), 전위의 이론, 강자성체의 자기구역, 염화 은의 광전자 등에 관해 연구했다. 특

William Schockley, 연구 노트(2011)

히 p-n 접합형 트랜지스터(p-n junction transistor)를 발명해 반도체 물리학에 기여했다. 생산성에 대해서는 작전 연구(OR)를 했으며, 베크만(Beckman Instruments) 회사의 반도체연구소(Shockley Semiconductor Laboratory)의 소장을 역임했으며, 스탠퍼드대학교(Stanford University) 교수를 지냈다.

그의 인생에 있어 1947년 12월은 벨연구소에서 그의 아이디어로 바딘과 브래튼이 공동 연구로 점 접합 트랜지스터(point-contact transistor)를 발명했던 '기적의 달(Miracle Month)'이었다. 그리고 특허를 자신의 이름으로 등록했다. 1951년 7월 5일 접합 트랜지스터(Bipolar Junction Transistor, BJT)를 발명하고 존 바딘(John Bardeen, 1908~1991)과 월터 브래튼(Walter Houser Brattain, 1902~1987)의 공적으로 돌렸으나 결국 그들의 따돌림으로 1953년 벨연구소를 사직하고 캘리포니아공과대학(California Institute of Technology)으로 돌아왔다. 1955년 베크만(Beckman Instruments) 회사에 취직하고, 쇼클리 반도체연구소(Shockley Semiconductor Laboratory)를 설치했다. '독재적 지배와 심해지는 편집증(dictatorial domination and worsening paranoia)'으로 성공하지 못했다.

그의 특허로는 1950년 '반도체 증폭기(Semiconductor Amplifier)', 1951년 '반도체 재료를 이용한 회로소자(Circuit element utilizing semi conductive material)', 1953년 '쌍안정회로(Bistable Circuits)', 1957년 '불순물 주입을 위한 확산 공정(The diffusion process for implantation of impurities)', 1962년 '단결정 성장 과정(Process for Growing Single Crystals)', 1962년 '성장 실리콘 카바이드 결정의 방법(Method of Growing Silicon Carbide Crystals)' 등이 있다.

노벨
화학상

ALFRED NOBEL

:: 01

태초에 빛과 소금이 있었나니!

빛과 소금이 있어 지구촌에 모든 가능성을 열어놓았다

먼저, 신·구약성경에 나오는 '빛(light)'에 대한 구절을 검색하면 창세기 "빛이 있어라 하시니 빛이 있었다(Let there be light,' and there was light)."라는 구절에서 시작하여 25번이나[66] 나온다. 빛(light)이란 "아침의 상쾌한 빛줄기는 새들을 깨우고 노래하게 하며, 그것을 보는 사람들에게도 어둠을 벗어나 하루를 시작하는 생동감을 갖게 해줍니다."는 지구촌 생명체에게 의미를 던져주고 있다. 사실 화학에 있어서 빛은 생명체에게 광합성 작용(photosynthesis)을 가능하게 하여, i) 탄소동화작용(carbon dioxide assimilation)으로 각종 유기물을 생성시켰으며, ii) 태양광에 의한 에너지작용에서 각종 화학작용으로 모든 생명체의 생존을 가능하게 활짝 열어놓았다. 심지어 영장류 고등 동물인 인간이 오늘날까지도 식물처럼 광합성 작용으로 비타민 D을 생성할 수 있다[67].

다음으로 소금(Salt)은 성경에서는 다양한 기능으로 40여 번 이상이나 나오고 있어[68], i) 무기물이란 물질적 요소로 생명체를 유지하는 기능(외경 시락서 39:36), ii) 생선이나 고기를 썩지 않게 방부제로서(외경 바룩1서 6:28), 소금의 짠맛(saltness)을 내는 물질(욥 6:6), 제 모습을 드러내지 않고, 녹아짐으로 맛을 더하며, 동시에 치료제(治療劑)로(sabbath 6:5), 몸과 마음을 청결하게 하는 세척(에스겔 16:4), 순결한 제물과 함께 뿌려졌던 물질(레 2:13)

등으로 상징성을 가졌다. 그뿐만 아니라 복합적인 의미로는 선지자 엘리샤(Elisha)가 3,000년간 번창했던 도시 예리고(Jericho)에 들렸을 때에 지역주민들이 "이 성읍은 지리적 위치가 좋아서 번창해 왔는데 최근 물이 나쁘다고 물산이 떨어지고 사람들이 이곳을 떠납니다."라고 불만을 토로했다. 이에 대한 치유 방안으로 "소금 한 사발을 원천 샘에다가 부었다."[69]는 비유에는 단순 소금(salt)이 아닌 사회적 변혁(social revolution)을 의미했다.

우리나라 역사에서도 고구려 제15대 미천왕(美川王, 재위 시기 AD 300~331)은 어릴 때에 소금 장수였다. 소금이란 "소중하기 황소를 팔아서 사는 황금(鹽卽以重, 牛賣得金)."[70] 의미처럼 필수품이었다. 당시 사회에서는 소금 장수란 사회적으로 재정력(財政力)과 정보력(情報力)을 동시에 장악할 수 있었기에 국왕으로 옹립되기는 그만큼 쉬웠다. 미천왕이란 소금이 나던 미천(美川)에서 소금 장수로 국왕이 되었다가 죽어서 그곳 언덕에서 잠들고 있다는 의미를 던져주고 있다[71].

한편, 소금은 지구촌의 생명체에게 식물에서 동물로 진화하는 데 필수적인 요인 무기화합물(inorganic compound) 나트륨과 염소를 제공했다. 생화학(biochemistry)에서는 동물의 생명체 유지에서 미세하게 봐서 뇌의 작용, 세포내 압력 유지, 혈압 조절, 심장 박동, 신경신호 전달 등이 나트륨이온(Na^+)으로 작동한다. 크게 봐서는 소화란 음식물 속 소금에다가 물을 첨가해 나트륨과 염소로 분해하고, 나트륨이온(Na^+)으로 작동하게 하고, 염소는 위산(염산)으로 만들어 소화와 살균작용을 가능하게 한다. 세포 내 압력유지는 '나트륨-칼륨 펌프작용(Na^+/K^+-ATPase pump)'이다. 소금은 생명체에 있어 조해성과 삼투압 현상으로 생명을 앗아가는 극약으로 사용된다. 나중 노벨생리의학상에서 '미량동작용(微量動作用)'에 대해 자세히 설명하겠지만, 국내외 아동에게 소금을 먹여서 살해하는 사건이 발생하고 있다. 과거 시골에서 양잿물 자살사건이 빈번히 발생한 적이 있었다. 체중에 따라 다르나 일반적으로 어린아이들에게 1~5g 정도면 치사량(중독 이상)이 된다.[72]

그뿐만 아니라 물리학에서는 바닷물에서 나트륨이온을 이용해서 해수전지(seawater battery) 혹은 소듐이온전지(sodium-ion battery)를 생산하기도 하며, 독일의 화학자 프리츠 하버(Fritz Haber, 1868~1934)는 염소가스(chlorine gas)[73]를 제조하였다. 1915년 4월 2일 벨기에 이프르(Ypres) 2차 전투 등에서 대량살상무기로 염소 독가스를 사용해 100만여 명을 살상했으나 공기 속의 질소로 비료를 개발한 '공기로 빵을 만든(Making bread out of the air)' 공로로 1918년 노벨화학상 수상자가 되었다.

동양의 단(丹)에서 서양의 연금술(alchemy)이 그리고 화학

우리는 서양의 연금술(alchemy)에 대해선 누구나 잘 알고 있으나 연금술의 기원이 되는 동양의 선단(仙丹), 연단(煉丹)[74] 혹은 단(丹)에 대해선 지식인들마저 모르고 있다. 진시황제(秦始皇帝, BC 259~210)의 불로장생(不老長生)을 위한 불로초(不老草)를 구해 오라는 어명에 "그런 약이 있다면 내부터 먹어야지. 없다면 만들어서라도 먹어야지(藥有先我, 無必造用)."라는 욕망에서 시작되었다. 기록상 동진 의사이며 화학자였던 갈홍(葛洪, AD 283~343)[75]이 저술한 『포박자(抱朴子)[76]』에서 "황금은 불로 태워도 녹아도 타지 않고, 땅속에 묻어도 화려한 색깔은 조금도 변하지 않는다(黃金入火, 百煉不消, 埋之, 畢天不朽)."[77]의 성분을 인간이 가진다면, 이를 3일간 복용하면 불로불사의 선인(仙人)이 될 수 있다는 발상이었다. 이를 기반으로 단화(丹華), 신부(神符), 신단(神丹), 환단(還丹), 이단(餌丹), 연단(鍊丹),

유단(柔丹), 복단(伏丹), 한단(寒丹)의 9단과 단사, 웅황, 백여, 증청, 자석 등 약제(medical compounds)로 구광단(九光丹)을 이용해 심산유곡에서 목욕재계(沐浴齋戒) 한 뒤 단을 제조하는 무성자단법(務成子丹法)을 개발하였다. 이어 북송 말(北宋末) 장백단(AD 987~1082)[78]이 선단술(仙丹術)을 더욱 개선 보완했다. 1960년대까지 시골에서는 각종 약초라는 식물화학물질(phytochemical materials)은 물론 진사(鏡面珠沙, HgS), 유황(硫黃), 비소(砒素) 등의 독성 금속까지 약제로 사용하였다. 흔히 들었던 산제(散劑)로는 홍승단, 백강단 등이 있고, 환제(丸劑)로는 소아회춘단, 지보단, 활락단 등, 정제(錠劑)로는 옥추단, 액제(液劑)로는 화철단 등이 있다. 누구나 다 아는 은단(銀丹), 동남아 여행에서 빠짐없이 쇼핑하는 침향(枕香)으로 조제한 공진단(供辰丹)을 아직도 복용하고 있다.

연단술은 불을 이용한 화법연단(火法鍊丹)으로까지 확장되어 생뚱맞은 화약(火藥)을 만들었다. AD 680년 약상진인(藥上眞人) 손사막(孫思邈, 581~682)이 '단경(丹經)'에서 복화제조술을 개발했다. 복화(伏火)를 1445년 '도경(道經)'에선 화약이라고 했다. 송나라에서는 이를 화전(火箭)을 제작했고, 우리나라 최무선(崔茂宣, 1325~1395)은 화포를 제작했다. 명나라 이시진(李時珍, 1518~ 1593)은 본초강목(本草綱目)에서 "창선(瘡癬)과 살충에 주효하고, 습기와 온역(瘟疫)을 제거한다."라고 소개했다.

한편 서양의 연금술(alchemy)은 근대적 화학이란 과학적 학문 이전에 화학, 금속학, 물리학, 약학, 점리술, 기호학, 신비주의, 철학, 점성술 등을 '거대한 힘'의 일환으로 19세기까지 이어온 운동이었다. 기원은 메소포타미아, 고대 이집트, 페르시아, 인도, 중국 등에서 흡수되어 '이집트인에게 주는 신의 창조물'이라는 뜻인 연금술(alchemy)의 어원은 아랍어의 접두어 신(god)이란 알(al), 라일강 삼각주에서 나온 검은 것(땅)이란 카메트

(kemet)가 결합한 단어다. 철학적 전통은 4,000여 년 전에 아시아, 유럽, 아프리카 등에서 결합된 '황금 만들기 마법(gold-making magic)'으로 계승되었던 것이다.

옛날 시골에서 어른들로부터 헛소리라고 생각하면서 들었던 "천둥과 번개가 많은 해는 풍년이 든다."는 말이 있었다. 성경(욥기 36:30~33)에서도 "번개는 바다 밑바닥까지 들어가서 훤히 비취게 하고, 이렇게 온 누리를 다스려 풍년을 들게 하나니."[79]라는 구절에 1785년 영국 과학자 헨리 캐번디시(Henry Cavendish,1731~1810)는 대기 속 번개의 방전으로 질소가 질산(질산비료)으로, 벼락이 인광석(燐鑛石)을 때려 인산칼륨(燐酸加里)을 만들어줌으로써 풍년이 든다는 사실을 밝혔다.[80] 이와 같이 공중 속의 질소가 빗물로 씻겨 고착화되는 과정은 공중질소고정(fixation of atmospheric nitrogen)이다. 공기 속 질소를 인위적인 방전을 통해서 질소비료(nitrogenous manure)를 생산하는 마술은 공기로 빵을 만들었다.

물론 1927년 흥남 질소비료공장 건설로 연간 44만 톤 생산 기반을 마련했다가 1932년 만주사변을 계기로 헤이룽장 성(黑龍江省) 하얼빈 인근에 관동군 방역급수부(關東軍防疫給水部)를 설치하고 일명 731부대(Unit 731)라고 하며, 생물화학무기 개발 및 생체 실험을 비밀리 추진했다. 400,000여 명의 항일 독립군 및 포로 등에게 암호명 '마루타(まるた,통나무)' 프로젝트로 i) 탄저병, 흑사병 등의 미생물 인체 전염 실험, ii) 염소가스 등의 화학 방사능 인체 피폭 실험, 혹은 iii) 산 사람을 대상으로 총검술, 총상 연구 등 생체 실험을 했다. 1932년 당시 '육군전염병예방연구소'라는 명칭으로 사령관으로 군의관 중좌 이시이 시로(石井四郎, 1892~1959)[81]가 임명되었다. 특수 임무를 띤 부대이었기에 히로히토(裕仁) 천황 칙령에 의거해 설립된 유일한 부대로 천황의 막냇동생(三笠宮崇仁, 1915~2016)이 고

등관으로 근무했다. 주변은 종마요새로 100킬로미터는 접근을 할 수 없었다. 지난 2009년 11월 6일 우리나라 국회 대정부 질의에서 박선영 자유선진당 의원이 국립 서울대학교 총장을 역임하신 정운찬(鄭雲燦, 1947년생) 제23대 총리에게 731부대에 묻자, "항일 독립군 부대"라고 답변을 했다.[82] 대다수는 농담이겠지 생각했다. 그분의 평소 유머는 "대한민국은 아파트 평수와 수능고사 등급에 따라 대우해주는 게 평등 사회"라고 했다.

다시 731부대로 환언하면, 1937년 수풍수력발전소 건설에서 전기력으로 흥남 비료공장의 생화학무기 생산체제로 전환과 석회암 지대로 우라늄이 많았던 용천(龍泉)에다가 우라늄 농축 기지를 비밀리 운영하였다. 이와 같은 사실은 2004년 4월 22일 용천역 열차 폭발사건(Ryongchŏn disaster)으로 질산암모늄(ammonium nitrate) 화물차량과 유조차량의 교체 작업을 하던 중 열차 충돌로 폭파했다고 국내에서 보도되었으나[83] 해외에서는 이스라엘 정보 기관 모샤브(Moshav)가 시리아로 이동 중인 핵물질을 폭파시켰다고 밝히기도 했다.[84]

우리나라의 입장에서는 천만다행으로 미국과 영국이 맨해튼 프로젝트(Manhattan Project)를 추진, 1945년 7월 16일 5시 30분경 앨라모고도(Alamogordo) 인근 사막에서 트리니티(Trinity)실험 결과에 따라 원자폭탄 제조에 성공했고, 이를 기반으로 제조한 2개를 1945년 8월 6일 08:15 일본 히로시마(廣島)에 꼬마 소년(little boy)를 그리고 8월 9일 나가사키(長崎)에 뚱뚱보(fat man)을 살포시 안겨다주었다.

지난 태양절(4월 15일)에도 불참하자 각종 추측이 난무하더니 5월 3일 20일간 잠복을 끝내고 나타나자, 미국 대통령 도널드 트럼프(Donald Trump)는 "김정은, 건강하게 돌아와 기쁘다."는 메이저신문 보도기사가 나왔다.[85] 순천 인비료공장에 모습을 보임으로 COVID19 질병 환란 속에서 건재함을 드려내고, 동시에 식량 안보를 강조했다. 그곳은 암모니아(NH_3)로 질산갈륨(potassium nitrate, KNO_3)과 질산칼슘(calcium nitrate, $Ca(NO_3)_2$)이라는 비료를 생산한다. 그런데 최근 북미 비핵화 협상에 연관해서 조금만 의심하면 우라늄에게 수산화나트륨을 더하여 중(重)우라늄산 나트륨(sodium diuranate: SDU)을 만들거나 암모니아를 첨가해 중(重)우라늄산 암모니아(ammonium diuranate: ADU) 등 속칭 옐로우케이크(yellow cake)의 제조 가능성을 의심할 수 있다.

:: 02

우리 한민족의 화학적 DNA

한국 태생 노벨화학상 수상자 찰스 페더슨과 물망에 올랐던 이태규

먼저 노벨화학상에 대해서 살펴보면 1901년부터 2019년까지 184명의 수상자에게 111번을 시상했으며, 같은 사람이 동일한 노벨화학상을 두 번 받은 건 1958년도 51개의 단백질로 이뤄진 인슐린(structure of pro-teins, especially that of insulin)의 발견과 1980년에 DNA 염기서열 해석법(sequences in nucleic acids)을 규명한 공적으로 2회 수상했던 영국 케임브리지대학교(University of Cambridge) 생화학자(biochemist) 프레더릭 생어(Frederick Sanger, 1918~2013) 한 사람뿐이다. 이를 제외하면 결국은 183명의 수상자에게 한 번씩만 시상했다. 남녀 성비에 비교적 차별이 없으나, 5명의 여성 수상자를 배출해 1911년, 1935년, 1964년, 2001년 및 2018년에 시상했다.[86] 최연소자는 1935년 수상자 프레데리크 졸리오퀴리(Frédéric Joliot-Curie,1900~1958)가 35세이고, 최고 연장자는 2019년 수상자 존 굿이너프(John B. Goodenough, 1922년생)가 97세다. 다른 노벨상과 2번이나 중복 수상한 사람은 2명이나 되었다. 1903년 물리학상과 1911년 화학상을 수상한 마리 퀴리(Marie Curie, 1867~1934), 1954년 물리학상과 1962년 평화상을 수상한 라이너스 폴링(Linus Paul-ing, 1901~1994)이 있다.

대세를 파악해 보면, 1990년대 이후엔 생화학(biochemistry) 분야 강세 현상이 두드려졌다. 왜냐하면 생물학(biology), 화학(chemistry) 및 의학(medicine)의 교집합 학문(intersected science)으로 노벨화학상, 노벨생리의학상으로도 수상이 가능하기 때문이다. 최근 전자 현미경(electron microscope) 관련 연구로 물리학자가 화학상을 수상하기도 했다. 최초 한국 사람 노벨상 수상자, 1987년 '다른 분자와 구조맞춤 상호작용(결합)을 할 수 있는 분자 개발과 활용에 대한 공로(for their development and use of molecules with structure-specific interactions of high selectivity)'로 노벨화학상을 공동 수상한 찰스 존 페더슨(Charles John Pedersen,1094~1898)의 국적은 미국인이지만, 노벨제단 데이터베이스에서는 한국(Korea) 출생으로 등록되어 있다. 사실 그는 1904년 10월 3일 대한제국 시절에 부산에 출생해서 북한 운산에서 자랐기 때문이다.

오늘까지 우리나라 화학자 가운데 노벨화학상 수상자에 가장 가깝게 다가갔다고 평가받았던 분은 이태규(李泰奎 Ree Taikyue, 1902~1992) 박사다. 그는 1973년 한국과학원(KAIST) 석좌교수를 역임했던 분이다. 경성고등보통학교, 히로시마고등사범학교, 교토제국대학(京都帝國大學) 화학과를 졸업하고, 1931년에 「촉매에 관한 연구(触媒に關する研究)」 학위 논문으로 이학 박사학위를 취득했다. 1937년에 모교 교토대학교 조교수, 1938년 미국 프린스턴대학(Princeton University)으로 옮겨 스코트 테일러(Hugh Stott Taylor, 1890~1974) 와 아이링(Henry Eyring, 1901~1981) 등 양자화학의 선구자들과 「유기화학의 중요성과 치

이태규 박사

환벤젠의 질화 비율에서 쌍극자 모멘트 계산」[87]논문을 1940년에 발표했다. 1941년에 쿄토대학(京都大學)에서 양자화학을 강의하였고, 1943년 정교수가 되었다. 경성대학(京城大學, 서울대학의 전신) 이공학부장의 직책을 받았고 국립 서울대학교 출범과 문리과 대학 초대 학장을 역임했으나 좌우익 투쟁에 환멸을 느껴 1948년 도미(渡美)해 유타대학(University of Utah) 교수로 연구에만 몰입하여 1965년 노벨화학상 추천 위원회로 선정되었으며, 1969년 '이-아이링이론(Ree-Eyring Theory)'으로 노벨화학상 물망에 다시 올랐으나, 아깝게도 '인류에 최대 기여(the greatest benefit to human kind)' 항목 심사에서 탈락되었다.

'김치 절이기' 삼투압 원리 규명으로 최초 노벨화학상을

1960년대 시골에서 자랐을 때에 어머니가 음식에 소금을 많이 사용하는 걸 보고 많은 질문을 했다. 초등학교도 다니지 않았던 어머니께선 "소금을 뿌리면 김치 속의 물이 빠져나와 절여지고, 소금에 절여 작은 병원균도 죽는다."고 하시면서 김치 절이기에도 소금을, 찬장 밑에 식중독을 방지한다고 소금 그릇을 놓았고, 집 앞길 섶에 잡초를 없애고, 채소밭 달팽이가 잎을 갉아먹는다고 소금을 한 주먹 뿌렸다. 갯벌에 맛조개 잡이를 하는 아이들도 조개 구멍에다가 소금을 집어넣자 조개가 살고자 기어 나온다. 목욕탕 온탕에 오래 있으면 손과 발이 쭈글쭈글해지고, 저녁에 라면을 먹고 자면 아침에 얼굴이 부어오른다. 그뿐만 아니라 회집 앞에 가로수가 고사하는 건 해수를 나무에 주기 때문이다. 해수욕하다가 물을 먹었을 때에 갈증을 느끼는 건 모두 삼투압(osmotic pressure)에 의한 현상이다.

삼투압(滲透壓)이란 '농도가 다른 두 액체를 반투막(semiperme-able membrane)으로 막아놓았을 때 용질의 농도가 낮은 쪽에서 농도가 높은 쪽으로 용매가 옮겨가는 현상에 의해 나타나는 압력'이라고 한다. 이와 같은 원리를 1867년 독일 화학자 모리츠 트라우베(Moritz Traube, 1826~1894)가 발견했고, 1877년 윌헬름 페퍼(Wilhelm Pfeffer, 1845~1920)[88]는 페로사이안화(ferrocyanide) 구리의 침전막을 가진 질그릇(통)을 써 설탕 수용액의 삼투압을 측정해서 "삼투압은 온도에 비례한다."는 결론을 맺었다. 1886년 헨리퀴스 판트 호프(Henricus van't Hoff, 1852~1911)는 "삼투압을 P 기압, 용질 n 몰을 용해하는 용액의 부피를 V, 용액의 절대 온도를 T, 기체 상수를 R라 하면, 용액의 농도가 그다지 크지 않은 범위에서 $PV=nRT$ 방정식이 성립한다." 또한 "전해질인 수용액의 경우는 보정치 I로 가정하면 $PV=inRT$ 관계식이 적용되며, i는 1보다 큰 상수이며, 그 값은 물질의 종류와 농도에 따라 변한다."는 사실을 규명했다. 이와 같은 연구로 1901년 네덜란드 물리화학자인 판트 호프(Jacobus Henricus van't Hoff)에게 '화학역학 법칙과 삼투압 법칙을 발견한 탁월한 공로를 인정하여' 단독 수상자로 노벨화학상을 수여했다.

그는 네덜란드 로테르담(Rotterdam, Netherlands)에서 의사의 아들로 태어나 문학, 미술, 자연과학을 좋아했으며, 콩트의 실증철학에 많은 감화를 받았다. 위트레흐트대학교(University of Utrecht), 본대학교(University of Bonn), 파리대학(University of Paris), 델프트공과대학교(Delft University of Technology), 레이던대학교(University of Leiden) 등에서 아우구스트 케쿨레(Friedrich August Kekulé von Stradonitz, 1829~1896)와 샤를 아돌프 뷔르츠(C. A. Wurtz, 1817~1884) 등의 당대 유명한 학자들로부터 배웠다. 22세 유기화합물의 구조식을 루이 파스퇴르(Louis Pasteur,

1822~1895)와 케쿨레(Friedrich Kekulé, 1829~1896)의 연구에 기반을 두고 입체 공간으로 확장하는 논문을 썼다. 탄소원자를 중심으로 탄소화물 4면체 구조(carbide tetrahedron structure)를 주장했다. 또한 부정탄소원자(asymmetric carbon atom) 개념 도입, 광학활성화의 관계를 규명해 입체화학의 기반을 다졌다.

1874년 위트레흐트대학교에서 에두아르드 멀더(Eduard Mulder, 1832~1924) 교수의 지도 아래 박사 학위를 취득했다. 1876년 위트레흐트대학(University of Utrecht) 강사, 1877년 암스테르담대학(University of Amsterdam) 강사 및 1878년 암스테르담대학 정교수가 되었다. 18년 동안 교수로 물리화학적 연구에 몰두해 화학반응속도론(chemical kinetics), 화학평형론(chemical equilibrium), 친화력 문제 등에 대해 학문적 체계를 마련했다.

특히 삼투압(osmotic pressure)의 규명으로 용액론을 정립했다. 1884년 「화학역학의 연구(Études de Dynamique chimique)」를 발표하여 삼투압의 법칙을 수립하였다. 1896년 베를린훔볼트대학교(Humboldt-Universität zu Berlin) 교수를 역임했다. 스타트필드의 암염층(Startfield Rock Formation)을 연구해 생성 원인과 식물체 산화작용의 역학적 연구를 발표했다. 고전적 물리화학 분야에서 프레드릭 빌헬름 오스트발트(Friedrich Wilhelm Ostwald, 1853~1932), 스반테 아레니우스(Svante Arrhenius, 1859~1927)와 3대 학자로, 가장 독창성이 있는 그는 3인 공동으로 『물리화학 잡지(Zeitschrift für physikalische Chemie)』를 1887년에 간행했으며, 1896년 베를린과학아카데미 및 베를린대학교 명예교수를 역임했다.

그의 저서로는 사후에 정리해서 출판한 2016년 『우주에서 원자의 배열(The Arrangement of Atoms in Space)』, 2016년 『과학 서비스의 물리화학(Physical Chemistry in the Service of the Sciences)』및 2018년 『희석, 기체 또는 용해상태에 대한 화학평형의 법칙(Die Gesetze des Chemischen Gleichgewichtes für den Verdünnten, Gasförmigen oder Gelösten Zustand)』 등이 남아 있다.

:: 03

한 인간으로 진인사대천명(盡人事待天命)에 도전

학문의 갈라파고스(academic galapagos)에서 벗어나자

1903년 스웨덴 화학자 스반테 아우구스트 아레니우스(Svante August Arrhenius, 1859~1927)에게 '해리(解離)의 전해이론(electrolytic theory of dissociation)에 의해 화학 발전에 탁월한 공로를 인정하여' 단독 수상 자로 노벨화학상을 수여했다. 스웨덴 웁살라 비크(Wik Castle, Sweden, Sweden-Norway)에서 태어나 1876년 웁살라대학(Uppsala University) 에서 물리학 전공과 화학과 수학을 부전공으로 1881년에 학사 학위를 받 았다. E. 에들룬드(Erik Edlund, 1853~1888) 교수의 실험실에서 전해질 희 석수용액의 전지전도도에 관한 연구에 참여했고, 1884년 과학아카데미 에 논문을 발표해 이온화설 기초를 마련했다. 그해 웁살라대학(Uppsala University)에서 페르 테오도르 클레베(Per Teodor Cleve, 1840~1905) 교 수의 지도 아래 「전해질의 갈바니 전도도(Recherches sur la conductivité galvanique des électrolytes)」 학위 논문으로 박사 학위를 취득했다. 빌헬 름 오스트발트(Wilhelm Ostwald, 1853~1932)의 추천으로 웁살라대학 강 사 자리를 얻었으나 곧 사임했다. 노벨상 수상자의 꿈을 갖고 과학아카데 미 해외 연구생에 참여해 5년간 해외 유수 대학에서 연구와 인맥을 형성 하는 '학문의 갈라파고스로부터 자아도피여행(self-escaping tour from academic Galapagos)'을 디자인하고 추진하는 밑그림을 그렸다. 1891년 독일 기센대학(Justus-Liebig-Universität Gießen) 물리화학 강좌 개강으로 강사로, 스톡홀름대학(Stockholm University)에서 물리학 강사로 스웨덴에 거주했다. 그의 주요 업적은 1896년 이온화설로 독일 전기화학학회 명예회원, 1897년 스톡홀름대학(Stockholm University) 학장에 임명, 1901년 스웨덴 과학아카데미(Sweden Science Academy) 회원, 1902년 영국 왕립학회(Royal Institute of Technology)의 데이비(Sir Humphry Davy, 1778~1829)상을 수상했고, 1903년 노벨화학상을 받았다. 1905년 노벨물리화학연구소 설립에 소장으로 임명되었다. 주요 업적은 이온화설, 화학반응속도 및 면역화학의 이론, 우주 물리학에서는 오로라의 기원 가설, 지학에서는 화산 활동의 원인 가설 등을 남겼다.

주요 저서로는 1884년 박사 학위 논문이었던 「전해질의 갈바니 전도도(Recherches sur la conductivité galvanique des électrolytes)」, 1894년 「대기 중 탄산 함량이 지구 표면 온도에 미치는 영향」, 1896년 「지면온도에 따른 공기 중 탄산의 영향」, 1901년 「탄산에 의한 열 흡수 및 지구표면 온도에 미치는 영향」, 1903년 「세계 공간에서의 생명체의 확산(Die Verbreitung des Lebens im Weltenraum)」, 1903년 『우주물리학 교과서(Lehrbuch der Kosmischen Physik)』, 1906년 『기후변동의 가능한 원인(Die vermutliche Ursache der Klimaschwankungen)』, 1907년 『사적으로 본 우주관의 변천(Worlds In The Making: The Evolution Of The Universe)[89]』 및 1908년 『세계의 출현(Das Werden der Welten)』 등이 있다.

신(神)의 성스러운 색채(saint color)를 인간의 손으로 만듦

1905년 독일 화학자 요한 프리에드리히 빌헬름 아돌프 폰 베이어(Johann Friedrich Wilhelm Adolf von Baeyer, 1835~1917)에게 '유기염료 하이드로 방향족 화학물질에 관한 연구로 인해 화학과 화학공업에 기여한 공로를 인정하여' 단독 수상자로 노벨화학상을 수여했다. 프러시아 제국 베를린(Berlin, Prussia)에서 태어나 김나지움(Friedrich Wilhelm Gymnasium)에서 화학 교사의 조수를 하면서 화학에 관심을 키웠다. 1853년에 베를린대학교(Universität zu Berlin)에 입학해서 수학과 물리학을 배웠으며, 1853년부터 1856년까지 병역에 종사했고, 1856년 하이델베르크대학(Heidelberg Universität)에 복학해 로베르트 빌헬름 분젠(Robert Wilhelm Eberhard Bunsen, 1811~1889) 교수로부터 정성분석, 정량분석 및 가스분석법을 익혔다. 프리드리히 아구스트 케쿨레(Friedrich August Kekulé von Stradonitz, 1829~1896) 교수의 지도 아래 유기화학 전공을 해 석사 학위를 취득했다. 박사 학위는 프리드리히 케쿨레(Friedrich August Kekulé) 교수가 베를린대학교로 옮김에 따라 전학해 1858년 베를린대학(Universität zu Berlin) 프리드리히 케쿨레(Friedrich August Kekulé) 교수의 지도를 받아 박사 학위를 받았다. 케쿨레(Friedrich August Kekulé) 교수를 따라 다시 벨기에 헨트대학교(University of Ghent)으로 가서 왕립아카데미(Berlin Gewerbeinstitut)에 강사를 맡으면서, 아우구스트 호프만(August Wilhelm von Hofmann, 1818~1892) 교수 밑에서 조교수를 역임하다가 1872년에 프랑스의 슈트라스부르크대학(University of Strasbourg) 교수로, 1875년 독일 뮌헨대학(Technische Universität München) 교수를 지냈다.

그의 주요 연구는 1859년 구스타프 키르히호프(Gustav Kirchhoff, 1824~1887)와 같이 '스펙트럼 분석법(spectroscopic analysis)'으로 원소를 조사(照射)하는 방법, 인디고(indigo)를 분해, 분해생성물의 구조와 합성법을 연구했다. 이를 다시 배합해서 합성을 시도하고 화학구조를 모색하여 실험실 합성과 공업 생산을 20년 이상 끈질긴 작업을 했다. 당시는 색료(色料)의 대부분은 돌가루(石粉), 흙가루(土粉) 혹은 식물로부터 얻는 색료(色料) 가운데 가장 비싸고 신성시했던 색료는 청색(blue)이었다.

특히 르네상스 시대에 미켈란젤로(Michelangelo di Lodovico Buonarroti Simoni, 1475~1564)가 시스티나 성당(Sistine Chapel)의 「천지창조(The Creation)」 천정화를 그리는데 가장 많은 돈이 들어간 곳 터키산 비취원석(Turkish Jade Stone)의 청색석분(靑色石粉)이었다. 가격으로는 황금보다 더 몇 배나 비쌌다. 예수 혹은 성모마리아의 옷은 푸른색으로 성스러움을 부여하고자 '신만의 성스러운 색채(god-image saint color)'로 표현했다. 이런 천연남색의 주성분이었던 인디고(indigo)를 식물 쪽풀(plant dye indigo)에서 나오는 성분을 합성하였기에 유기화학(organic chemistry)이라는 새로운 분야를 개척했다.

노벨상 선정위원회에서 1표차로 수상자한 행운의 사나이

1906년 유태인계 프랑스 화학자 앙리 페르디난드 프레데릭 무아상 (Henri Ferdinand Frédéric Moissan, 1852~1907)에게 '불소성분을 조사해 분리했으며, 전기로를 통한 과학 연구에 기여한 공로를 인정하여' 단독 수상자로 노벨화학상을 수여했다. 프랑스 파리(Paris, France)에서 태어나 파리 외곽 소도시 모(Meaux)에서 지역실용고등학교(École Pratique des Haute Études)를 마치고, 모대학(Collège de Meaux)에서 수학하다가 파리대학교(University of Paris)으로 전학해 화학을 전공했다. 1874년 그의 첫 과학 논문인 「식물의 이산화탄소와 산소대사에 대하여(about carbon dioxide and oxygen metabolism in plants)」를 발표했다. 1880년 피

에르 폴 데레인(Pierre Paul Dehérain, 1830~1902) 교수의 지도로 「시아노겐과 시아누스를 형성하는 반응(On Cyanogen and its Reactions to Form Cyanures)」학위 논문으로 파리대학교(University of Paris)의 박사 학위를 취득했다. 1886년 파리약학대학교 독물학(toxicology) 교수를 맡았고, 1889년 파리대학교(University of Paris) 무기화학 교수, 1900년 파리 소르본대학(Université Paris-Sorbonne) 무기화학 교수를 역임했다.

주요 연구는 초창기에는 식물의 광합성 작용에서 산소와 이산화탄소의 교환에 몰두해서 연구를 하였고, 친구(Landrine)가 제공하는 실험실에서 분석을 맡았다. 1880년대 그는 실험실 하나 없이 여러 곳을 전전하면서 불소화학(fluorine chemistry)에 대한 연구와 불소제조 방법에 몰두했다. 1886년 6월 26일 드디어 불소를 생성하는 데 성공했다. 프랑스 과학아카데미(French academy of science)는 3명의 화학자를 파견해 확인하고자 했으나 그는 재차 불소를 생성시키는 데 실패했다. "땅에 의해 넘어진 사람은 땅을 짚고 일어나야 한다(因地而倒 因地而起)."[90]는 사실에 착안해 1891년까지 불소화학에 몰두했다. 1892년 자기의 이름을 딴 전기로(electric furnace)를 개발하여 자연계에서 얻기 어려운 금속을 제조했다. 1893년에 탄소에서 다이아몬드를 합성하고, 자연계에서 다이아몬드 생성 원리를 규명했다. 1901년 수많은 불소화합물(fluorine compounds)을 찾아내었고, 바론(boron)과 인조다이아몬드(artificial diamonds)를 제조했다. 1906년 스웨덴 노벨재단의 노벨 수상자 선정위원회에서 심사 당시 '원자의 주기율표(periodic table)를 정리한 공로'로 추천되었던 러시아 화학자 드미트리 멘델레예프(Дмитрий Иванович Менделеев, 1834~1907)와 각축을 했다. 그런데 '인류에 최대 기여(the best benefit to humankind)' 항목에서 단 한 표 차이로 노벨화학상 수상자의 영광을 얻는 행운아가 되었다.

:: 04

운명아 비켜라! 나는 학문의 길을 간다

짓궂은 운명의 장난이란 청룡열차를 타고

1907년 독일 생화학자 에두아르트 바흐너(Eduard Buchner, 1860~1917)에게 1896년 발효(fermentation) 효모 내에 있는 효소작용에 의한 것이지 효모세포의 생리작용에 의한 것이 아님을 규명하여 발효화학(fermentation chemistry)의 새로운 기원을 열었다는 단독 수상자로 노벨화학상을 주었다. 독일 뮌헨(Munich, German Confederation)에서 태어나 1878년 뮌헨공과대학(Technical University Munich)에 입학했으나 1882년과 1883년에 학업을 하였으나 중단하고 뮌헨의 한 통조림 공장에서 작업을 하다가 발효 문제에 고민을 했다. 독일의 남부 바이에른 주의 에를랑겐(Erlanfgen)에서 학우 오토 피셔(Otto Fisher)와 다시 공부하기로 뮌헨대학(University of Munich)에 돌아왔고, 1888년 테오도르 큐티우스(Geheimrat Julius Wilhelm Theodor Curtius, 1857~1928) 교수의 지도로 박사 학위를 받았다. 1896년부터 1898년까지는 튀빙겐대학교(University of Tuebingen) 화학과 촉탁교수로 부임하면서 1896년 「효모 없는 알코올 발효(Alkoholische Gährung ohne Hefezellen)」라는 논문을 발표했다. 1898년 베를린 농학대학(Humboldt-Universität zu Berlin) 교수가 되어 1907년 무세포 발효(cell-free fermentation)를 발견했으며, 1909년까지 교수를 역임했다. 1900년 제1차 세계대전이 발발하자 자원입대하여 동서부전선에 탄약 수송 담당관으로 종군했다. 1907년 노벨화학상을 수상했고 1916년 3월에 뷔르츠부르크대학교(University of Wurzburg)으로 복귀했다. 그런데 조국에 대한 열정으로 1917년 4월에 다시 자원입대했고, 루마니아 폭사니(Focşani)에 주둔하는 동안 마라세스티 전투(Battle of Mărăşeşti)에 참전해 1917년 8월 6일부터 8월 13일까지 마지막 고지탈환 작전에서 전사했다.

그의 주요 저서로는 1897년 「효모세포가 없는 알코올 발효(Alkoholische Gährung ohne Hefezellen)」, 1971년 「Eduard Buchner의 무세포 발효 발견에 대한 배경(The background to Eduard Buchner's discovery of cell-free fermentation)」, 1972년 「Eduard Buchner의 무세포발효 발견의 인정(The reception of Eduard Buchner's discovery of cell-free fermentation)」 등이 남아 있다.

'자기의 현실(삶) 뒤집기'부터 시작했다.

1908년 뉴질랜드 출신 영국 물리화학자 어니스트 러더퍼드(Ernest Rutherford, 1871~1937)에게 '원소의 분해와 방사능물질의 화학적 성질을 규명한 공로'에 대해 단독 수상자로 노벨화학상을 주었다. 뉴질랜드 브라이트워터(Brightwater, New Zealand)에서 태어나 10살 무렵 폭스힐초등학교(Fox Hill Primary School)에서 과학 실험에 비치된 과학책을 깡그리 읽었고 탐닉해 포탄까지 제작해 가족들이 놀라는 소동까지 있었다. 1883년 12살 때 헤이브룩초등학교(Heybrook Primary School)로 전학해 배웠으며 16살에 넬슨공립학교(Nelson Public School)에 입학했다. 1889년에 장학생으로 웰링턴의 캔터베리대학교(University of Canterbury)에 입학해 1893년 문학 석사(Master of Arts)과정에서 수학과와 물리학과 수석 졸업을 했으며, 같은 해 전자기학에 연구로서 과학 학사(Bachelor of Science) 학위를 받았다. 이어 수학, 라틴어, 응용수학, 영어, 프랑스어, 물리학까지 학사 학위를 취득했다.

그의 희망은 줄곧 학교 교사였으나 3번이나 실패하고 난 뒤에 전자기학에 몰두하기로 결심하고, 1894년에 모교 캔터베리대학으로 돌아와서 지질학과 화학 학위를 취득했고, 영국 대학원을 지원하는 장학금을 신청했으나 제임스 매클로린(James McLaughlin)에게 빼앗겼다. 낙심천만으로 감자밭이 꺼지도록 한심을 쉬던 그에게 제임스가 의과대학을 가는 바람에 장학금이 그에게 되돌아왔다는 소식을 듣고 캐던 감자를 던지면서 "이게 내가 캐는 마지막 감자다."고 외쳤다. 그는 장학금(Research Fellowship)을 타서 영국으로 가 케임브리지대학교 트리니티 칼리지(University of Cambridge, Trinity College)에 입학해 1895에서 1898년까지 조지프 존 톰슨(Joseph John Thomson, 1856~1940) 교수의 지도를 받아 코일을 이용한 전자기파 측정기를 고안했고, 철(鐵)에 X레이를 조사(照射)해 성질을 관찰했다. 1898년 캐나다 맥길대학교(McGill University in Montreal, Canada)으로 자리를 옮겼다가 다시 케임브리지대학교로 되돌아왔으며, 1901년 뉴질랜드대학(University of New Zealand)에서 박사 학위를 취득했고, 1907년에 영국 맨체스터 빅토리아대학교(Victoria University of Manchester)로 옮겨 물리학과장을 맡았다. 1914년 영국 국왕으로부터 기사 작위를 수여받았고, 제1차 세계대전 당시 음파탐지로 잠수함의 피격 문제를 해결하기 위한 극비 프로젝트(top secret project to solve the practical problems of submarine detection by sonar)에 참여했다. 1919년 조지프 톰슨(Joseph Thomson)의 소개로 캐번디시연구소(Cavendish

Lab)의 교수 겸 소장을 역임했으며, 1925년부터 1930년에는 영국 왕립학회 회장(President of the Royal Society)을 맡았다.

그의 주요 연구는 「고주파 방전에 의한 철의 자기화(Magnetization of Iron by High Frequency Discharge)」[91]를 시작으로, 1897년에 전기장 세기와 철의 요동 그리고 광전 효과를 연구했으며, 1898년에 우라늄 방사에서 알파(α)파와 베타(β)파의 존재를 규명했다. 그는 초기 연구에 방사능 반감기 개념과 라돈의 방사성 원소(concept of radioactive half-life, the radioactive element radon)를 발견했다. 주요저서로는 1904년 『방사능(Radio-activity)』, 1906년 『방사성 변환(Radioactive Transformations)』, 1913년 『방사성 물질과 방사선(Radioactive Substances and their Radiations)』, 1926년 『물질의 전기적 구조(The Electrical Structure of Matter)』, 1933년 『원소의 인공변이(The Artificial Transmutation of the Elements)』 및 1937년 『최신 연금술(The Newer Alchemy)』 등이 있다.

21종을 15,000회 이상 반복적으로 정밀 측정해 원자량 산출

1914년, 미국의 화학자 시어도어 리처즈(Theodore William Richards, 1868~1928)에게 '수많은 화학원소의 원자 무게를 정확하게 판단한 공로를 인정하여' 단독 수상자로 노벨화학상을 수여했다. 미국 펜실베이니아 저먼타운(Germantown, Pennsylvania)에서 태어나 1883년 14세에 하버포드대학(Haverford College, Pennsylvania)에서 1885년 학사 학위를 받았고, 하버드대학교(Harvard University)에서 1886년 과학 학사 학위를 다시 받았다. 석사·박사 과정에서 조시아 파슨스 쿠크(Josiah Parsons Cooke, 1827~1894) 교수의 지도를 받아 「수소에 대한 산소의 원자량 결정(The determination of the atomic weight of oxygen relative to hydro-gen)」학위 논문으로 1897년에 박사 학위를 취득했다. 학문에 '우물 안 개구리' 현상을 벗어나고자 1898년 가족들과 유럽으로 유학을 떠나 2년간 괴팅겐대학교(University of Göttingen)의 빅토르 메이어(Victor Meyer) 교수의 지도 아래에서 연구를 했으며, 유럽의 유수 대학에서도 연구 경험을 쌓았다. 1889년 모교 하버드대학(Harvard University)으로 돌아와서 1901년 교수로 발탁되었으며, 1903년에 화학과 학과장, 1912년 월콧 깁스 기념 실험실(Wolcott Gibbs Memorial Laboratory) 실장을 역임했다. 1914년에 미국인으로 최초 노벨화학상을 수상했다.

노벨화학상의 기반은 대학 학문 쇼핑(university science shopping)에서, 1894년 벨기에 화학자 스타스(Jean Servais Stas, 1813~1891)가 '산소원자량 16'을 기준으로 했던 원자량(atomic weight)의 부정확함을 인지했음에도 수십 년간 그대로 이용해왔다는 사실을 체득했다. 보다 정확한 원자량 측정을 위한 비탁계(nephelometer), 석영장치 등의 기구를 개발해 사용했다. 이렇게 30개의 화학원소 가운데 산소, 은, 염소, 브로민(bromine), 아이오딘(iodine), 칼륨, 나트륨, 질소와 황 등 21종을 무려 15,000회나 반복해서 측정해 극도로 정확성을 기했다.

결국 오차를 초래하는 원인으로 i) 원자량 측정에 사용하는 모든 물질에 존재하는 흡습성 수분, ii) 불용성 화합물, 유체에 떠 있는 침전에 들어붙어 있는 물질, iii) 결정 내부 용매의 내포와 함유, iv) 금속산화물과 다른 고체 내 기체의 함유, v) 여러 실험에 사용하는 기구로부터 불순물 등이라는 사실을 규명했고 이에 극도의 신경을 썼다. 한마디로 언급하면, 1889년 독일의 물리학자 발터 네른스트(Walther Hermann Nerns, 1864~1941)가 전기화학의 전지의 전극전위를 E방정식으로 기술했던 네른스트의 열 정리(Nernst heat theorem)와 열역학 제3법칙(the Third law of thermodynamics)이 그에게 지대한 영향을 끼쳤다.

물질과 우주의 에너지 구조를 해명하고자 단서의 하나로 원자량 (Atomic weights)이란 자연의 신비를 밝힘이었다. 따라서 원자량(Atomic weights)의 정밀 측정을 위한 신기법(新技法)을 창안했고, 뜻하지 않는 방사성 납의 동위원소를 발견했다. 또한 원자량 측정으로 방사화학 발전에 기여했으며, 압축률에 대한 연구와 열화학 연구에도 몰두해 많은 실적을 남겼다.

주요 저서로는 1906년 「아연 및 카드뮴 아말감의 희석과 관련된 에너지 변화(Energy Changes Involved in the Dilution of Zinc and Cadmium Amalgams)」, 1913년 「모리스 로브의 과학적 연구(The Scientific Work of Morris Loeb)」, 1915년 「요소의 압축성 및 다른 속성과의 관계(Concerning the Compressibilities of the Elements, and Their Relations to Other Properties)」 및 1923년 「압축성을 결정하는 새로운 방법(New Method for Determining Compressibility)」 등이 있다.

:: 05

대양의 거친 폭풍 속 통나무타기 학문

전쟁 살인마, 다른 한편 녹색혁명의 창시자

1918년에는 유태인계 독일 화학자인 프리츠 하버(Fritz Haber, 1868~1934)에게 '화학원소로부터 암모니아를 합성한 공로(for the synthesis of ammonia from its elements)'를 인정하여 단독 수상자로 노벨화학상을 수여했다. 제1차 세계대전 당시 염소원소로부터 독가스 개발과 살포를 주도했던 일명 '독가스의 아버지(father of chemical warfare)'라는 별명과 전쟁 살인마라는 오명을 가졌다.

독일 브레슬라우(Breslau, 오늘날 폴란드 Wrocław)에서 부유한 유대인의 가정에 태어나 요하남초등학교(Johanneum School)에서 배웠고, 성(聖) 엘리자베스 고전학교(St. Elizabeth classical school)와 레슬라우 김나지움(Breslau Gymnasium)에서 라틴어와 그리스어를 배웠다. 고등교육으로는 1886년부터 하이델베르크대학교(University of Heidelberg), 1887년 베를린대학교(Humboldt University of Berlin) 및 샤를로텐부르크 공과대학교(Technical College of Charlottenburg)에서 칼 테오도르 리버만(Carl Theodore Liebermann, 1842~1914) 교수의 지도 아래 유기화학 전공으로 1891년에 박사 학위를 취득했다. 박사후 연구 과정으로 1891년부터 1894년까지 예나대학교(University of Jena)의 루트비히 크노르(Ludwig Knorr, 1859~1921) 교수의 연구 조수로 연구를 했다. 1894년 카를스루에

대학(University of Karlsruhe)에 연구원으로 전기화학 및 열역학과 같은 물리화학 분야에 연구를 집중했다. 1898년에 카를스루에대학교(University of Karlsruhe) 교수로 임용되었다. 1904년부터 질소와 수소를 반응시켜 암모니아를 생성하는 연구에 들었고, 1908년 저온고압으로 암모니아를 합성, 1909년 화학공업기업 바스프(BASF)와 계약하고 카를 보슈(Carl Bosch, 1874~1940)와 공동 연구로 실용화공정 개발에 착수했다. 1913년 '하버-보슈공정(Haber-Bosch process)'을 성공했다. 이를 통해 질소비료를 대량 생산하는 길을 활짝 열었다. '공기에서 빵을 만든 과학자(Scientist making bread in the air)'로 추앙을 받았다. 오늘날 용어로는 '녹색혁명의 아버지(Father of the Green Revolution)'다.

동시에 질소(N)를 이용해 질산(nitric acid, NO3)을 대량 생산해 질산폭탄(질산칼륨폭탄, 질산암모늄폭탄) 제조에 길도 열었다. 1911년 카이저빌헬름물리화학·전기화학연구소(Kaiser Wilhelm Institute for Physical Chemistry and Electrochemistry) 소장과 베를린대학교(University of Berlin) 교수로 임용되었다. 1914년 제1차 세계대전이 발발하자, 오토 한(Otto Hahn, 1879~1968), 제임스 프랑크(James Franck, 1882~1964) 등과 함께 전쟁 지원을 위한 화학무기 개발에 앞장섰다. 소금을 분해하고 여기서 얻은 염소(Chlorine)로 독가스를 제조하여 1915년 4월 22일에 벨기에 이프르(Second Battle of Ypres)에서 프랑스군을 상대로 직접 실험해 5,000여 명의 프랑스군을 사망시켰고, 15,000여 명을 중독시켰다. 제1, 제2차 세계대전을 통해서 독가스로 인해 100만 명 이상의 사상자를 발생하게 했던 전범자 혹은 '전쟁의 살인마(killer of war)'가 되었다. 이런 사실을 안 그의 아내 클라라 임머바르(Clara Immerwahr, 1889~1915)는 "과학적인 이상의 타락이며, 삶에 새로운 통찰을 제공하는 학문을 오염시키는 야만의 상징"

이라고 남편을 만류시켰으나, 10일 후 하버가 러시아군을 상대로 독가스로 공격하려 출발(5월 2일)하는 아침에 남편의 권총으로 방아쇠를 당겼다. 죽어가는 아내를 아들에게 맡기고 눈썹 하나도 아랑곳하지 않고 동부 전선으로 나가 러시아 군대에게 포스겐(Phosgene) 독가스를 살포했다.

그뿐만 아니라 아우슈비츠수용소(Auschwitz Birkenau) 등에서 유대인, 집시 민족 및 전쟁 포로 등을 대상으로 대량 학살에 사용한 지클론B(Zyklon B)란 독가스도 그가 연구하고 생산했다. 이렇게 대량 학살은 1899년 헤이그조약(Hague Convention)을 정면 위반했고, 제1차 세계대전에 독일이 패전하자 그는 전쟁 범죄자로 지목되었고, 연합군의 수사망을 뚫고 스위스로 피신했다. 1918년 암모니아 합성법을 발견한 공적으로 노벨화학상 수상자로 선정되었으나 비난이 많았기에 그해 시상식을 거행하지 못했다. 1919년 격자에너지(lattice energy)를 연구해 '보른-하버 순환과정(Born-Haber cycles)'에 대해 연구 발표를 했으며, 패전 독일의 배상금 마련을 위해 바닷물에서 금을 추출하는 연구를 진행했으나 함량과 경제성으로 중단했다.

그런데 하버(Haber)는 우리나라와는 악연을 갖고 있다. 일본제국이 독일군의 화학무기에 관심을 갖고 있던 참에 1924년 세계 여행을 명분으로 일본에 왔다. 천재일우의 기회를 놓칠 일본군이 아니었고, 한국 흥남까지 방문해 일제가 감췄던 야욕(질소가스 등 화학무기)에 자문을 받아서 1927년 조선흥남비료공장(Chemical Weapons Manufacturing Plant)을 설립하게 되었다. 1933년 카이저빌헬름 물리화학·전기화학연구소(Kaiser Wilhelm Institute of Physical Chemistry and Electrochemistry) 소장 역임, 1933년 나치(NAZI)의 추방 명령으로 케임브리지대학교(Cambridge University)로 이직했다가, 이스라엘 초대 대통령의 바이즈만(Chaim Azriel Weizmann,

1874~1952)이 설립한 다이엘시프연구소(Daniel Sieff Research Institute) 소장으로 임명되어 개소식에 참석하려는 도중에 스위스 바젤(Basel, Switzerland)에서 심장 마비로 사망했다.

엎치고 덮친 험악한 삶이었지만 자신의 인생만은 디자인

1922년 영국의 물리학자이며 화학자인 프랜시스 윌리엄 애스턴(Francis William Aston, 1877~1945)에게 '비방사능원소에 있어 질량분광기와 동위원소에 의한 원소 구분과 모든 원소번호에 대한 규칙을 표출한 공로에 대해서' 단독 수상자로 노벨화학상을 줬다. 영국 버밍엄 하번(Harborne, Birmingham, England, United Kingdom)에서 태어나 하번비커러지 학교(Harborne Vicarage School)에서 교육을 받고, 우스터셔(Worcestershire)의 메이슨대학(Mason College)에서 하숙인의 종사원으로 근무, 1893년 그렇게 갈망했던 메이슨대학(Mason College)에 입학하는 행운을 얻었다. 당대 '포인팅의 정리(Poynting's theorem)'로 유명한 존 헨리 포인팅(John Henry Poynting, 1852~1914) 등 교수로부터 화학과 물리학을 배울 수 있었다. 1896년 귀가해 아버지 집에 개인 실험실을 차려 유기화학에 대한 추가 연구를 수행했고, 1898년 포스터 장학금(Forster Scholarship) 재정 지원을 받아 에드워드 프랭크랜드(Edward Frankland, 1825~1899) 교수의 제자로 들어가 타르타르산(주석산)화합물의 광학적 특성을 연구했다.

밥벌이를 위해 버밍엄양조학교에서 발효화학 작업을 하다가 1900년 버틀러 양조회사(W. Butler & Co. Brewery)에 채용되었다. 1903년 버밍엄대학교(University of Birmingham)의 존 헨리 포인팅의 둘째 형인 프랑크 헨리 포인팅(Frank Henry Poynting, 1848~1897) 교수의 조교로 모교에 돌아왔으나 곧 해직되었다. 연구를 지원하던 아버지마저 세상을 떠나자, 험악한 현실 속에서 미래 삶을 디자인(to design future life)하고자 1908년 1년간 전화위복의 세계 여행을 계획했다. 1909년 여행 도중에 모교에서 강사 자리가 나왔다고 연락을 받고 돌아와서 강사로 임명되었다. 1911년에는 1906년 노벨물리학상을 수상한 톰슨(Joseph John Thomson, 1856~1940) 교수의 초청으로 캐번디시연구소(Cavendish Laboratory)로 다시 옮겼다. 1914년 응용순수과학에서 버밍엄대학(Birmingham University)에서 퍼시 프랭크랜드(Percy Faraday Frankland, 1858~1946) 교수의 지도로 박사 학위를 취득했다. 전쟁에 참전했고, 종전되자 바로 캐번디시연구소(Cavendish Laboratory)로 돌아와 다시 연구를 했다. 1919년에 질량분석기(mass spectrometer) 제작에 성공, 질량 분해 및 질량 측정 능력을 개선한 계측기를 개발하였다. 이를 이용해 212개의 동위원소를 식별하였다. '산소동위원소의 질량을 16(기준)으로 모든 다른 동위원소의 질량을 표출하는 정수 규칙'을 만들었다.

저서로는 1907년 「음극 암 공간의 길이에 대한 실험(Experiments on the Length of the Cathode Dark Space)」, 1913년 「대기권층의 새로운 기본구성 요소(A New Elementary Constituent of the Atmosphere)」, 1919년 「포지티브 광선 분광기(A Positive Ray Spectrograph)」, 1919년 「동위원소 분리의 가능성(The Possibility of Separating Isotopes)」, 1920년 「원소의 질량 스펙트럼(The Mass-spectra of the Elements)」, 1922년 「동위원소(Isotopes)」 및 1922년 노벨수상 연설이었던 「질량스펙트럼 및 동위원소(Mass-spectra and Isotopes)」 등이 남아 있다.

목표를 향한 '학문의 질풍 속 통나무 타고 나아가기'

1923년 슬로비언(Slovenian) 출신 오스트리아 유기화학자인 프리츠 프레글(Fritz Pregl, 1869~1930)에게 '유기화학 물질의 미량분석기법(프레글법)을 발명한 공로에 대해' 단독 수상자로 노벨화학상을 수여했다. 오스트리아 라이바흐(Ljubljana, Austria-Hungary)에서 태어서, 오스트리아 그라츠대학(Universität Graz)에서 알렉산더 롤렛(Alexander Rollett, 1834~1903) 교수의 지도를 받아 의학 박사 학위를 취득했지만, 목표를 갖고 '학문의 바다에서 통나무 타기(Cycling Logs in the Sea of Studies)'를 하겠다는 마음으로 독일 괴팅겐대학(University of Göttingen)과 라이프치히대학(Universität Leipzig)에서 화학에 대한 학업과 연구를 다시 시작했다.

베를린대학(Universität zu Berlin)의 1902년 노벨화학상 수상자 헤르만 에밀 피셔(Hermann Emil Fischer, 1852~1919) 교수 지도하에 연구를 하다가 귀국하여 인스브루크대학(Universität Innsbruck) 의화학 교수로 임명되었으며, 이어 모교 그라츠대학(Universität Graz) 의화학연구소 소장을 역임했다. 중요연구로는 '프레글 방법(Pregl's method)'이라 불리는 유기화합물의 원소미량분석법(Elemental Trace Analysis)을 고안해서 유기화학 및 생화학의 연구에 새로운 터전을 마련했다. 중요 저서로는 1917년 『정량적 조직분석(Die quantitative organische Mikroanalyse)』이 교과서로 1930년 및 1958년에 영문판으로 재출간되어 탐독되었다.

:: 06

인체가 식물처럼 광합성 작용을 한다

제3.5체 콜로이드(膠質, colloid)에 대한 화학을 개척

동서고금을 통해 자연현상을 이해하고자 물질을 구성하는 입자에 대해 갑론을박 해왔다. '철학의 아버지' 탈레스(Thales, BC 624~546)는 만물의 근원은 "인간이 사는 땅은 물위에 떠 있기에 물이다."고, 이에 아낙시메네스(Anaximenes, BC 585~525)는 "공기는 지속적인 운동을 하는 무한한 실체"라고 주장, 헤라클레이토스(Heraclitus of Ephesus, BC 535~475)는 "누구도 같은 강물을 두 번 걸어 들어갈 수 없다(No man ever steps in the same river twice)."[92]고 만물의 변화를 언급하면서 '끝없이 변화를 불려오는 불'이 물질의 근본이라고 했다. 이들을 종합해 '물, 공기, 땅 및 불'을 4원소설(4 Elements Theory)을 주장했던 엠페도클레스(Empedokles, BC 490~430)가 있었고, "무거운 땅 아래로 가벼운 불은 위로 향해 자리를 잡고, 불 저쪽 우주에는 더욱 순수한 제5원소가 존재한다."는 아리스토텔레스(Aristoteles, BC 384~322)의 철학적 설파가 있었다. 이들의 철학적 소재로 17세기 벨기에 화가 헨드릭 반 발렌1세(Hendrik Van Balen l'Ancien, AD 1575~1632)는 현재 프랑스 국립박물관연합(RMN)에 소장 중인 「4원소(Les Quatre éléments)」라는 그림까지 그렸다.

1960년대 국민(초등학교) 4학년 때, 자연과목 시험 문제로 "세상에 물체는 고체, 액체 및 ( )로 구성되어 있다. 빈칸을 채우시오."라는 문제는 당시엔 기체가 정답이었다. 그러나 오늘날 물리학에서는 고체, 액체, 기체를 3체라고 하며, 1926년 테오도르 스베드베르크(Theodor Svedberg)에 의해서 구명된 교체(膠體, colloid)는 고체와 액체의 중간 물체가 제3.5체로 규정하고 있다.[93] 그뿐만 아니라 1928년 어빙 랭뮤어(Irving Langmuir, 1881~1957)에 의해서 발견된 플라즈마(plasma)는 제4체로 인정받고 있다. 최근 우리나라에도 미세먼지 문제 해결과 미래의 인공 태양으로 에너지 및 군사무기 문제를 동시 해결하고자 플라즈마에 대해 연구하고 있다.[94] 현실적으로도 우주를 구성하는 물질의 99%가 플라즈마 상태로 존재하고 일상생활 속에서는 형광등의 내부, 균일한 금속 코팅기계 혹은 네온사인의 방전 상태 등 제4체가 이용되고 있다.

한편, 1926년 스웨덴 물리화학자인 테오도르 스베드베르크(Theodor Svedberg, 1884~1971년)에게 '화학적 분산계에 대한 연구공로에 대해(for his work on disperse systems)' 단독 수상자로 노벨화학상을 수여했다. 그는 스웨덴 예블레 부근의 플레랭(Fleräng, Valbo, Gävleborg, Sweden)에서 태어나 웁살라대학(Uppsala University)에서 1905년 학사 학위를, 1906년 23세 젊은 나이로 콜로이드미립자의 확산에 기인한 브라운운동(Brownian motion)을 연구해서 분자의 실재성을 입증했으며, 1907년에 석사 학위를 취득하고 물리화학 강의를 맡았다. 칼 베네딕스(Carl Benedicks, 1875~1958)와 오스카르 위드먼(Oskar Widman, 1852~1930) 교수의 지도로 고주파를 이용해 「금속콜로이드용액을 제조하는 연구(Orskning för att framställa kolloidal lösning av metall)」 학위 논문을 제출했고, 1908년 박사 학위를 취득했다. 1912년 모교 교수로 취임하여 『분자의 실재(Molekylens verklighet)』를 출판해서 분자론을 제창했다. 1931년부터 1949년까지 구스타프 워너연구소(Gustaf Werner Institute) 소장을 역임했다. 중요한 연구 실적은 단백질 용액 등 침전이 어려운 입자를 분리하는 초원심분리기(ultracentrifuge)를 제작해 헤모글로빈, 알부민, 고무 등의 고분자분자량(high molecular weight)을 측정했다. 콜로이드 분산계(colloidal dispersion)는 약 10마이크로미터 이하의 크기를 갖는 고체 입자들이 서로 응집되지 않고 안정한 혼합액을 이루며 액체 속에 퍼져있는 분산용액을 콜로이드로 개념 정리를 했다. 콜로이드는 분산된 상(phase) 및 매질(medium)은 고체, 액체 혹은 기체로 되어 있으며, 유형으로는 거품(foam), 고체 거품(solid foam), 액체 에어로졸(liquid aerosol), 유체(emulsions), 젤(gel), 고형 에어로졸(solid aerosol), 솔(sol, colloidal suspension), 고체 솔(solid sol, solid suspension) 등으로 우리의 일상생활 속에 존속하고 있다.

중요 연구 실적으로는 1909년 「무기물질의 콜로이드 용액의 제조 방법: 콜로이드의 화학 및 산업에 대한 핸드북」, 1909년 특허출원 12,908호 「콜로이드 솔 또는 젤의 생산 과정」, 1909년 「콜로이드용액의 제조 방법(Die methoden zur herstellung kolloider Lösungen)」, 1912년 「분자의 존재: 실험 연구(Die Existenz Der Molekule: Experimentelle Studien)」, 1914년 「문제 과거와 현재의 연구 문제(Die Materie Ein Forschungsproblem in Vergangenheit Und Gegenwart)」, 1921년 「콜로이드 생성(The Formation of Colloids)」, 1940년 「초원심분리기(The Ultracentrifuge)」, 1987년 「콜로이드와 거대 분자의 물리 화학: 콜로이드와 거대 분자의 물리 화학에 관한 국제 심포지엄의 절차, 테오도르 스베드베르크 탄생 100 주년 기념」 및 2013년 재출판한 「무기물질의 콜로이 용액의 제조방법(Die methoden zur herstellung kolloider Lösungen Anorganischer Stoffe)」 등이 있다.

인체는 태양광을 받아 광합성으로 비타민D를 생성

과거의 상식을 깨뜨리는 이야기 같은데 동물도 식물처럼 광합성 작용을 한다.[95] 나팔벌레(trumpet worm), 민달팽이(sea slug) 하등 동물 등은 식물처럼 태양광을 받아서 화학에너지로 전환하는 과정인 광합성 작용 (photosynthesis)을 통해서 생명체의 활동에 필요한 에너지를 공급한다. 세포의 '에너지 화폐(energy money)'인 아데노신 3인산(Adenosine tri-phosphate, ATP)을 만든다. 우리나라의 말벌(hornet)이 위험한 이유는 언덕처럼 들어난 검정색 부위, 골짜기처럼 움푹 들어간 노란색 부위는 태양광을 다양한 굴절로 흡수하고 화학에너지 혹은 전기에너지로 충전한다. 노란 부분은 크산토프테린(Xathopterin, $C_6H_5N_5O_2$)이란 색소로, 태양광선을 받으면 전기에너지로 발전한다. 따라서 말벌은 '비행하는 태양전지 (flying solar-cell)'가 되고 적을 만나 전쟁 땐 발전무기를 비대칭전략 무기로 사용한다. 사람이 말벌에 쏘였다면 경호용 스턴 건(Stun gun)의 전기충격을 받은 셈이다. 그래서 말벌이 중국에서 매일 42명이나 죽이며, 미국과 캐나다에 진출해 망나니 킬러로 행세하고 있다고 미국 CNN가 보도한 적이 있다.[96]

1928년 독일인 화학자 아돌프 오토 라인홀트 빈다우스(Adolf Otto Reinhold Windaus, 1886~1959)에게 '스테로이드 알코올(steroid alcohol) 일명 스테롤(Sterol)의 구조와 비타민과의 연관성에 관한 연구 공로'에 대해 단독 수상자로 노벨화학상을 주었다. 독일 베를린(Berlin, German Empire)에서 태어나 프랑스 그래머스쿨(French grammar school)에서 수업을 했으며, 1895년 베를린대학교에서 에밀 피셔(Emil Fischer, 1852~1919) 교수에게 화학 강의를 듣고 화학 연구를 하고자 작심했다. 프라이부르크대학(Universität Freiburg)으로 전학해 화학과 의학을 전공했으며, 하인리히 킬리아니(Heinrich Kiliani, 1855~1945) 교수의 지도로 의학박사 학위를 취득했다. 콜레스테롤(cholesterol, C27H46O) 및 스테롤(sterol)에 대해 집중 연구를 했다. 1913년 인스부르크대학(Universität Innsbruck)에서 화학 교수를 맡았으며, 1915년 괴팅겐대학(Gottingen University)으로 학교 이름이 변경되었고, 곧 바로 괴팅겐대학교(University of Göttingen)의 교수와 화학연구소 소장을 역임했다. 1944년까지 그곳에 연구를 하면서 정년퇴직을 맞았다.

중요 연구 실적으로는 동·식물의 유지(油脂)에서 자외선을 조사(照射)해서 구루병(rickets, 佝僂病)에 효과가 있는 항구루병(anti-rickets) 물질로 비타민D가 생성된다는 사실을 발견했지만, 메커니즘(mechanism)을 규명하지 못했다. 당시 대부분의 학자들은 동물인 사람은 식물처럼 광합성 작용을 할 수 없다는 고정관념을 갖고 있다. 가능성을 열어놓고 연구를 하니 자외선에 의해 비타민D로 변하는 에르고스테롤(ergosterol)이란 사실을 발견했다. 1928년에 노벨화학상을 수상했고, 이후에 비타민 D2를 정제하고 구조결정의 자외선작용의 메커니즘(mechanism)도 지속적으로 규명했다. 이외에 강심제 디기탈리스(Digitalis purpurea)에 관한 연구도 했다. "용장 밑에 약졸이 없다(There is no coward soldier under the brave general)."는 우리나라의 속담처럼 그에게 박사 학위를 받은 제자 아돌프 부테난트(Adolf Friedrich Johann Butenandt, 1903~1995)는 11년 뒤 1939년 스테로이드(steroid) 연구로 노벨화학상을 수상했다.

목재로 설탕을 만드는 마술을

1931년에 독일의 공업화학자 카를 보슈(Carl Bosch, 1874~1940)와 화학자 프리드리히 베르기우스(Friedrich Bergius, 1884~1949)에게 '화학적 고압기법 발명과 개선에 기여한 공로'로 2인 공동 수상자로 노벨화학상을 수여했다.

먼저, 카를 보슈(Carl Bosch, 1874~1940)는 독일 쾰른(Cologne, German Empire)에 태어나 샤를로텐부르크 공업고등학교에서 화학과 야금학(Chemistry and metallurgy)을 익혔다. 샤를로텐부르크 왕립기술대학 (Königlich Technische Hochschule Charlottenburg)에서 배우다가 1892년부터 라이프치히대학교(University of Leipzig)으로 옮겨 요하네스 비슬리체누스(Johannes Wislicenus, 1835~1902) 교수의 지도 아래 1898년 유기화학 전공 박사 학위를 취득했다. 바스프(BASF) 회사에 취업해 1902년부터 1907년까지 공중질서고정(aerial nitrogen fixation)에 관한 질소비료 제조방안을 연구했다. 1908년 프리츠 하버(Fritz Harbor, 1868~1934)가 암모니아 합성으로 질소비료를 제조하는 방안을 개발했기에 공동연구계약을 체결하고, 1909년 하버 제조방안(Harbor Manufacturing Method)으로 생산 책임자로 임명되어 고기압과 500℃이상 고온에 질소비료(high-pressure industrial chemistry)를 제조할 수 있는 장치 개발과 촉매 선택으로 공업적 제조법을 해결해, 1913년 연간 3만 6천 톤의 황산 암모늄을 생산에 성공했다. 제1차 세계대전 중 히틀러 정권의 치하에 화약용 질산 제조와 로이나 공장 신설을 지도했다. 1919년 베르사유 평화교섭에 독일 기술대표로 참여했다. 1920년 고압화학기술을 주도해 메탄올(methanol) 합성, 석탄액화 등에도 성공했다. 1925년 바스프 회사를 중심으로 8개사 통합해서 염료회사 설립, 10년간 이사장을 역임했다.

중요 연구 실적은 1896년 이후 유기화학, 특히 니트로화합물(nitro-compounds)에 몰두했으며, 1907년 금속시안화합물과 초산염으로부터 시안으로 된 바륨을 제조, 1908년에는 1918년 노벨화학상 수상자 프리츠 하버(Fritz Harbor, 1868~1934)가 고안한 '공중질소고정법(aerial nitrogen fixation)'에 관심을 갖고 공동 연구로 수소와 질소를 합성해 암모니아 제조에 성공해 '하버 제조법(Harbor Manufacturing Method)'을 창안했다. 이를 통해 질소비료를 생산해서 지구촌을 풍성하게 하는 녹색혁명(공기로 빵을 만드는 혁명)을 초래97했다. 다른 한편으로는 뜻하지 않게 제1차 세계대전에 악용되었던 화약용 질산제조(Manufacture of Gunpowder Nitrate)의 길을 열었다.

다음으로 동료 수상자인 프리드리히 베르기우스(Friedrich Bergius, 1884~1949)는 독일 브레슬라우 근처 골드슈미덴(Breslau, Germany, now Wrocław, Poland)에서 태어나 1903년 브레슬라우대학(University of Breslau), 베를린대학교(University of Berlin) 및 라이프치히대학(University of Leipzig)에서 아르투어 루돌프 한치(Arthur Rudolf Hantzsch, 1887~1935) 교수의 지도 아래 1907년 화학박사 학위를 취득했다. 1909년 카를스루에대학교(University of Karlsruhe)에서 1918년 노벨화상상 수상자 프리츠 하버 및 1931년 노벨화학상 수상자 칼 보슈(Fritz Haber & Carl Bosch)와 공동으로 하버-보슈공정(Haber-Bosch Process) 개발에 연구를 했으며, 그해 하노버대학교(University of Hanover)의 막스 보덴스타인(Max Ernst August Bodenstein, 1871~1942) 교수의 초빙으로 교수를 맡았다. 교수로 고압화학공업에 몰두했으며, 1913년엔 석탄가루를 고압에 수소를 작용하게 해 액화하는 베르기우스법(Bergius Method)을 개발했다.

12년의 세월과 거액의 연구로 석탄액화방안(coal liquefaction method)을 개발한 공적으로 1931년 2인 공동 수상자로 노벨화학상을 수상하는 영광을 얻었다. 제2차 세계대전 가운데 비상식품으로 이용할 대용식 개발과 석탄액화(coal liquefaction)로 독일 경제에 기여했으며, 1946년 고온고압에서 목재를 당화(saccharification)해서 가축사료로 제조(목재로 설탕을 만듦)하는 데 성공했다. 1947년 아르헨티나(Argentina) 산업부장관(Ministry of Industry)의 정치고문(政治顧問)을 역임했다.

:: 07

노벨상 수상자의 제1조건은 호기심 혹은 야망

어릴 때 호기심 하나로 노벨화학상까지

1932년에 미국인 물리학자인 어비 랭무어(Irving Langmuir, 1881~1957)에게 '계면화학(surface chemistry)의 발견과 연구에 대한 공로'로 노벨화학상을 줬다. 어비 랭무어(Irving Langmuir, 1881~1957)는 미국 뉴욕 브루클린(Brooklyn, New York, U.S.)에서 태어나 어릴 때에 자연에 대한 호기심으로 관찰과 분석을 시작했다. 책과 대자연으로부터 배우기를 잠시도 멈추지 않았다. 1898년 체스트넛 힐 아카데미(Chestnut Hill Academy)에서 대학 과정을 이수했음에도 콜롬비아광산학교(Columbia University School of Mines)에서 금속공학을 공부했고, 1903년 독일 괴팅겐대학(University of Göttingen)으로 옮겨 월터 네른스트(Walther Nernst, 1864~1941) 교수와 프리드리히 돌레알렉(Friedrich Dolezalek, 1873~1920) 교수의 지도를 받아 「냉각 중 용해된 가스의 부분 재조합에 대한 연구(On the Partial Recombination of Dissolved Gases During Cooling)」학위 논문으로 1906년 박사 학위를 취득했다.

중요 연구 업적은 1906년부터 1909년까지 뉴저지 호보켄에 소재한 스티븐슨 기술연구소(Stevens Institute of Technology in Hoboken, New Jersey)의 연구원으로 일했다. 1909년부터 1950년까지 뉴욕 스키넥터디에 있는 제너럴일렉트릭사의 연구실(General Electric Research Laboratory, Schenectady, New York)에서 연구에 몰두했다. 그곳에서 텅스텐전구 연구, 진공관의 흡착기체에 대한 연구 및 가스전구를 발명했다. 1915년 고압정류관의 케노트론(kenotron)을 발명했다. 1916년부터 1918년까지 금속 표면의 단분자층 흡착(mono-layer adsorption)이란 개념을 도입해 흡착 등온식(Langmuir adsorption isotherm)이 정립한다는 사실을 규명했다. 1919년 「원자와 분자에서 전자의 배열(The Arrangement of Electrons in Atoms and Molecules)」 논문을 발표해 원자가이론(theory of valence)에서 길버트 뉴턴 루이스(Gilbert Newton Lewis, 1875~1946)의 이론을 발전시켜 루이스-랭뮤어 원자가(Lewis-Langmuir Valence)이론을 제창했다. 응결펌프 및 진공계도 발명했고, 인공강우(artificial rainfall)를 비롯한 기상학연구도 했다.

그뿐만 아니라 계면현상(interface phenomenon)을 연구, 1932년 단독 수상자로 노벨화학상을 받았다. 1950년 제너럴일렉트릭(General Electric)의 부소장으로 은퇴했다. 대표적 발명으로는 미국 특허 1,180,159호 "백열전구(Incandescent Electric Lamp)", 1,244,217호 "전자방전장치 및 동작방법(Electron-discharge apparatus and method of operating the same)" 및 1,251,388호 "엑스선 튜브의 제어 방법 및 장치(Method of and apparatus for controlling x-ray tubes)" 등이 특허 등록되어 있다.

소박한 교사에서 노벨화학상 수상자로 야망을 키웠다

1934년 미국의 물리화학자인 헤럴드 유리(Harold Clayton Urey, 1893~1981)가 중수(重水)를 분리시켜 수소의 동위원소인 중수소(重水素)를 발견했기에 '중수소 발견의 공로(for his discovery of heavy hydrogen)'

로 노벨화학상을 받았다. 미국 인디애나 워커턴(Walkerton, Indiana, U.S.)에서 태어나 교사자격을 얻고자 얼햄대학(Earlham College)에 들어갔으나, 보다 더 큰 꿈을 키워야 하겠다는 야망으로 1914년 몬태나대학(University of Montana)에서 동물학을 배우다가 1917년 화학 전공으로 학사학위를 취득했다. 제1차 세계대전으로 1917년부터 1919년까지 필라델피아의 한 화학 회사(Barrett Chemical Company)에서 TNT제조 팀에서 근무했다. 1919년 모교인 몬태나대학의 강사로 맡았으나 학문에 대한 야욕을 잠재울 수 없어 1921년 캘리포니아대학교(University of California, Berkeley)에 등록하여 길버트 뉴턴 루이스(Gilbert Newton Lewis, 1875~1946) 교수의 지도를 받아 1923년 화학 분야 박사 학위를 취득했다. 미국스칸디나비아재단(American-Scandinavian Foundation)의 지원을 받아 1923년 덴마크 코펜하겐대학(University of Copenhagen)으로 유학을 떠났고, 그곳에 1922년 노벨물리학상 수상자 닐 보어(Niels Henrik David Bohr, 1885~1962) 교수를 만났고 지도를 받았다. 귀국해 존스홉킨스대학(Johns Hopkins University)에서 잠시 머물다가 콜롬비아대학교(Columbia University) 교수를 역임하며, 1940년부터 맨해튼 계획연구소(Institute for Nuclear Studies) 소장을 1945년까지 맡았다. 1945년부터는 시카고대학(University of Chicago)으로 옮겨 교수를 전임했다. 만년에는 모교인 캘리포니아대학교(University of California, San Diego)에서 교수를 역임했다.

중요 연구 실적은 1931년 중수(重水) 분리, 수소의 동위원소인 중수소(heavy hydrogen)의 발견으로 1934년 노벨화학상 수상의 영예를 얻었다. 이외 질소, 탄소, 황 등의 동위원소도 분리, 기계의 엔트로피, 흡수 스펙트럼, 분자구조(molecular structure) 등에 대한 연구를 했다. 제2차 세계대전 가운데 콜롬비아대학(Columbia University)에서 우라늄(235U)과 중수소 농축 방법과 붕소의 동위원소 분리 방법을 개발했고, 제2차 세계대전 이후 세계 평화와 국제간 이해 증진을 위한 원자 과학자로 살고자 방향 전환을 했다.

연구논문은 200여 편이나 되어 간추려본다면, 1923년 「이원자 및 다원자 가스의 열용량 및 엔트로피」, 1924년 「수소 스펙트럼의 지만효과에 대한 전계교란효과(The effect of perturbing electric fields on the Zeeman effect of the hydrogen spectrum)」, 1924년 「스펙트럼선의 지만효과에 대한 전기장의 분포 영향」, 1926년 「수소분자 이온의 구조(The structure of the hydrogen molecule ion)」, 1926년 「주기율표 제6·제7기의 이상에 대한 양자이론 설명」, 1927년 「빛 양자의 충격모멘트(Impulse moment of the light quantum)」, 1929년 「물리화학에 대한 수학적 요구사항」, 1929년 「할로겐을 함유한 불꽃의 연속스펙트럼(The continuous spectra of flames containing the halogens)」, 1930년 「용액의 반응온도계수」 및 1930년 존스홉킨스대학에서 「방사성 핵 및 원자, 분자 및 양자의 규칙성(Regularities in radioactive nuclei and Atoms, Molecules and Quanta)」 등을 집필해 오늘날까지 남아 있다.

노벨상 명문가의 장녀는 물론 사위까지 노벨상을

1935년 프랑스 원자물리학자 부부인 프레데리크 졸이오 퀴리(Jean Frédéric Joliot-Curie, 1900~1958)와 이렌 졸리오 퀴리(Irène Joliot-Curie, 1897~1956)에게 '새로운 방사성 원소의 합성을 인식시킨 공로'에 대해 노벨화학상을 주었다. 부부는 1903년 노벨물리학상과 1911년 노벨화학상을 수상한 마리 퀴리(Marie Curie, 1867~1934)의 사위와 맏딸이었다.

먼저 장 프레데리크 졸리오 퀴리(Jean Frédéric Joliot-Curie, 1900~1958)는 프랑스 파리(Paris, France)에서 태어나 파리대학교 물리화학대학(École Supérieure de Physique et de Chimie Industrielles de la Ville de Paris)에서 1925년 학사 학위를 취득하고, 1925년 라듐연구소(Radium Institute)의 소장 마리에 퀴리(Marie Curie)의 조수로 연구를 했으며, 소장의 장녀 이렌 퀴리(Irène Curie, 1897~1956)를 알게 되었다. 1926년 결혼하고 가족성(family surname)을 '졸리오 퀴리(Joliot-Curie)'로 창성했다. 학업을 지속해 「방사능 동위원소의 전기화학(On the electrochemistry of radio-elements)」 학위 논문으로 과학 박사 학위를 취득했다. 파리대학에서 강의를 하면서 부인 이렌(Irène Curie)과 함께 알루미늄에다가 알파입자(aluminium with alpha particles)를 조사(照射)하는 공동 연구 프로젝트를 추진했고, 1934년에 방사성 동위원조 제조에 성공했다. 1935년 "인공 방사선(artificial radioactivity) 원소의 연구 공적"으로 부부가 공동 수상자로 노벨화학상을 받았다. 1937년부터 라듐연구소(Radium Institute)를 떠나 프랑스대학교(Collège de France) 교수를 역임했다. 만년에 프랑스 공산당에 입당했으며, 퍼그워시 회의 창립에 노력했고, 창설 멤버로 세계 평화평의회 초대 총장을 역임했다.

한편 이렌 졸리오 퀴리(Irène Joliot-Curie, 1897~1956)는 우리가 잘 아는 퀴리부인의 맏딸로 프랑스 파리(Paris, France)에 태어나 1906년 아버지가 마차 사고(horse-drawn wagon incident)로 세상을 떠났고, 폴란드(Poland)에서 수학 교사인 외할아버지 집에서 어린 시절을 보냈다. 1916년 소르본대학에서 학사 학위를 받았으며, 파리대학(University of Paris)에서 폴 랑주뱅(Paul Langevin, 1872~1942) 교수의 지도 아래 「폴로늄의 알파붕괴에 관한 연구(On The Alpha Decay of Polonium)」로 1918년 박사 학위를 취득했다. 1925년 파리대학교(소르본대학) 부설 라듐연구소(Radium Institute) 소장이었던 어머니 밑에서 조수로 일했던 장 졸리오(Jean Frédéric Joliot-Curie, 1900~1958)를 만났고, 1926년에 결혼을 했다. 남편과 공동 연구로 1934년 인공 방사능을 발견했다. 1935년 남편과 함께(2인 공동 수상자) 노벨화학상을 수상하는 영예를 얻었다. 1936년 내각에 입각해 과학연구장(Centre de recherche scientifique)에 취임, 1947년 마리어 퀴리의 후임으로 소르본대학(Université de la Sorbonne) 교수 및 소르본대학 부설 라듐연구소(Radium Institute) 소장을 역임했다. 제2차 세계대전 후에 남편과 협력해 원자력의 평화적 이용을 위한 평화 운동가로 활동했다. 그러나 오랫동안 방사능 연구로 인한 후유증인 백혈병(Leukemia)이 발병되어 1956년 3월 17일 꽃피는 봄날 스위스(Swiss)의 한적한 요양원에서 세상의 마지막 날을 보냈다.

대학·연구소 쇼핑을 통해 노벨상 수상자의 꿈 구입

대학 쇼핑을 통한 꿈돌이 노벨화학상 수상

1937년 비타민을 발견한 영국의 유기화학자 월터 노먼 호어스(Walter Norman Haworth, 1883~1950)에게 '당류(탄수화물)와 비타민C에 대한 연구 공로'로, 또한 러시아 출신 스위스 유기화학자 파울 카러(Paul Karrer, 1889~1971)에게 '카로티노이드, 플라빈, 비타민 A 및 B2에 대한 연구(for his investigations on carotenoids, flavins and vitamins A and B2)'에 대한 공로로 2인 공동 수상자로 노벨화학상을 수여했다.

먼저 월터 노먼 호어스(Walter Norman Haworth, 1883~1950)는 영국 랭커셔 화이드 코피스(White Coppice, Lancashire, England)에서 태어나 14살 때까지 아버지가 운영하는 공장(Ryland's linoleum factory)에서 일을 했으며, 1903년 영국 맨체스터대학교(University of Manchester)에 입학해서 화학을 배웠다. 1906년 윌리엄 퍼킨(William Henry Perkin, 1838~1907) 교수의 지도로 화학 석사 학위를 받았으며, 독일 괴팅겐대학교(University of Göttingen)에 등록해 오토 발라흐(Otto Wallach, 1847~1931)의 실험실에서 연구를 해 1910년 박사 학위를 취득했다. 박사 후 연구 과정(post-doc course)으로 맨체스터대학교(University of Manchester)에서 1911년부터 1912년까지 연구원으로 근무하면서 단기간 왕립과학기술대학(Imperial College of Science and Technology)에서 화학

분야 수석연구원으로 근무했다. 1912년 세인트앤드루스대학교(University of St. Andrews) 교수로서 탄수화물에 관한 연구, 1920년부터 1925년까지 더럼대학교(Durham University)에 교수로 있다가 1948년까지 버밍엄대학교(University of Birmingham)의 교수를 역임했다. 버밍엄대학교(University of Birmingham) 교수로 스위스 바젤대학교(University of Basel)의 피터 교수의 밑에서 단당류, 이당류, 다당류의 고리구조를 규명해 1929년 「당류의 구조(The constitution of Sugars)」[98] 논문을 발표했고, 출판했다. 또한 파울 카러(Paul Karrer, 1889~1971)와 공동 연구로 1934년 비타민C 합성(ascorbic acid, vitamin C)과 대량 생산의 방법을 창안했다. 1937년 2인 공동 수상자로 노벨화학상을 수상했고, 1947년 영국 국왕으로부터 기사 작위를 받았다.

다음으로 파울 카러(Paul Karrer, 1889~1971)는 러시아 모스크바(Moscow, Russia)에 태어나 3살 때에 부모를 따라 스위스 취리히로 이주했으며, 아라우의 렌츠부르크 그래머스쿨(grammar school in Lenzburg, Aarau)에서 수업을 했다. 1908년 취리히대학(Universität Zürich)에서 화학을 전공했으며, 박사 과정에 등록해 알프레드 베르너(Alfred Werner, 1866~1919) 교수의 지도를 받아 1911년 박사 학위를 취득했다. 1913년 화학요법연구소(Chemistry and Director of the Chemical Institute)에서 파울 에를리히(Paul Ehrlich, 1854~1915) 교수의 감독 아래 살바르산 금속착염(Salval acid metal complex salt) 및 유기비소유도체(Organoarsenic derivatives)에 관한 연구를, 1918년 모교인 취리히대학(Universität Zürich)으로 옮겨, 1919년에서 교수를 임명받았다. 1927년 당시 교수로서 당류, 다당류, 아미노산과 관련 화합물의 입체 구조에 규명해 『유기화학 교과서(Lehrbuch der organischen Chemie)』를 출간했다. 이어 비타민

A, 비타민B2 등을 연구했다.

노벨상 수상을 위한 대학 쇼핑 디자인이 남달라!

1939년엔 독일 생화학자 아돌프 부테난트(Adolf Friedrich Johann Bu-tenandt, 1903~1995)에게 '성호르몬 연구에 대한 공로(for his work on sex hormones)'로, 그리고 크로아티아 출생 스위스 과학자 레오폴트 루지치카(Lavoslav Ružićka, Leopold Ruzicka, 1887~1976)에게 "사향(麝香) 오일에 관한 연구(for his work on polymethylenes and higher terpenes)."에 대해 2인 공동 수상자로 노벨화학상을 수여했다.

먼저, 아돌프 부테난트(Adolf Friedrich Johann Butenandt, 1903~1995)는 독일 브레머하펜(Bremerhaven, German Empire)에서 태어나 당시는 노벨상 수상 꿈돌이들은 속칭 '노벨 수상자 지도교수 찾기 대학 쇼핑'을 즐겼다. 마르부르크대학(University of Marburg)에서 배웠으며, 괴팅겐대학교(University of Göttingen)에서 아돌프 빈다우스(Adolf Windaus, 1876~1959) 교수의 지도로 1927년 박사 학위를 취득하였다. 1933년부터 1936년까지 단지크 공과대학교(Technical University of Danzig) 및 튀빙겐대학교(University of Tübingen)의 교수를 역임했으며, 뮌헨대학교(University of Munich)로 옮겼으며, 1936년 막스플랑크생화학연구소(Kaiser Wilhelm Institute, Max Planck Institute for Biochemistry) 소장을 맡았다. 아돌프 빈다우스(Adolf Windaus, 1876~1959)의 지도로 스테로이드 연구에 몰두, 성호르몬(sex hormones)의 연구, 1931년 특히 남자 소변에서 남성 호르몬의 일종인 안드로스테론(androsterone)을 추출해 고정화했다. 또한 여성 호르몬의 일종인 프로게스테론(testosterone)도 추출 고정화에도 성공했다. 이런 연구 실적으로 1939년 스위스 레오폴드 루지치가(Leopold Ružička, 1887~1976)와 2인 공동 수상자로 노벨화학상을 수상했으나 나치 정권의 수상 강제 금지로 10년이 지난 1949년에 수상했다. 노벨화학상 수상 이후에도 암과 유전자에 대한 생화학 연구를 했다.

다음으로 레오폴트 루지치카(Lavoslav Ružićka, Leopold Ruzicka, 1887~1976)는 오늘날 크로아티아(Croatia)인 슬로베니아-크로아티아 왕국 부코바르(Croatia-Slavonia, Austria-Hungary)에서 태어나 1917년부터 스위스 시민권을 받았다. 카를수루에기술고등학교(High Technical School in Karlsruhe)를 졸업하고, 카를스루에공과대학(Technische Hochschule Karlsruhe)에서 그의 물리학 지도교수는 1918년 노벨화학상 수상자 프리츠 하버(Fritz Haber, 1868~1934)였다. 그래서 그에게 수석 학위 논문상을 수상하기를 반대했으나 1953년 노벨화학상 수상자 헤르만 슈타우딩거(Hermann Staudinger) 교수의 지도로 1910년 박사 학위를 취득했다. 헤르만 슈타우딩거 교수를 따라 취리히로 옮겨 취리히연방공과대학교(ETH, Zurich) 교수를 역임하면서 연구를 했다.

중요 연구로는 천연화합물인 달마시아(Dalmatian) 약초(Tanacetum cinerariifolium)에서 살충제 추출과 식물 향기의 향유(terpene)에 몰두했다. 1916년엔 향수 제조업체의 지원 연구, 테르펜 분야의 전문성을 갖춰 1923년 취리히연방공과대학교(Eidgenössische Technische Hochschule, Zurich)의 교수로 근무하면서, 박사 과정 학생들과 사향노루(Moschus moschiferus)와 시벳고양이(Civet cat, Viverra civetta)에서 향기 화합물을 추출해 화학 구조를 규명했다. 1921년에 제네바 향수 제조업체 등에 의뢰한 과제를 연구, 1927년 네덜란드 위트레흐트대학(Utrecht University)의 유기화학과 학장을 맡다가 3년 뒤에 취리히대학 ETH에서 유기화학 교수직을 맡았다. 1939년 독일 생화학자 아돌프 부테난트(Adolf Friedrich Johann Butenandt, 1903~1995)와 2인 공동 수상자로 노벨화학상을 수상했다.

꿈돌이답게 대학과 연구소 쇼핑을

1943년에 헝가리 화학자인 게오르크 헤베시(George Hevesy, 1885~1966)에게 '화학공정상 동위원소 추적자의 사용에 관한 연구' 공로로 노벨화학상을 시상했다. 헝가리 부다페스트(Budapest, Austria-Hungary)에서 유대인 가문에 태어나 1903년 피아리스타 김나지움(Piarista Gimnázium)을 졸업하고, 부다페스트대학(University of Budapest)에서 1년간, 베를린대학(Technical University of Berlin)은 몇 개월간 학업을 하다가 프라이부르크대학(University of Freiburg)으로 옮겼다. 1906년 박사 과정을 등록해서 게오르그 프란츠 줄리어스 마이어(Georg Franz Julius Meyer) 교수의 지도를 받아 1908년에 물리학 박사 학위를 취득했다.

박사 후 연구 과정으로 1908년 취리히대학(university of Zurich)에서 1902년 노벨물리학상 수상자 헨드릭 로렌츠(Hendrik Antoon Lorentz, 1853~1928)의 조수, 1909년 칼스루에공과대학(Karlsruher Institut für Technologie)에서 1918년 노벨화학상 수상자 프리츠 하버(Fritz Haber, 1868~1934)의 조수를 거친 후 1911년부터 1914년까지 맨체스터대학(University of Manchester)에서 1908년 노벨물리학상 수상자 어니스트 러더퍼드(Ernest Rutherford, 1871~1937)의 연구실에서 방사능을 연구하였다. 1926년 프라이부르크대학교(University of Freiburg) 물리학 교수를 역임했으며, 이전에 취리히연방공과대학교(ETH Zürich), 코펜하겐

N.보어(Niels Henrik David Bohr, 1885-1962)의 국제아카데미(Niels Bohr International Academy)의 객원교수, 아원 물리학 스테판메이어연구소 (Stefan Meyer Institute for Subatomic Physics), 부다페스트대학교 및 겐트대학교(Ghent University)에서 연구와 강의를 했다. 중요연구론 희토류원소(rare-earth elements)에 대한 연구를 했다. 최초로 라듐D 상당량을 추출하는 데 성공, 방사능과 납과의 관계, 1923년 공동 연구로 지르콘광석(zircon)에서 하프늄(hafnium)을 발견해 분리했으며, 천연방사성원소를 추적자(tracer)로 사용했다. 엑스선 분석을 화학에 응용했으며, 동위원소의 생리학적인 응용연구로 1943년 노벨화학상 수상자가 되었으며, 제2차 세계대전 중 스웨덴으로 망명한 후 스톡홀름대학 교수를 역임하면서도 유기화학에 연구를 했다.

중요 저서로는 1931년 『방사능 강의(Lehrbuch der Radioaktivität)』, 1938년 『방사능 매뉴얼(A Manual of Radioactivity)』, 1948년 『방사성 지시약의 응용』, 1962년 『방사성 동위원소 연구모험: 논문집』, 1962년 『노벨 수상자 발표 연설 및 수상자 전기를 포함한 강의』, 1942년부터 1962까지 화학강의선집』, 1967년 『조지 헤베시 논문선집(Selected Papers of George Hevesy)』 및 1985년 『조지 헤베시의 삶과 업적(George de Hevesy, Life and Work)』 등이 남아 있다.

전형적인 노벨상 꿈돌이답게 학문에 만끽

1944년, 독일의 방사화학자 혹은 핵화학자인 오토 한(Otto Hahn, 1879~1968)에게 '중핵분열을 발견한 공로'로 단독 수상자로 노벨화학상을 시상했다. 그는 독일 프랑크푸르트암마인(Frankfurt am Main)에서 태어나 15세 때부터 비로소 화학에 관심을 가졌다. 1897년 프랑크푸르트(Frankfur)의 프랑크푸르트암마인대학(Universität Frankfurt am Main), 마르부르크대학(Universität Marburg), 뮌헨대학(University of Munich) 등에서 화학과 광물학을 배웠으며, 부전공은 물리학과 철학이었다. 뮌헨대학(Universität München)의 아돌프 폰 바이어(Adolf von Baeyer, 1835~1917) 교수 지도 아래 3학기와 4학기를 배웠으며, 1901년 마르부르크대학(Marburg University)에서 학위 논문은 「이소유제놀의 브롬유도체(On Bromine Derivates of Isoeugenol)」라는 고전적인 유기화학의 과제로 박사 학위를 받았다. 1년간의 독일군으로 복무를 마치고, 모교에 복귀해 박사 학위 자문위원회 소속 테오도르 징케(Ernst Carl Theodor Zincke, 1843~1928) 교수의 조수로 일했다. 1904년 노벨화학상을 수상했던 런던대학(London College)에서 있던 윌리엄 램지(William Ramsay, 1852~1916) 교수의 불활성가스연구에 연구원으로 조사하고 실험에 참여했다.

그곳에서 오토 한(Otto Hahn)은 새로운 분야를 개척하고자 방사화학(radiochemistry)을 연구했다. 1905년에 토륨(radiothorium-228)이란 새로운 물질을 발견했다. 1913년 카이저 빌헬름 화학연구소(Kaiser Wilhelm Chemical Research Institute)에 들어가 32년 동안 오직 연구에만 몰두했다. 1921년 2월에 핵의 이성질화 현상(isomerism) 발견 보고서를 발표했으나 대부분의 과학자들은 이해를 못 했다. 1936년 카를 프리드리히 폰 바이츠제커(Carl Friedrich von Weizsäcker, 1912~2007)가 이성질화현상을 다시 규명하자 인정하게 되었다. 1934년 엔리코 페르미(Enrico Fermi, 1901~1954)와 중성자로 우라늄을 격발시키는 연구를 시작했다. 중핵이 중성자의 격발로 원자핵분열 때 여러 개 상당히 큰 파편으로 분해(대폭발)된다는 사실을 규명했다. 1938년 12월 16일에서 17일까지 2일간의 라듐바륨메소토륨분열(radium barium-mesothorium-fractionation)에 대한 결정적인 실험으로 수수께끼와 같은 문제는 풀렸다. 3개의 동위원소는 바륨(barium)이 아닌 단지 라듐(radium)이었다.

제2차 세계대전 중 독일에서 원자폭탄 제조를 연구하다가 독일이 연합군에 항복하자 속칭 '알소스 특명(Alsos Mission)'으로 영국 케임브리지(Cambridge) 한적한 농가(農家)에서 비밀리 억류되어 조사를 받았다. 1945년 11월 16일에 비로소 자신이 1년 전(1944년) 우라늄 분열을 발견한 공로로 노벨화학상 수상자로 선정되었다는 사실을 알았다. 1944년 노벨재단엔 오스트리아 여성 물리학자 리제 마이트너(Lise Meitner, 1878~1968), 독일의 물리학자 프리츠 슈트라스만(Fritz Strassmann, 1902~1980)과 독일의 방사화학자 한(Otto Hahn) 등 3명이 노벨화학상 공동 수상자로 지명되었다. 노벨상 선정위원회(Nobel Prize Selection Committee)에선 마이트너(Lise Meitner)는 물리학자라는 이유로, 슈트라스만(Strassmann)은 늦게 연구팀에 합류했다는 사유로 최종 수상자에서 제외시켰기에 수상의 영광이 돌아왔다. 그런데 마이트너(Lise Meitner)가 자신이 여성이기에 성적 차별을 받았다고 이의를 제기했다.

일본의 틈새 프로젝트 '노벨상 수상자 30인'

한·일간 국력이나 학문을 언급할 때에 객관적 잣대로 노벨 수상자를 제시하곤 한다. 우리나라는 노벨평화상 1인, 한국 출신 미국 국적인 노벨화학상 1인으로 2인을 말하나, 일본은 일본 국적으로 25인으로 물리학상 9인, 화학상 8인, 생리의학상 5인, 문학상 2인, 평화상 1인이나 여기에 일본 출신 외국 국적자 3인과 일본 관련 출신의 외국 국적자 2인을 포함하면

30인이나 된다. 1932년 일본인 노벨상 수상자 30인 배출을 목표로 설립했던 일본학술진흥회(Japan Society for the Promotion of Science, JSPS)는 77년 만에 성공했다. 2018년 4월에 제12대 회장으로 취임한 수수무 사토미(Susumu Satomi, 里見進, 1948년생)[99]는 도쿄대학에서 의학 박사학위를 취득한 외과의사다. 연간 예산은 2013년에 2,970억 엔(한화 2조 9700억 원)에서 2018년 2,614억 엔, 2019년도 2,671억 엔으로 해외 지부로는 11개소에 설치되어 있으며, 가장 핵심 사무소는 스웨덴 노벨재단 및 노벨상위원회에 로비를 위한 스톡홀름(Stockholm) 지부이고, 나머지는 정보 수합과 재정 지원을 위한 곳으로 워싱턴(Washington), 샌프란시스코(San Francisco), 본(Bonn), 런던(London), 스트라스부르(Strasbourg), 방콕(Bangkok), 북경(Beijing), 카이로(Cairo), 나이로비(Nairobi), 상파울루(Sao Paulo)에서 일본 학문을 위한 진흥회가 운영되고 있다.[100] 국제 행사를 활용한 일본 학자들의 학술 발표를 지원하고, 심지어 노벨재단 학술 세미나 등에 일본 학자의 참여기회를 확대하고 있다.

2002년은 일본에선 노벨상 대향연이 개최되었다. '생물학적 거대분자의 질량분광 분석을 위한 소프트탈착 이온화 방법 개발'의 공로로 일본인 다나카 고이치(田中耕一, たなかこういち)가 노벨화학상 수상자로 선정되었으며, 동시에 '천체물리학의 개척자로 공헌과 특히 우주 중성미자의 발견'한 공로로 일본인 고시바 마사토시(小柴昌俊, 1926년생)가 노벨물리학상 수상자가 된 겹경사를 맞았다. 우리나라의 잣대로는 이 두 분들은 노벨 수상자는 고사하고, 직장에서 제대로 된 평가조차 받을 수 없다. 왜냐하면, 다나가 고이치(Tanaka Koichi, 1959년생)는 흔한 박사 학위 하나 없는 평범한 대졸 회사원이고, 고시바 마사토시(Masatoshi Koshiba, 1926년생)는 일본 국립 도쿄대학(日本國立東京大學) 출신이라도 꼴찌로 졸업했

기 때문이다. 서양에서는 박사 학위 지도교수나 연구 지도교수로 노벨 수상자를 찾아 대학 혹은 연구소를 쇼핑하는데 일본에선 유럽처럼 '평생교육제도(life-long education system)' 개념이 없어서 대학 쇼핑(university-shopping)은 불가능했다. 이를 틈새를 메우고자 일본에서는 일본학문진흥회(JSPS)를 설치했고 정보 제공, 번역 및 학회 개최 등 각종 지원 활동에 크게 기여했다.

1949년 일본인 원자물리학자 유가와 히데기(湯川秀樹, ゆかわひでき, Hideki Yukawa, 1907~1981)에게 '핵무기에 대한 이론적 연구에 기초한 중간자 존재에 대한 예측한 공로'로 노벨물리학상을 수여했다. 이렇게 노벨물리학상 수상자 배출이라는 결과를 뒤집어보면, 1932년 JSPS를 설립한 배경에는 순수한 학문 진흥이 아니라 원자폭탄 및 화생방무기의 첨단 기술을 수합하고 이를 대동아공영(大東亞共榮)에 이용하고자 했다. 한반도에 관련된 JSPS 관련 활동을 중심으로 복기 바둑(復棋)을 놓아본다면, 대마(大馬)로는 원폭·생화학무기 제조의 은폐였다. 즉, i) 1932년 히로히토 천황의 비밀 프로젝트 헤이룽장성(黑龍江省) 하얼빈 인근에 관동군 방역급수부(關東軍防疫給水部), 일명 731부대(Unit 731) 설치, 생물화학무기개발 및 생체 실험을 비밀리 추진, ii) 1933년 교토제국대학교(京都帝國大學校) 원자물리학자 유가와 히데기(湯川秀樹) 원자폭탄 제조 가능성 검토, 아인슈타인(Albert Einstein, 1879~1955) 및 세실파월(Cecil Frank Powell, 1903~1969) 등 핵물리학자 자문, iii) 1934년 풍부한 석회암 지역 용천 원폭 제조 기지화, iv) 1937년 10월 우라늄 농축의 전력 공급을 위해 신의주 동북동 80m 세계 최대 낙차를 이용한 수풍수력발전소(水豊水力發電所) 건립, v) 1938년 흥남질소공장(1927년 이미 건립)을 화학무기 제조창으로 개조, vi) 1940년 육군 제2호 비밀 과제로 추진했다가 1945년 6월

에 해군 중심 '핵융합연구(Fission Study)'로 공개 모집으로 추진했다. 비록 1939년부터 일본에 비해 늦게 시작했지만 미·영국의 맨해튼 프로젝트(Manhattan Project)는 1945년 7월 16일 트리니티 실험으로 20킬로톤의 원자폭탄 제조에 성공했다.

다나카 고이치(田中耕一)는 일본 교토시(京都市)에 태어나 어린 때에 외할아버지로부터 한문 서적을 배웠고, 서양 학문을 배워 말년까지 런던 타임스(London Times)를 구독했으며, 보통소학교를 졸업하고, 교토 제1중학교, 학생 때 별명은 별로 띄지 않아 '구어다놓은 보리자루'라는 뜻의 '곤베에(權兵衛)', '말 안 하겠다'고 말해서 '이왕짱(イワンちゃん)' 혹은 '바보 이반(バカイワン)'이었다. 1929년 교토제국대학(Kyoto Imperial University) 이학부 물리학과를 졸업, 다마키 가주로 연구실(玉城嘉十郎研究室) 조수, 1932년 교토제국대학(大阪帝國大學) 강사, 1933년 오사카제국대학(Osaka Imperial University) 강사 겸임, 1933년 아무도 생각하지 못했던 "원자의 핵엔 양성자와 중성자의 사이에 상호작용을 매개하는 중간자가 있다(陽子と中性子との間に作用する核力を媒介するものとして中間子の存在を)."는 학설을 발표, 1934년 중간자 이론(中間子理論) 구상, 1934년 스톡홀름 국제학회 개최 "나는 산길의 끄트머리에 있는 소담한 찻집에 머물러 있는 나그네처럼 느껴졌다. 그때는 눈앞에 또 다른 산이 도사리고 있다는 생각조차 못했다."[101]라고 자서전에서 자신을 소회했다. 1935년 「소립자 상호작용에 대해(素粒子の相互作用について)」논문 발표, 1939년 솔베이 국제학회(Solvay International Society Meeting) 참석, 알베르트 아인슈타인(Albert Einstein, 1879~1955) 및 로버트 오펜하이머(Robert Oppenheimer, 1904~1967)와 교류, 1940년부터 일본 육군에서 제2호 비밀 과제로 추진해온 원자폭탄 개발 프로젝트를, 1945년 6월 해군 중심으로 전환해 교토대학교(京都大學校) 아라가스 분사구(荒勝文策, 1890~1973) 등이 참여[102]했다. 1949년 노벨물리학상 수상했다. 1956년 1월 궁중가회(宮中歌會)에서 하이쿠(俳句)로 "어느 이른 봄 덤불이 무성한 길에 고르게 쌓여 투명하게 비치며 미처 녹지 않는 눈(春淺み藪かげの道おほかたは すきとほりつつ消えのこる雪)." 단시를 지었다. 히로시마 평화기념공원 와카바상(若葉樣)에다가 단가(短歌)로 "원폭이여 다시 여기 오지 말지어라. 평화를 기원하는 사람만이다. 여기는!(まがつびよ ふたたびここに くるなかれ 平和をいのる 人のみぞここは!)" 새겨져 있다.

노벨
생리의학상

ALFRED NOBEL

팬데믹(Pandemic)에서 개벽한 우리나라

기존의 것을 몰아내고 새로운 세상을 연 팬데믹

지난 1월 20일 우리나라에서도 코로나19(COVID19) 첫 번째 환자가 나타났다. 이어 2월 19일 대구에 서른한 번째 확진자가 나타나면서 국내 상황은 돌변했다. 신천지 교인들을 중심으로 한 증가세는 폭발적으로 이어졌으며 2월 29일 741명으로 정점을 찍었다. 이를 지켜보던 서양 선진국들은 '동양인들에게 한정된 특이 현상'이라고 비아냥거리면서 수수방관했다. 그 결과 호떡집에 불난 꼴이라는 말이 딱 들어맞을 정도로 허둥댔으며 선진국에 대한 우리들의 환상도 깨지기 시작했다.

전염병의 대유행에 관한 내용은 성서의 출애굽기에서도 찾아볼 수 있다. 모세의 10대 재앙[103]은 피의 재앙, 개구리 재앙, 이(각다귀)의 재앙, 파리의 재앙, 가축 돌림병, 악성 종기 재앙(인수 공동역병), 우박 재앙, 메뚜기 재앙, 흑암 재앙(화산 폭발), 초태생(장자) 사망의 재앙 등이다. 여기서 첫 번째에서 아홉 번째까지는 기후 변화에 의한 자연생태계의 급격한 괴리 현상으로 이해가 가능하다. 그러나 열 번째는 당시 시대적 고정관념을 "희망과 미래를 앗아가고 공포와 절망을 대신 줌(Taking away hope and future, giving fear and disappointment instead)."이라고 은유적으로 표현했다. 당시 선인들은 맏아들(長子)을 가족(씨족)의 희망이고 미래로 여겼다. 결과적으로는 전염병의 도움으로 저주(핍박)의 땅 이집트를 탈출하게 된다.

전염병은 오래전부터 인류 역사와 함께 해왔다. 우리는 역사를 통해 새로운 문화나 개벽에 버금가는 새로운 시대의 출현을 목격하게 된다. 특정 지역에서 아무리 큰 전쟁이 일어나더라도 왕조 전복이나 제국 탄생으로 끝나지만 역병의 대유행(pandemic)은 전 세계를 두려움에 떨게 하는 대재앙이면서 한편으로 전 지구촌을 변혁시켰으며 그로 인해서 새로운 시대가 열리곤 했다.

구석기 수렵 채취 시대에서 신석기 농경(목축) 시대로 넘어갈 시점 200여 종의 인수 공동 전염병(zoonosis)과 동물에서 인간에게 옮겨진 300여 종의 인수 공동 기생충(human-animal parasite)은 대재앙의 방아쇠(catastrophe trigger)가 되었다. 여러 차례 전염병의 대유행을 거치면서 인간 수명은 10년 내외, 신장은 7~8cm, 체중은 10kg이나 줄어드는 등 겨우 생존할 수 있었다.

세계사에서 대표적 팬데믹(대유행)인 흑사병(pest)은 실크로드를 통해 흑해까지 진출한 몽골제국에 의해서 전파되었다. 몽골군은 1346년 흑해 연안, 크림반도의 카파(Caffa, 오늘날 우크라이나 페오도시야)를 공격했다. 이곳은 제노바의 식민지로 상인들의 교역 요충지였다. 각축전을 벌이던 몽골군은 흑사병으로 죽은 병사를 투석기(catapult)로 성안으로 던져 넣었다. 성안에 페스트가 퍼지자 도시를 빠져나온 사람들이 이탈리아로 피신했으며 그들과 함께 페스트도 유럽 전역으로 퍼졌다고 알려졌다. 페스트는 그 이후 300년간 10년 주기로 대규모로 유행했으며 유럽 인구의 3분의 1을 몰살시켰다. 이로 인해 신권이 하락하고 종교(신) 중심에서 인간 생명을 중시하는 새로운 사상인 휴머니즘(humanism)이 싹텄으며 르네상스 시대를 꽃피웠다.

흑사병 런던 대유행(Great Plague of London) 때인 1665년 케임브리지대학교에 다니던 아이작 뉴턴(Isaac Newton, 1643~1727)은 대학이 문을 닫으면서 사회와 떨어져(social distancing) 시골 고향에 내려와 있었다. 사과나무 밑에서 사색을 하던 중 떨어지는 사과를 보게 되고 이는 만유인력의 법칙을 발견하는 계기가 되었다.[104] 이번 COVID19 대유행 또한 이전까지와는 다른 삶의 양식, 즉 G5 산업, 비대면(un-tact), 홈코노미(homeconomy), 방역 국방(q-military) 및 방벽 도시(walled city) 등을 불러올 것이다.

다른 한편, 고조선(古朝鮮)은 역병 대유행(疫病大流行) 즉, 팬데믹에서 개벽한 나라라 할 수 있다. 일연(一然, 1206~1289)의 『삼국유사(三國遺事)』기록을 다르게 본다면 "온몸이 곰처럼 검게 썩거나, 호랑이처럼 알록달록한 반점이 번지는 역병에서 벗어나고자 신에게 기도를 드렸고, 신비스러운 쑥 한 다발과 마늘 스무 통(靈艾一炷蒜二十枚)을 얻어서 100일간 동굴 속에서 스스로 격리(不見日光百)에 들어갔다. 격리 투병 21일 만에 곰처럼 시커멓게 썩어들어 가던 여성은 본래 처녀 몸으로 되돌아왔다(忌三七日熊得女). 호랑이처럼 얼룩얼룩하게 붉은 반점이 있던 남성은 자가 격리(禁忌)를 제대로 이행하지 않아 살아남지 못했다."[105]고. 구사일생으로 역병을 이긴 그녀(아지매)는 아들을 낳았으며 그가 바로 고조선을 건국한 단군이다.

우리 민족은 5,000여 년의 역사 속에서 987회나 외국 침략을 받음으로써 점령군이 가지고 온 전염성 풍토병과 싸웠으며 이겼다. 기억나는 것만으로도 나당 연합군으로 인한 중국 당나라의 풍토병, 몽골 침략으로 몽골 풍토병, 임진왜란으로 일본 풍토병 등 전염병은 한반도를 질병 아수라장(疾病阿修羅場)으로 만들었다. 전쟁에서는 여성을 전리품으로 챙기는데 매독과 같은 성병(性病)이 빠짐없이 창궐하였다. 따라서 전후 침략군이

퍼뜨리고 간 풍토병으로 수십 년 동안 끈질기게 투병해야 했다. 조선왕조실록에서는 조선 시대 500년 동안 320회 1,455건이나 역병이 돌았고, 치사율은 60~70%이나 되었다고 기록되어 있다. 1799년(정조 23년)에는 12만 8천 명의 백성이 전염병으로 사망했다. 두창(천연두)과 마진(홍역)은 마마라고 불렀다. 이 병을 일으키는 신을 달래고자 극존칭을 쓴 것으로 그만큼 두려운 병이었다. 또한, 장티푸스를 지칭하던 염병에서 온 "지랄 염병한다."는 욕설은 오늘날까지 내려오고 있다.

특히 1946년은 대구로는 최악의 해였다. 1월에 천연두, 3월에 발진티푸스가 전국에서 유행한데 이어 5월 28일 청도에 진입한 콜레라(虎列刺)가 장마철 도심의 침수로 대유행하여 2,578명 환자가 발생해 1,718명이 사망하는 등. 당시 51%인 전국 사망률보다 높은 66% 치사율을 보였다.[106] 1950년에서 1953년까지 벌어진 6·25전쟁으로 인해 매독과 같은 성병이 유행하게 되었는데 2000년까지 이어진 환자 통계 그래프는 '게으른 고양이(lazy cat)'처럼 긴 꼬리를 늘어뜨리고 땅에 배를 깔고 이어졌으며 박멸되지 않았다.

인류는 BC 10,000년 전부터 질병 치료를 위해 식물(화학물질)을 이용하는 등 다양한 방법을 시도했다. i) 신체의 아픈 곳과 모양이 같은 식물을 찾아서 약용했으며(相似說), ii) 독성을 제독하는 데(以毒制毒) 사용하거나, 침입한 세균을 약화해서 몸에 접종하여 저항력(면역)을 형성하는 이균제균(以菌制菌) 방안을 모색하였다. 또 iii) 칵테일(cocktail) 술처럼 각종 약제를 섞어서 사용했다. 여기서 상사설(相似說)이란 예를 들면 치아를 닮은 옥수수, 남근 모양의 바나나 혹은 마(고구마), 허파꽈리는 포도(葡萄), 여성의 젖가슴은 동양은 복숭아 서양은 사과를, 다리뼈는 쇠무릎(牛膝草), 머리(뇌)는 호두, 위벽 융털은 브로콜리(broccoli), 위장은 양배추, 자궁은 석류나 참외 등 비슷한 모양의 식물을 약으로 사용했다. 이러한 식물들은 오늘날에도 과학적인 근거를 찾아 약용 식품 등으로 이용되고 있다.

우리나라 방역에 대해 단군신화를 살펴보면, 100일 기도처럼 동굴격리에 들어갔다가 21일에 완치된 걸 볼 때 잠복기가 6일 내외이며 초기엔 피부가 호랑이 무늬처럼 붉은 얼룩이 생겼다가 나중엔 곰처럼 검게 썩어가는 증상을 볼 때 흑사병(pest)으로 짐작된다. 또한 쑥(艾)을 사용했다는 점에서도 벼룩이 숙주로 쥐가 매개체가 되어 인간에게 전염되었다는 흑사병에 들어맞는다. 쑥은 오늘날에도 방역을 위한 훈제(연막) 소독, 마늘(蒜)은 강력한 살균작용을 하는 특성으로 항생제(antibiotic) 혹은 치료제(cure medicine)로 사용했다.

이렇게 BC 2333년경에도 역병 방역에 식물화학물질(phytochemical)을 이용했다. 우리가 어릴 때 시골에서 모깃불을 놓을 때 쑥(除蟲菊), 계피, 여귀 등을 사용했고, 변소의 구더기를 죽이기 위해 살충제로 할미꽃 뿌리, 고삼, 은행 열매, 고추, 담배(니코틴), 목초, 님(Neem), 너도밤나무, 호두열매 등을 넣었다. 이러한 파이토케미컬(phytochemical)을 오늘날 친환경 농약으로도 사용한다.

로마제국도 정복하지 못했던 말라리아

최근 말라리아 치료에 있어 클로로퀸이란 화학약품에 내성을 가진 병원균이 속출하자 식물이 가진 피토케미컬(phyto-chemical)에 관심을 돌려 신약 제조에 나섰다. 물론 이전에 없었던 것은 아니다. 대표적 사례를 몇 가지 살펴보면 수천 년 전부터 진통제로 사용해온 양귀비꽃의 아편(opium)을 들 수 있다. 아편의 주성분은 모르핀으로 '아픔에서 벗어나 꿈구는 상태'로 안심시킨다는 의미에서 그리스 신화의 '꿈의 신 모르페우스 (Morpheus)'의 이름을 따서 모르핀(morphine, $C_{21}H_{23}NO_5$)이라고 했다. 기원전 5세기 무렵 '의학의 아버지'라는 별명을 얻은 히포크라테스(Hippocrates, BC 460~377)는 버드나무 잎으로 통증을 치료했다. 우연히 거북이에게 물리어 치명적인 상처를 입은 뱀이 버드나무에 몸을 비비는 걸 보고 버드나무 껍질에서 추출한 즙의 성분이 진통 효과가 있다는 것을 알아냈다. 버드나무 껍질에 들어있는 것이 바로 아스피린의 원료인 살리실산이다. 독일의 화학자 펠릭스 호프만(Felix Hoffman, 1868~1946)이 1899년 바이엘제약회사에 근무하면서 '아세틸살리실산(acetylsalicylic acid, $C_9H_8O_4$)'을 합성하는 데 성공함으로써 '아스피린'이 세상에 나오게 된다. 아스피린은 세계 최초의 정제 의약품으로 식물 신약의 기원이 되었다.

또한 1820년 키나 나무껍질에서 키니네(quinine, $C_{20}H_{24}N_2O_2$) 성분을 추출해서 만든 말라리아(瘧疾) 치료제는 1860년경 금계랍(金鷄蠟)이라는 이름으로 우리나라에 도입되었다. 조선 말기 유학자 황현(黃玹, 1855~1910)이 1864년부터 1910년까지 역사를 기록한 『매천야록(梅泉野錄)』에 "서양에서 금계랍이 들어온 뒤로 사람들이 눈곱만큼 먹어도 학질이 낫지 않는 사람이 없었다. 이에 사람들은 '우두가 들어와 어린아이들이 잘 자라고 금계랍이 들어와 노인들이 백수를 누린다.'는 유행가가 퍼졌다." [107]라는 내용이 기록되어 있다.

그런 키니네도 말라리아의 내성으로 더는 듣지 않았다. 이후 효과가 더 뛰어난 클로로퀸이 개발되었지만 그마저도 저항성이 생겼다. 중국의 투유유(屠呦呦, Tu Youyou) 교수는 새로운 치료 물질을 찾기 시작했으며 1971년 개똥쑥에서 아르테미시닌(artermisinin, $C_{15}H_{22}O_5$)이라는 말라리아 치료 성분을 추출하는 데 성공했다. 이 공로로 2015년 노벨생리의학상을 받았다.

:: 02

한반도 한민족의 특유한 방역DNA

질병 아수라장에서 살아남을 수 있었던 한민족

기원전 100년경에 이미 오늘날 백신(vaccine)에 해당하는 종두법 (apocalypse)을 사용했다. 우리 선조들은 병원균(種菌)을 직접 인체에 주입하는 접종법(接種法)을 가장 과감하게 사용했다. 종두법은 오늘날 우리들도 잘 아는 방법인 약화한 세균을 직접 사람에게 접종하는 인두법(人痘法)과 소와 같은 가축에 접종해서 약화한 종균을 사람에게 2차 접종하는 우두법(牛痘法)이 있었다.

초기에는 환자의 고름이나 상처 딱지를 채취해 전파력을 약화시키고자 건조해 분말로 만든 다음 은관(銀管)을 사용해 더욱 세력을 저하시킨 뒤에 그 종균가루(vaccine)를 코로 흡입하게 하거나 팔 등에 상처를 내어서 접종했다. 이는 1568년 중국의 만전(萬全)이 쓴 『두진심법(痘疹心法)』에도 기술되었다. 이후 인두법이 개발되었는데 환자의 고름에서 얻은 세균을 살균성 금속인 구리(銅), 주석(朱錫), 비소(砒素), 나트륨(natrium) 등에서 약화한 다음 팔에 상처를 내어서 직접 접종했다. 이와 같은 인두법(variolation)은 중국을 통해 오스만튀르크(터키)까지 전해졌고, 1717년 터키주재 영국대사관 부인인 매리 몬터규(Mary Wortley Montagu, 1689~1762, 저술가)에 의해 영국에 전해졌다. 인두법은 효과적이었으나 위험성이 있어 보다 안전한 대안으로 1796년에 에드워드 제너(Edward Jenner, 1749~1823)가 우두법(牛痘法)을 만들었다. 암소를 뜻하는 라틴어 바까(vacca)에서 얻은 종균이라는 의미로 백신(Vaccine)이라고 했다.

광해군(光海君)은 역병 대유행을 물리치고자 어의(御醫) 허준(許浚, 1539~1615)에게 동양 의서를 편찬하도록 했다. 이렇게 해서 세계 최초 의학 대백과사전으로 유네스코에 등재된『동의보감(東醫寶鑑)』을 쓰기 시작한 지 15년만인 1610년 완성되었다. 이 소식을 들었던 중국은 대국 체면을 살리고자 1740년 청(淸)나라 오겸(吳謙)에게 명하여 의서를 편찬할 때『두진심법요결(痘疹心法要訣)』[108]에 한민족의 접종 비법(vaccination)을 소개했다. 이후 종두법은 서양으로부터 우리나라에 역수입되어 1798년 정약용(丁若鏞, 1762~1836)이 편찬한『마과회통(麻科會通)』의 1828년 판본 부록인『종두기법(種痘奇法)』에 처음 소개했다. 한편 1879년 지석영(池錫永, 1855~1935)이 일본을 통해서 우두법을 도입했다.

현대로 넘어오면 1931년 만주사변부터 1950년 6·25전쟁(Korean War)에서 적군보다 더 많은 병사의 생명을 빼앗아간 것은 유행성 출혈열(hemorrhagic fever with renal syndrome, HFRS)이었다. 이 병의 원인을 찾기 위해서 미국의 블루킹스연구소(Brookings Institution) 및 미 육군(U.S. Army)에서 노벨생리의학상 수상자 2명과 230명을 투입하여 거액의 공조 프로젝트(collaboration project)를 펼쳤지만 아무런 단서조차 찾지 못했다. 1975년 12월 20일 이호왕(李鎬汪, 1928년생) 박사는 형광현미경(fluorescence microscope)으로 쥐의 폐장을 눈여겨보다가 해결 단서를 발견했다. 이듬해인 1976년 바이러스를 분리해냈으며 '한탄 바이러스'라고 이름 붙였다. 이후 1988년 백신 개발에도 성공했다. 이렇게 이호왕 박사는 병원균 규명(Hanta-virus), 진단법 및 치료제(vaccine)까지 삼위일체를 끝마친 세계 최초 병리학자로 전무후무한 사례를 남겼다.[109]

세계보건기구(WHO) 제16대 사무총장으로

2003년 한국인으로는 처음으로 이종욱(Lee Jong wook, 1945~2006) 의사가 80여 명의 후보자를 물리치고 제16대 세계보건기구(WHO) 사무총장(Director-General: 2003-2006)에 임명되었다. 1963년 서울 경복고등학교를 졸업하고, 서울 의대에 낙방한 뒤 절망감을 달래기 위해 입대했다. 병역을 마치고 한양대학교 공대를 졸업한 뒤 초등학교 때 읽었던 '밀림의 성자' 알베르트 슈바이처(Albert Schweitzer, 1875~1965)처럼 살고자 뒤늦게 서울대학교 의과대학에 입학해 1976년 졸업했다. 재학 시절 한센병 환자를 위한 의료 봉사를 나갔다가 한센병 연구에 삶의 방향이 꽂혔다. 1981년 미국 하와이대학교 보건대학원(University of Hawaii School of Public Health)에서 나병 치료(treatment of leprosy)에 초점을 두고 연구해 보건학 석사 학위(Master Degree in Health Science)를 얻었다. 남태평양 사모아의 린든-존슨 병원(Lyndon B. Johnson tropical medical center)에서 의사로 일하며 현지 주민들에게 의료 봉사를 이어갔다. 이때 세계보건기구(WHO)와 인연을 맺게 되었으며 1994년 예방백신 국장을 거쳐 사무총장을 역임했다.

예방백신 국장과 세계 아동 백신 운동 사무국장으로 일하며 저개발 국가의 소아마비와 결핵병 퇴치(Stop Tuberculosis)에 힘썼다. 사무총장으로 선출된 후에는 2005년까지 300만 명의 에이즈 환자에게 치료제를 공급한다는 '3-by-5 Project'를 추진했다. 2006년 5월 22일 과로(inner injury of brain)로 쓰러져 스위스 제네바에서 세상을 떠났다.[110] 2011년 모교인 서울대학교 의과대학에서는 사후에 명예 의학 박사 학위를 서훈했다. 늘 "서양 코쟁이들과 싸우는 덴 그들의 고전(古典)이 최고 첨단무기다."

라고 말했던 그의 손에는 셰익스피어의 『햄릿(Hamlet)』과 카뮈의 『페스트(Pest)』가 쥐어져 있었으며, 원어 테이프를 따라 입으로 낭독하곤 했다.

최근 코로나19가 지구촌에 확산하자 한국 방역(K-quarantine)에 관한 관심이 높아졌다. 한국 국외 문화연구원(gbcs.or.kr)의 분석에 따르면 1월 20일부터 4월 31일까지 42개국 436개 언론사에서 8,690건의 보도기사를 쏟아내었는데 5,589건이 한국 코로나19 방역(K-방역)을 모범 사례로 방출했다. 동양의 질병 아수라장에서 살아남은 한민족에게 방역 DNA가 내재하여 있었음이 입증된 셈이다. 사실 2015년 MERS(중동 호흡기 증후군) 사태 때에는 질병관리본부(CDC, Korea)의 담당관들이 징계를 받았다. 이로써 '어떤 재앙이나 환란을 극복하는 비결은 유비무환(有備無患)'이란 교훈을 얻었다. i) 2019년 10월 30일 질병관리본부는 민방위 훈련에서 '무명의 질병 대유행(Nameless Pandemic)'이란 시나리오에 기초한 대비 훈련을 했고, ii) 2020년 1월 20일 첫 번째 확진 사례(confirmed case)가 발생하자, 1월 27일 서울역사(驛舍)에서 방역 관련자 및 바이오벤처 기업 등 20여 명의 실무자를 모아 진단키트 개발에 대해 긴급회의를 개최, iii) 2월 4일부터 2월 14일까지 4개 회사에 진단키트가 긴급 승인되었으며, iv) 2월 15일 코로나바이러스를 분양해 신약 치료제 및 백신 개발에 곧바로 들어갔다. v) 마스크 착용을 권장했으나 2월 18일 대구에서 31번 확진 사례가 나온 뒤 하루에도 수백 명씩 환자가 폭증함에 따른 초기엔 구매 혼란을 불러와 타이완(臺灣)의 마스크 배급제(口罩配給制)와 '전자 울타리(electronic fence, 電柵)'라는 확진 사례 추적(conformed case tracing) 시스템을 벤치마킹했다. 천정부지로 치솟던 신천지 교인의 확산도 2월 29일에 741명을 정점으로 기세가 푹 꺾였다. vi) 자가 진단(self-test), 자가 격리(self-isolation), 확진자 동선(전파동선 및 지정 격리장소 이탈)을 관리하는 응용 시스템을 만들어 '전자 방역(electronic quarantine)'을 완비했다. vii) 검사 시간을 줄이고 환자와의 접촉을 최소화하기 위해 2월부터 승차 검진(drive-thru test)을, 3월부터는 도보 검진(walk-thru test)을 개발해 시행했다.

:: 03

노벨생리의학상은 어떤 사람이 타나?

의사 아닌 의학 전문 기자도 컴퓨터 기사도 수상

먼저, 노벨생리의학상을 대충 살펴보면 1901년부터 2019년까지 110회 시상을 했으며 219명에게 영예 시상이 있었다. 스웨덴 카롤린스카 의학연구소(Karolinska Institute)가 선발해 매년 생리학 또는 의학 분야에서 인류에 최대 기여를 한 사람에게 수여해왔다. 1901년 최초 수상자인 독일의 폰 베링(Emil Adolf von Behring)부터 최근 2019년까지 수상자의 공적에 대해 대략적인 분야를 살펴보면 G단백질과 2차 메신저에 의한 신호 전달 분야 8명, 신경생물학 분야 13명, 중개 대사 시스템(intermediate metabolic system) 관련 13명이 수상했다. 이를 대학교의 학과별로 세분하면 생물학, 바이러스학, 미생물학, 면역학, 분자생물학, 의료물리학, 의학, 유전학, 생리의학, 약리학, 생화학, 신경학, 기생충학, 분자 면역학 등이다. 최근에 와서는 전자공학, 심리학, 화학 및 물리학을 전공한 사람들도 수상자로 등장하고 있다.

수상자의 평균 연령은 58세이며 최연소자는 1923년 수상자인 프레더릭 그랜트 밴팅(Frederick G. Banting, 1891~1941)으로 당시 나이는 32세였다. 최고령은 1966년 수상자 프랜시스 페이턴 라우스(Francis Peyton Rous, 1879~1970)으로 87세였다. 여성 수상자가 가장 많은 분야는 노벨평화상으로 17명, 다음으로 노벨문학상 15명 세 번째가 노벨생리의학상으

로 12명이나 배출되었다[111]. 부부, 부자 및 형제 수상자도 5회나 있었다.[112]

물론 수상자를 선정하지 못해 시상하지 않은 해도 1915년에서 1918년, 1921년, 1925년, 1940년 그리고 1942년 등 9번이나 되었다. 특히 남녀평등의 시대사조에 따라 여성 수상자가 늘어나 1947년 거티 테레사 코리(Gerty Cori, 1986~1957), 1977년 로잘린 얄로우(Rosalyn Yalow, 1921~2011), 1983년 바버라 매클린톡(Barbara McClintock, 1902~1992), 1986년 리타 레비몬탈치니(Rita Levi-Montalcini, 1909~2012), 1988년 거트루드 엘리언(Gertrude B. Elion, 1918~1999), 1995년 크리스티안네 뉘슬라인폴하르트(Christiane Nüsslein-Volhard, 1942년생), 2004년 린다 벅(Linda B. Buck, 1947년생), 2008년 프랑수아즈 바레시누시(Françoise Barré Sinoussi, 1947년생), 2009년 엘리자베스 블랙번(Elizabeth H. Blackburn, 1948년생)와 캐럴 그라이더(Carol W. Greider, 1961년생), 2014년 마이브리트 모세르(May Britt Moser, 1963년생) 및 2015년에 투유유(屠呦呦, 1930년생) 등 12명이다.

과거는 노벨생리의학상 수상자들 대부분이 순수한 생리학, 의학, 약학에 한정되었다고 할 수 있다. 최근에는 전자제어 수술 로봇, 인공지능(AI) 활용 건강검진, 컴퓨터 기반의 디지털 장비, 위상기하학 해부 도구, 바이오센서 진단 등으로 확대되고 가고 있다. 이런 추세는 2019년 중국 우한(武漢)에서 발생한 COVID19 방역에서도 SNS 및 ICT(information communication technology)와 접목한 한국 방역 모델 즉, '전자 방역(electronic quarantine)'이 진가(眞價)를 발휘했다. 앞으로 생리학이나 의학이 아닌 이제까지 무관하다고 생각했던 전자 공학자들에게 노벨생리의학상이 수여될 기회가 많아지고 있다. 왜냐하면, 노벨생리의학상의 시상 기준이 저명도(著名度)나 논문 인용수로 측정되는 학문적 발전(수준)이 잣대가 아니라 지구촌의 인류의 생명을 몇 명이나 살렸느냐? 즉 '인류에 대한 최대 기여도(The Greatest Benefit to Human Being)'가 수상(선정) 기준이기 때문이다. 실제로 1979년에는 영국 음반 회사인 EMI의 컴퓨터 기사 고드프리 하운스필드(Godfrey Newbold Hounsfield, 1919~2004)에게 노벨생리의학상이 수여되었다.

혈청 요법으로 디프테리아로부터 어린이들을 해방

현재까지 코로나19는 마땅한 치료제가 없다보니 증상에 따라 대증 치료를 하고 있다. 중국이나 우리나라에서 코로나19 완치 환자 가운데 항체가 형성된 혈청(血淸)을 추출해 HIV-1 치료제 칼레트라(Kaletra)와 칵테일 요법(cocktail therapy)으로 치료한 결과 중증 환자에게 개선 효과가 있었다.[113] 이렇게 더 이상 좋은 치료 방법이 없을 때 최종 처방으로 혈청 요법(serum therapy)을 사용한다. 그뿐만 아니라 우리나라에서도 DR1(약물 재창출: drug re-positioning) 혹은 DR2(신약 재창출: drug re-purposing) 등 이미 안전성이 확보된 기존의 약물에서 좀 더 손쉽게 재창출(re-creation)하는 방안을 추진한다.

이렇게 완치자의 혈청(serum)을 이용한 치료법은 1901년 독일 생리학자 에밀 폰 베링(Emil Adolf von Behring, 1854~1917)에게 최초 노벨생리의학상 수상이라는 영광을 안겨주었다. 바로 "혈청 요법으로 특히 디프테리아에 응용해 새로운 의학 치료 분야를 개척함으로써 의사의 손에 질병과 죽음에 대적해 승리할 무기를 쥐어 줬다."[114]는 공로였다.

그는 프로이센의 한스도르프(Hansdorf: 현재 폴란드 영토)에서 태어났다. 가정의 경제적 여력으로는 대학 입학조차 할 수 없었으나 배움을 포기

할 수 없었던 그는 1874년부터 1878년까지 베를린 육군의학학교(Kaiser-Wilhelm-Akademie in Berlin)에서 의학을 공부하고 8년 동안 군의관으로 복무했다. 1888년 육군군의학교 교관으로 있다가 1889년 독일 위생연구소에 로베르트 코흐(Robert Koch, 1843~1810) 교수 아래로 들어가 본격적인 연구를 시작했다. 그곳에서 일본 생물학자 기타사토 시바사부로(北里柴三郎, Kitasato Shibasaburō, 1853~1931)와 함께 파상풍에 걸린 다른 동물의 혈청을 주입하면 수동 면역(passive immunity)이 형성된다는 사실을 알아냈다. 또한 디프테리아(diphtheria) 예방에 항독소 면역 기술(Antitoxische immunologische Technologie)을 응용하기 위해 최초의 혈청 요법(serum therapy)에 관한 실험을 했다. 동물에 디프테리아 독소를 주사해 독소를 중화하는 항독소를 얻어 항체를 생성하도록 하는 것으로 1890년 기타사토 시바사부로(北里柴三郎)와 함께 디프테리아(diphtheria) 및 파상풍(tetanus) 독소에 대한 항독소 혈청 요법을 개발했다. 1891년 코흐가 초대 소장을 맡게 된 베를린 국립전염병연구소로 옮겨 연구를 계속했다. 이후 1894년 할레대학교(Martin-Luther-Universität Halle-Wittenberg) 교수, 1895년 마르부르크대학교(Universität Marburg) 위생학 교수가 되었으며 평생 위생학 교수로 남았다.

:: 04

지구촌을 점령하고 있는 모기

말라리아가 로마제국 수도를 접수했다

모기는 '인류 최대의 적'으로 불린다. 그래서인지 동서고금을 막론하고 모기에 대한 인류의 증오와 원한은 대단한 듯하다. 동양에선 "모기 보고 칼 빼기(見蚊拔劍).", 서양에서 "모기에다가 대포를 쏜다(Firing a cannon against a mosquito)."는 속담이 아직도 유행하고 있다. 멀게는 세계 정복에 나섰던 알렉산더 대왕(Alexander III of Macedon, BC 356~323), 그는 BC 323년 인도 정복을 눈앞에 두고 모기에게 물려서 33세의 나이로 세상을 떠났다. 불후의 명작 『신곡(神曲)』을 쓴 단테(Alighieri Dante, 1265~1321)도, 영국의 독재자 올리버 크롬웰(Oliver Cromwell, 1599~1658)도 모기로 생명을 잃었다.

도시 로마(Roma)는 늪지대로 모기 서식의 최적지였다. 마르쿠스 키케로(Marcus Tullius Cicero, BC 106~43)는 그곳을 '역병의 도시(Urbs plaga)'라고 했다. 미와 사랑의 여신 아프로디테의 신전(Aphrodite Temple)이 있는 도시, 고린도(Corinth)가 모기로 인해 황폐화되었다. 캄보디아의 앙코르와트(Angkor Wat) 왕국이 1431년 이후 사라져 1850년 6월 프랑스 가톨릭 신부 샤를 에밀 뷔요(Charles Emile Vuilot)에 의해 발견되기까지 419년간 땅속에서 묻혀있었다. 그곳이 저주받은 '유령의 도시(Haunted City)'가 된 건 모두가 모기에 의해 죽었거나, 아니면 살고자 그곳을 떠났다. 프랑스는 모기 때문에 파나마 운하(Panama Canal) 건설을 포기해야만 했다. 즉 1881년 건설을 시작했으나 모기로 인해 1,200명 사망하자 1884년 중단했고, 이후 미국이 인수해 완공했다. 가깝게는 제1, 2차 세계대전 전쟁 중에 모기로 죽은 사람이 전투에서 죽은 사람보다 100배는 많다. 의학 기술이 발달한 오늘날도 세계보건기구(WHO)의 통계에 따르면 매년 100만 명 이상의 인류가 모기로 인해 생명을 잃는다.

앞에서 언급한 것처럼 로마 시민은 수세기 동안 모기로 인한 전염병에 시달렸다. 로마제국 말기 이탈리아를 정복하고자 침공했던 훈족(Hunnen)이 몇 차례 포기한 것도 말라리아 때문이라고 한다. 그때 훈족은 로마를 모기에 의해 전염병이 창궐하는 "나쁜 공기(Malum caeli)가 자욱한 나라."라고 했다. 나쁜(mala) 공기(aria)라는 이탈리아어가 합쳐져 말라리아(malaria)라는 용어가 생겨났다. 게르만(German)도 여러 차례 로마를 침략했으나 끝내 말라리아 장벽에 막혀 '영원한 수도(item aeternam)' 로마를 손아귀에 넣지 못했다.

교황을 선출하기 위한 비밀 모임으로 '열쇠가 있어야 들어가는 방'을 의미하는 콘클라베(Conclave)에 모인 종교 지도자들도 모기의 먹잇감이 되었다. 1048년 교황 다마소 2세(Damasus PP. II)는 선출된 지 23일(1048년 7월 17일~8월 9일) 만에, 그리고 1590년 우르바노 7세(Urbanus PP. VII)는 2주 만에 선생복종(善生福終)했다. 1623년에는 각국에서 소집된 추기경 10명이 발병해 8명이 사망하는 등 대략 10세기 이후 교황 130명 가운데 22명이 모기로 선종(善終)했다.

17세기 남아메리카로 선교를 떠났던 선교사들을 기다리고 있는 건 말라리아였다. 페루에서 선교 활동을 하던 선교사들도 말라리아를 피하지는 못했다. 그런데 그곳의 원주민들이 말라리아에 걸리면 '키나'라는 나무

껍질을 달여 먹는다는 것을 알게 되었다. 열병에 걸려 몹시 심한 갈증을 느꼈던 한 원주민이 키나 나무 둥치 주변 물웅덩이의 물을 마셨는데 마법처럼 열이 내려간 뒤로 키나 나무껍질을 말라리아 치료에 써왔다고 한다. 그러다 1630년경 유럽에 말라리아가 유행한다는 소식을 듣게 된 선교사들이 키나 나무껍질 가루를 유럽으로 보냈으며 사람들은 이를 '예수회 나무껍질(Jesuit bark)' 혹은 '예수회 가루(Jesuit powder)'라고 불렀다. 영국 국왕 찰스 2세(Charles II)가 말라리아에 걸렸지만, 이 가루를 먹고 회복했으며, 중국에도 전해져 청나라 황제 강희제(康熙帝)도 말라리아에서 목숨을 구했다.

하지만 키니네 가루는 맛이 너무 써서 좀 더 쉽게 섭취하기 위해 탄산수에 섞어 마셨는데 이것이 토닉워터(Tonic Water)의 시작이다. 토닉워터에 진을 넣어서 만든 것이 바로 진토닉이다. 진토닉(Gin Tonic)은 영국 제국주의를 확장하는 도구로 쓰이기도 했다. 1820년 나무껍질에서 알칼로이드를 분리하는 데 성공하고 키니네라 이름을 붙였으며 중국에서는 음을 따 금계랍(金鷄蠟)이라고 했다. 1856년 윌리엄 퍼킨(William Henry Perkin, 1838~1907)은 최초로 키니네의 분자구조($C_{20}H_{24}N_2O_2$)를 밝혀냈다. 그 후 88년이 지난 1942년 하버드대학교 로버트 우드워드(Robert Burns Woodward, 1917~1975)가 키니네 인공 합성에 성공했다. 그는 '유기합성의 신'이라는 별칭으로 불렸으며 1956년 노벨화학상을 받았다.

말라리아로부터 출생국 인도를 구출하는 군의관

대영제국은 키니네(quinine)를 전략 약품(strategic drug)으로 앞세워 알렉산더 대왕이 실패했던 '모기의 왕국' 인도의 철옹성(鐵甕城)을 무너뜨릴 수 있었다. 인도인들에게는 그렇게 신비한 키니네를 제공하지 않았으며 인도 사람들에게 말라리아는 천벌로 여겨졌다. 그런데 1902년 인도에서 출생한 영국의 병리학자이자 기생충학자인 로널드 로스(Ronald Ross, 1857~1932)가 "말라리아와 싸워 이길 기반을 마련하고 유기체의 비밀에 접근해서 대처 방법론을 규명115했다."는 공로 노벨생리의학상을 받는다.

로널드 로스는 1857년 5월 인도 히말라야산맥 남쪽 기슭 알모라(Almora)의 작은 마을에서 영국 장군의 아들로 태어났다. 10명의 자녀 가운데 장남이었던 그는 8살에 영국으로 보내져 와이트(Wight)섬의 삼촌 집에서 기거하며 라이드 초등학교(Primary schools at Ryde)를 다녔다. 1869년에는 스프링 힐 기숙학교(boarding school at Spring Hill)에 들어갔으며 어릴 때부터 문학과 음악에 대한 열정을 키웠다. 1873년 17세 때 옥스퍼드대학교와 케임브리지대학교 입학 시험에 1위를 차지했지만, 런던의 성(聖) 바솔로뮤 병원 의학교(St. Bartholomew's Hospital Medical College)에 입학한다. 1875년에 졸업했지만, 의사 시험은 통과하지 못했다. 한동안 정기 여객선의 의사로 일하던 그는 다시 의학 공부에 매진해 1881년 인도의 군의관 시험에 합격하고 육군의과대학에서 4개월간 훈련을 받은 후 인도에 군의관으로 부임한다. 1883년 방갈로르 주둔지에 부임했다. 이후 영국으로 잠시 돌아온 그는 1888년 6월부터 1889년 5월까지 외과 의사로서 왕립 의과대학의 공중보건학 졸업장(Diploma in Public Health)을 받고 연구 휴가를 얻는다. 평소 말라리아에 대해 관심이 많았던 그는 클라인(Emanuel Edward Klein, 1844~1925) 교수의 세균학(bacteriology) 강의를 수강했다.

군의관으로 종사하는 동안 자투리 시간을 내어 말라리아에 관한 연구를 했다. 1892년 말라리아 중간 매체 모기, 특히 아노펠레스 모기(Anopheles mosquito)에 대해 집중적으로 분석했고, 1893년 결국 모기의 침샘에서 말라리아 기생충을 발견했다. 그날 노트에는 "오늘은 신을 달래는 날. 내 손안에 놓인 상체, 놀라운 것, 칭찬받다. 그의 비밀스러운 행위를 찾아 눈물을 흘리고 숨을 헐떡이며, 난 네 교활한 씨앗을 발견했어. 오! 백만 살인의 죽음. 나는 이 작은 놈을 안다(O million-murdering Death. I know this little thin)."[116]라고 적혀있다. 1894년 알퐁스 라브랑(Charles Louis Alphonse Laveran, 1845~1922)과 패트릭 맨슨(Patrick Manson, 1844~1922)의 학설을 기반으로 전파

Ronald Ross의 연구노트

과정의 생태환경을 뒤집어 살폈다. 1902년 리버풀대학 열대 위생연구소(Liverpool School of Tropical Medicine) 교수로 임명, 1912년에는 런던대학 부속병원(London University Hospital) 열대병 의사가 되었으며 1926년에 자기의 이름을 딴 로스연구소(Ross Institute and Hospital for Tropical Diseases)를 설립했다.

:: 05

생뚱맞은 해법으로 난제를 쉽게 풀어

자신의 심장 질환 질곡에서 벗어나고자 광선 치료를 연구

노벨생리의학상 수상자들은 남달리 자신의 몸을 실험 대상으로 임상 실험하신 분이 다른 노벨상 수상자보다 많다. 대표적인 사례 2가지를 소개하면: 1956년 독일 외과의사 베르너 테오도르 오토 포르스만(Werner Theodor Otto Forssmann, 1904~1979)은 1929년 자신의 팔 정맥에다가 국소 마취를 한 다음 도관(conduit)을 끼워 심장까지 정맥을 통해 통관할 수 있는지를 확인하는 바람에 자신의 생명을 위험 수준에 빠뜨리기도 했다. 2005년 오스트레일리아 미생물학자 배리 제임스 마셜(Barry James Marshall, 1951년생)은 1981년 왕립 퍼스병원(Royal Perth Hospital)에서 위염에 대한 연구를 하다가 반심반의(半心半疑) 하고 있던 강한 위산 속에 '헬리코박터 균(Helicobacter pylori)'이 생성한다는 사실을 발표하자 청중 모두가 코웃음 치면서 비웃었다. 1984년 프리맨틀병원(Fremantle Hospital, Perth)에서 실험한 결과 가설이 '코흐의 공리(Koch's postulates)'에 부합한다는 걸 설명했는데 또 다시 청중이 코웃음치고 비웃자 시험관 속의 위궤양 병원균(헬리코박터 균)을 통째로 마시고 발병하자 항생제로 치료했다.

이와 달리 심장 질환의 질곡에서 평생을 살아가는 자기의 몸을 실험 대상으로 삼았던 사람으로는 1903년 덴마크 출신 의사 닐스 뤼베르 핀센(Niels Ryberg Finsen, 1860~1904)이었다. '광선 집중 치료로 특히 루푸스(lupus) 질병 치료에 의학의 새로운 길을 개척한 공헌'[117]으로 노벨생리의학상을 단독 수상했다. 덴마크 페로제도(諸島) 토르스하운(Tórshavn, Faroe Islands)에서 태어나 어린 나이에 조기 교육을 받았으며, 1874년 덴마크의 네스트베드 기숙학교(Herlufsholm School)에 입학했다가 1876년 레이캬비크(Reykjavik)에 있는 아버지가 운영했던 레이키스쿨(Lærði skólinn)로, 다시 아이슬란드(Island)로 전학해 21세까지 그곳에서 배웠다. 총 학생 수 15명 가운데 학업 성적은 11위로 매우 부진했다. 설상가상(雪上加霜)으로 1880년부터는 심장 질환과 무기력증에 시달렸다. 그럼에도 1882년 코펜하겐Copenhagen)으로 옮겨 코펜하겐대학(VKøbenhavns Universitet) 약학과에 입학했다. 9년만인 1890년에 대학을 겨우 졸업하고, 모교 해부학 조교 자리를 얻어 3년 뒤에 의학으로 전과하여 학업에 전념했다. 1896년 핀센 광치료연구소(Finsen Photonics Research Institute)를 설립해 연구소장으로 연구를 시작했다. 연구를 통해 광선이 세균 성장을 막고, 미생물을 죽일 수 있다는 사실을 규명했다. 1889년 가장 먼저 천연두 치료법으로 적외선 요법을, 1895년 11월 자신의 지병인 심상루푸스(lupus vulgaris)에 대해 적외선 적용 치료 실험을 했다. 1901년 6년간 연구 보고서엔 800명의 환자 치료를 한 결과 50%가 완치와 겨우 5%만이 실패했다. 그의 연구논문으로는 1893년 「빛이 피부에 끼치는 영향(Om Lysets Indvirkninger paa Huden)」과 「의학에서 농축된 화학물질의 사용에 대해(Om Anvendelse I Medicinen af Koncentrerede Kemiske Lys-straalerr)」 그리고 1904년 「유기체에서 소금의 섭취(En Ophobning af Salt i Organismen)」가 남아 있다.

소화 작용보다 학습 이론으로 더 유명한 조건반사 학설

노벨 수상자들의 사고방식은 i) 세상엔 불가능이 없다. 모든 가능성을 열자. ii) 문제란 자물쇠는 황금 열쇠가 따로 있지 않다. 열쇠가 아닌 것으로도 열린다. 병리의학적인 문제를 생뚱맞게 심리학 혹은 교육학 해법으로 해결하기도 했고, 때로는 물리학 혹은 사회학의 학설로도 해결했다. 2019년 중국 우한(武漢)에서 발생한 코로나바이러스19(Coronavirus19) 전염병을 한국에서는 과거 진단 시약, 백신 혹은 치료약과 같은 약제적 개입(pharmaceutical intervention)을 대신해 인공지능 기반의 진단키트, 디지털바이오센서 진단, SNS(Social Network System)기반 자가 진단(격리 관리)과 확진 사례 추적 등으로 속칭 '전자 방역(electronic quarantine)'이라는 비약제적 개입 방법(non-pharmaceutical intervention)으로 성공한 사례를 만들었다.[118]

이와 같이 최초로 비전통적인 방법으로 노벨생리의학상 수상자는 1904년 러시아의 생리학자 이반 페트로비치 파블로프(Ivan Petrovich Pavlov, 1849~1936)다. "생명체의 생리적 소화 작용에 대한 지식을 변혁과 확대함을 인정."[119]해 노벨생리의학상을 수여했다. 그는 러시아제국 랴잔(Ryazan, Russian Empire)에서 러시아 정교회 사제(司祭)인 아버지 피터 파블로프(Peter Dmitrievich Pavlov, 1823~1899)의 11명의 자녀 가운데 장남으로 태어났다. 어릴 때에 설거지도 형제자매와 같이 놀기도 가정 일에도 참여했다. 7살 때에는 책을 읽었고, 높은 담장(벽)을 타는 놀이를 하다가 돌멩이 길바닥에 떨어지는 바람에 심하게 다리를 다쳐 11살까지 학교에 다니지 못했다. 집에서 이름자를 알 만큼만 글을 겨우 깨우쳤다. 그러나 호심만은 대단해 매사를 그냥 넘어가는 법이 없는 탐구 본성(instinct for research)이 아예 몸에 베였다. 1860년 러시아 문학비평가 피사레프(D. Pisarev, 1840~1868)와 생리학자 세체노브(M. Sechenov, 1829~1905)의 진보적인 아이디어에 영감을 얻어 신학(神學)을 단념하고 과학 탐구에 더욱 몰두했다.

1870년 상트페테르부르크대학교(St. Petersburg Collegge) 물리·수학과 복수전공에 등록해서 배웠는데, 1874년 4학년 때는 전공과는 생뚱맞게 현상 논문 과제 '췌장신경 생리학(pancreatic nerve physiology)'에 도전해 대상(大賞)을 받았고, 1875년에 학사 학위를 받았다. 지속적으로 연구를 하고자 왕립군사의학아카데미(Imperial Military Medical Academy)로 자리를 옮겨 폰 사이언(Elias von Cyon, 1842~1912) 교수의 조교로 일하면서 의사 자격까지 얻었다. 이어 수의학연구소(Veterinary Institute)로 옮겨 니콜라에 비치(Konstantin Nikolaevich Ustimovich, 1838~1917) 교수의 지도 아래 생리학실험실 실장까지 맡았다. 1879년 의료육군사관학교에 입학해 최고 영예 금메달 수상자로 졸업했다. 1883년 「심장의 원심신경에 대하여(On The Distal Nerves of Heart)」 의사 학위 및 박사 학위 논문을 제출했다. 1884년부터 1886년 독일 브레슬라우 하이덴하인연구소(Heidenhain laboratories, Breslau)에서 개 위장(dog stomach) 절개 부분을 통해 소화 작용을 연구했다. 1902년 고전적 조건화(Classical Condition Reflections) 실험을 실시해 조건반사설(Conditioned Reflexes Theory)을 발표했다. 이에 대해 동물애호가들은 '파브로브의 개(Pavlov's Dog)'라는 동물학대 비난을 쏟아내었다. 그러나 오늘날 조건반사설(條件反射說)을 기반으로 교육심리학(educational psychology) 및 학습 이론(learning theory)의 기반을 마련했다는 점에서 생리학자라기보다 교육학자다.

우표 모양의 크리스마스 씰(Christmas Seal)로 결핵 치료를

초등(국민)학교 시절 크리스마스 때마다 우표 모양의 씰(seal)을 사서 소포나 편지 등에 붙였다. 혹은 책갈피 속에 소중히 숨겨놓았던 추억이 있었다. 이는 1904년 덴마크 코펜하겐 우체국장 아이날 홀벨(Einar Hollbelle)은 연말에 쌓이는 크리스마스 우편물과 소포를 정리하면서 씰(seal)을 붙이게 하고 동전을 모아 결핵 기금을 마련하는 아이디어를 창안했다. 당시 국왕 크리스천 9세(Christian IX)의 지원을 받아 1904년 12월 10일 세계 최초로 크리스마스 씰(Christmas Seal)을 판매했으며, 우리나라에선 1932년 12월 캐나다의 선교 의사인 셔우드 홀(Sherwood Hall, 1865~1951)에 의해 크리스마스 씰 모금운동이 처음 시작되어 오늘날까지 결핵퇴치 기금모금운동을 전개해왔다. 그러나 오늘날 스마트폰 시대(smart-phone age)에 걸맞게 새로운 발상이 필요하여 적어도 이모티콘 씰(emoticon seal)등 새로운 방안이 모색되어야 한다.

이렇게 무서운 결핵은 BC 7,000년경 석기 시대 화석에서도 발병 흔적이 발견된다. 아마도 인류 역사상 가장 많은 사람에게 장기간 전염되었다. 결핵균은 1882년 독일 세균학자 로베르트 코흐(Heinrich Hermann Robert Koch, 1834~1910)에 의해 결핵균(Mycobacterium tuberculosis)을 발견되어 그해 3월 학회 발표로 세상에 알려졌다. 코로나바이러스(coronavirus)처럼 비말핵(飛沫核, droplet nuclei)에 의해 접촉자의 30% 정도 감염, 감염된 사람의 10% 정도가 결핵 환자가 되나 나머지 90%는 큰 문제없이 건강하게 살 수 있다. 또한 발병 비율은 50%, 감염 후 1~2년 안에 발병, 나머지 50%는 일생 동안 특정 시기 즉 면역력이 취약할 때에 증상이 나타난다. 2017년 국내 통계로는 국민 10만 명 가운데 70.4명의 환자 발생하며, 신생 환자는 55.0명으로 감소 추세에 있다.

1905년 독일 의사이며 미생물(세균)학자 로베르트 코흐(Robert Koch)에게 '결핵에 관한 조사 연구로 결핵균을 발견한 공로'로 노벨생리의학상이 수여되었다. 그는 각종 전염병에 각기 특정한 병원균이 있다는 사실에 착안해 특이점으로 식별하는 근본 원칙을 마련했다. 1878년 「상처 감염증 병인학(Aetiologie der Wundinfektionskrankheiten)」 연구논문을 발표했으며, 1882년 결핵균(mycobacterium tuberculosis, Mtb)을 발견했다. 또한 1885년 콜레라균(vibrio cholerae)을 발견했으며, 이에 대해 1890년 결핵 치료제 투베르쿨린(Tuberkulin)을 개발했다. 이에 1898년 『선(腺)페스트(Bubonenpest)』 및 1902년 『발진티푸스(Bekämpfung des Typhus)』 연구 결과를 저서로 남겼다.

하노버왕국 클라우스탈(Clausthal, Kingdom of Hanover) 마을에서 태어나, 1848년 6살에 초등학교에 입학해 배웠으며, 1962년 19살에 고등학교 졸업, 다음 해 괴팅겐대학교(University of Göttingen) 자연과학과에 등록해 3학년 때에 의학과로 전과해 졸업했다. 그런데 학부 5학기부터 전염해부학자 야콥 헨레(Friedrich Jakob Henle, 1809~1885) 교수의 '자궁 신경조직 연구 프로젝트'에 참여했다. 6학기 때는 생리학회(Physiological Institute)에 들어가 '미토콘드리아 대사에 관한 신호분자 숙신산(succinic acid)분비 연구'를 성공했다. 그런 노력과 성과로 1866년 의과대학 과정에 최고 성적으로 졸업할 수 있었다. 곧바로 라크비츠(Lark Beach) 마을에서 의사 개업을 했으나 곧 접고 폴란드 월스타인(Wollstein, Poland) 지역에서 프랑코-프러시아 전쟁의 종군 외과의사로 일했다. 1872년 볼슈타인(Bolstein) 지방의 의무관으로 임명되어 현미경을 사용해 지역 풍토병인 비탄저병(Vitilus)의 원인균과 전염 경로를 밝혀내었다. 1880년부터 1885

년까지 왕립보건부(Imperial Department of Health)의 정부 자원 의사로 수년간 임상 실험을 했다. 1885년부터 베를린대학교(Universität von Berlin) 위생학 교수로 임명되어 결핵 치료약 신약 연구에 몰두했다. 1891년 전염병연구소(Prussian Institute for Infectious Diseases)를 설립해 초대 연구소장을 역임했다. 1904년 독일령 동아프리카에서 재귀열병원체(relapsing fever pathogen), 체체파리(tsetse flies)와 전염 경로를 연구했으며, 1906년부터 1907년까지 수면병(sleeping sickness) 연구에 온통 넋이 빠져있었다.

:: 06

새 부대에 새 술을 담자!

지도와 나침반만으로 생리의학의 신세계를 찾아

일반적으로 공포에 대한 해독제(antitoxin)는 지식(knowledge)이다. 전염병에 대한 해독제는 바로 생리의학에 대한 상식이다. 생리의학을 탐구하는 데 있어 일반적인 자연과학(natural science)이나 사회과학(social science)과 달리 육안으로 관찰할 수 없는 3미(微) 즉 미세(微細)하고, 미량(微量)으로, 미약(微弱)이란 장벽에 부딪히게 된다. 이 장벽을 허물기 위해 특이한 수단지(手段知) 혹은 방법지(方法知, methodology)를 찾거나 만들어야 한다. 새로운 황무지 개척에 가장 먼저 지도와 나침만을 가져야 현재 위치와 나갈 방향을 알 수 있다. 대부분 노벨상 수상자의 학문 탐구에 있어 "새 술은 새 부대에!(New Wine in New Wineskin!)"[120]이라는 성경 구절에 적용하고 있다. 물리학에서도 새로운 현미경, 구름상자 혹은 천체망원경 등을 발명하고 이를 이용해서 기존 학설을 뒤집거나 새로운 사실을 규명한다. 전쟁에서도 첨단 비밀병기가 필승을 장악하는 전략이 된다. 인류 역사에 있어 식민지 전쟁은 어떤 면에서는 질병과 전투였다. 대영제국의 식민지 전쟁에 키니네(quinine), 일본제국 GHQ(General Headquarters)가 러시아 정복용 목초액(木焦液)에서 정로환(征露丸)을 개발했고, 세계 최강의 관동군(關東軍)이나 가미가제 특공대에게 주입했던 히로뽕(ヒロポン, methamphetamine, C10H15N)을 개발했다. 그뿐만 아니라 독일군

은 화학전에 사용했던 염소가스가 바로 전략적 제약(strategic medicine)
이었다.

생리의학 연구에 있어 미세(微細)한 세균을 육안으로 볼 수 없기에 i) 현
미경을 사용해야 하는데 레이저주사현미경, 전자현미경, 원자간력현미경

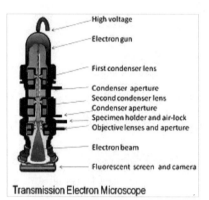
전자현미경의 원리

(Atomic Force Microscope), X선현
미경, 초음파현미경 등의 실체현
미경, 위상차현미경 혹은 방사광
가속기 등에서 최적을 선택, ii) 미
량(微量)의 병원균으로 정량적 수
치화를 위해 수백 혹은 수천 배로
배양(culture)하고자 배지(culture
medium), 배양접시, 인큐베이터

(incubator) 등 사용한다. 보다 확대하기 위해 술약(yeast)를 사용해 세포
분열(cell division) 촉진 혹은 크게 부풀게 한다. iii) 미약(微弱)한 현상을
증폭시키는 청진기, 확성기, 증폭기 등을 적당히 사용해야 하며, 구분하
기 어려운 세포(조직) 등의 일부를 명확히 드러내기 위한 질산은(silver ni-
trate, AgNO3)으로 염색(silver staining)하는 염색 기법(staining method)
도 사용한다. iv) 가장 핵심 기술은 순간 현상을 포착하는 것이다. 가장 원
시적 방법은 스케치(sketch)이고, 오늘날은 컴퓨터 지원 각종 촬영 기법이
이용된다.

이런 개인적 기본기(基本技)를 갖춘 노벨생리의학상 수상자로는
1906년 이탈리아 해부학자 및 병리학자 카밀로 골지(Camillo Golgi,
1843~1926)로 "신경조직에 대한 연구 공적"으로 2인 공동 수상자 수상했
다. 그는 신경조직을 질산은(窒酸銀)으로 염색하는 방법(Golgi's staining)

으로 골지세포(Golgi Cell)와 골지체(Golgi tendon organ)를 발견했다. 오늘날 생리의학 논문의 대부분은 염색한 세포 혹은 조직의 삽화를 첨부해서 시각적 인지력을 높이고 있다. 또한 공동 수상자였던 스페인의 신경조직학자 산티아고 라몬 이 카할(Santiago Ramón y Cajal, 1852~1934)은 뇌의 미세구조에 대해 조직학적 구조를 숙련된 스케치를 하여 오늘날 뇌(腦)과학(neuroscience) 교제로 사용할 정도로 학문적인 분석을 시각화했다. 산티아고 카할(Santiago Cajal)은 스페인 작은 도시 페틸라 드 아라곤(Petilla de Aragón)에서 해부학 교수의 아들로 태어났다. 가난한 가정환경에 대한 반항적이고 반권위적(rebellious and anti-authoritarian)인 태도와 행동이 있어 학교생활에 적응을 못해 빈번히 전학을 당했다. 구체적인 사례로는 11살 때는 손수 만든 대포로 이웃집 정원 대문을 파손해 투옥된 적도 있었다. 그러던 그림 그리기 하나만은 열성을 다했다. 아버지는 제화점이나 이발소에 데려가 생활 안정에 필요한 숙련공이 되기를 바랐다. 그럼에도 1868년 아버지는 자기의 의학 경력을 자식에게 전수하고자 묘지로 데리고 가, 노출된 시신의 골격을 스케치하게 했다. 그런 경험이 그에게 '삶의 전환점(life turning point)'이 되었다. 아버지가 강의하던 사라고사대학(University of Zaragoza)에 들어가 1873년 의학과를 졸업했다. 경쟁시험을 통해 스페인 육군에 입대, 의무 장교(medical officer, Spanish Army)로 근무하면서 1874년부터 1875년 쿠바 전쟁에 파견되었다. 그곳에 말라리아와 결핵에 걸렸다. 치유를 위해 피레네산맥에 있는 온천마을 판티고사(Panticosa)로 옮겨 치료했다. 1877년 마드리드 모교로 돌아와서 박사 과정에 등록해서 의학 박사 학위를 취득했다. 드디어 발렌시아대학(University of Valencia) 해부학 교수로 임명되었고, 1883년까지 교수를 역임했다. 1892년 마드리드대학(University of Madrid)에서 교수로 카밀로 골지(Camillo Golgi)와 공동 연구를 하면서 골지의 염색방법 (staining method)을 익혀, 질산은입자를 사용해 세포체를 염색했고, 다양한 형태의 신경세포체(nerve cell body)를 관찰해서 반항기 소년 시절에 익혔던 그림 솜씨를 발휘해 모든 걸 색채감을 살려 기록으로 남겼다. 1890년 「일반 해부병리학 매뉴얼(Manual de Anatomia Patológica General)」및 1894년 「인간과 척추동물의 신경계 구조에 대한 새로운 아이디어 (Les nouvelles idées sur la structure du système nerveux chez l'homme et chez les vertébrés)」 등의 스케치 솜씨를 살려서 저술을 남겼다.

'자연 섭리의 하얀 속살'을 스케치하자!

1907년 프랑스 열대병학자 샤를 루이 알퐁스 라브랑(Charles Louis Alphonse Laveran, 1845~1922)에게 "질병을 야기하는 원생동물에 의한 역할을 규명한 연구 공적을 인정."[121]노벨생리의학상을 수여했다. 프랑스 파리 생 미셸(Boulevard Saint-Michel)에서 발드그레이스학교(École Bald Grace)의 군대 의학의 교수를 맡았던 아버지의 외동아들로 태어났기에 군대식으로 양육되었다. 초·중등교육은 파리에서 고등교육은 셍트바르베 대학(Collège Saint Barbe)에서 다니다가 리세 루이르그랑(Lycée Louis le Grand)을 졸업했다. 아버지와 같은 군의관 길을 택해 1863년 스트라스부르 보건학교(Public Health School at Strasbourg)에 등록해 보건 과정을 마치고, 1866년 스트라스부르 시민병원(Strasbourg civil hospitals)의 수련의사 과정까지 마쳤다. 1867년 스트라스부르대학(University of Strasbourg)에 박사 과정을 등록해 「신경재생에 대한 연구(Strasbourg civil hospitals)」학위 논문으로 의사 박사 학위를 취득했다.

이어 프랑스 육군 발트그레이스학교(École de Valde Grâce)에서 군대 질병 및 전염병 담당관(Chair of Military Diseases and Epidemics)에 배속되었다. 1870년 프랑코-프러시아 전쟁(Franco-Prussian War)이 발발하자 릴레병원(Lille hospital)에 배치되었다가 다시 생마틴병원(St. Martin Hospital)으로 파견되었다. 1874년 육군 군의관 교관에 발탁되었고, 발트그레이스학교의 군대 질병 및 전염병학회장(Chair of Military Diseases and Epidemics at the École de Valde Grâce)에도 선정되는 영광은 얻었다. 1878년부터 1883년까지 알제리(Algeria) 콘스탄틴 군사병원(Military Hospital in Constantine)에 근무하면서 1880년 원충인 기생충 플라스모디움(protozoan parasite Plasmodium)이 말라리아를 야기 시킨다는 사실을 발견했다. 그 순간을 포착해 기생원충을 하나하나 스케치해서 600여 편의 연구논문을 작성 발표했다. 세간에 주목을 받았던 스케치를 모아 1881년 『말라리아의 기생적 특성(Nature parasitaire des accidents de l'impaludisme)』, 1884년 『말라리아 미생물에 대한 설명이 포함된 발열조치(Traité des fièvres palustres avec la description des microbes du paludism)』 등 색체감이 살아나는 스케치 그림으로 저서를 남겼다.

1909년 스위스 의학자이며 물리학자였던 에밀 테오도어 코허(Emil Theodor Kocher, 1841~1917)에게 '갑상선(腺)에 대한 생리학, 병리학 및 수술에 관한 연구한 공로'로 노벨생리의학상을 주었다. 스위스 수도 베른(Bern)에서 목수 아버지의 5남 1녀 가운데 6번째 2번째 아들로 태어나 1945년 부르크도르프(Burgdorf)로 옮겨 초등학교를 마쳤다. 다시 베른으로 이사해 중학교와 고등학교는 레알슐레와 문화 김나지움(Realschule & Literatur Gymnasium)에서 학업을 했다. 학창 시절에 그림 그리기(sketch)와 철학에 관심을 가졌다가 나중에 의사가 되겠다고 결심을 했다. 1858년 베른대학(University of Bern)에서 안톤 바이어머(Michael Anton Biermer, 1827~1892)와 헤르만 아스카탄 데미(Hermann Askerm Demmem) 교수의 강의를 듣고 감명을 받았다. 1865년 베른대학에서 안톤 바이어머(Michael Anton Biermer) 교수의 지도 아래 「베라트룸 제제로 동반된 폐렴치료(Behandlung der croupösen Pneumonie mit Veratrum-Präparaten)」 학위 논문으로 의학 박사 학위를 취득했다. 은사를 따라 취리히대학(Universität Zürich)으로 옮겼으나 보다 넓은 세상을 보고자 즉 당대 유명한 외과의사 몇 분을 만나기 위해 연구 여행(Research Tour)을 떠났다. 1872년 모교 베른대학교 외과학 교수직과 외과병원장을 맡았다. 어릴 때에 배웠던 그림 그리기 취미를 살려 연구 요약과 설득력 있는 시각화에 많은 신경을 썼다. 또한 울혈(congestion)과 살균 치료법을 통한 무균 외과치료(aseptic surgery)에 집중했고, 골수염과 총상 치료에 정통했다. 249편의 연구논문과 130명의 박사 학위 논문을 지도·감수했다. "갑상선 치료 연구로 갑상선종 수술에서 1% 이하로 사망률까지 줄이는 데(reducing the mortality of thyroidectomies below 1% in his operations)." 인류 기여로 노벨생리의학상을 받았다. 수상 뒤에 베른에 코허연구소(Kocher Institute)를 설립 운영했다.

조사 여행(research tour)으로 노벨생리의학상을 수상한 사례로는 대표적으로 1908년 러시아 태생 유대인으로 동물학자 및 세균학자인 일리야 메치니코프(Ilya Ilyich Mechnikov, 1845~1916)와 독일 미생물학자이며 화학요법(chemotherapy)의 창시자인 파울 에를리히(Paul Ehrlich, 1854~1915)에게 "면역에 관한 연구 결과를 인정하여" 2인 공동 수상자로 노벨생리의학상을 주었다. 파울 에를리히(Paul Ehrlich, 1854~1915)는 오늘날 폴란드 당시 프로이센왕국 슐레지엔의 슈트렐런(Stollen)에 유대인 태생 독일인 가정에 태어나 초등교육은 전통적인 중학교 막달라 마리아 학교(Maria Magdalenen Gymnasium)에 입학해 의학 연구에 관심을 가졌다. 고등교육은 브레슬라우대학(Breslau University), 스트라스부르대학(Strasbourg University), 프라이부르크대학(Freiburg University im Breisgau) 및 라이프치히대학(University of Leipzig)에서 학문 쇼핑(science shopping)을 하면서도 학문 탐구(science mining)를 병행했다. 마지막 박사 과정은 베를린 차리테 의과대학(Charité Medical School in Berlin)에서 의학 박사 학위를 취득했다.

1882년 혈액학과 세포염색(cell staining)에 실험적 임상학 창시자인 베를린 차리테 의과대학교(Charité Medical School in Berlin)의 테오도르 프리츠(Friedrich Theodor von Frerichs, 1819~1885) 교수의 조교로 근무했다. 1888년부터 1889년 2년간 이집트와 주변 국가의 학문 탐구 여행(science mining tour)을 떠났고, 결핵에 대한 실험 계약을 맺기도 했으며, 돌아오자마자 색소에 의한 조직염색(staining methods)에 연구를 시작했다. 가열염색 결핵균 표본을 계기로 로버트 코흐(Robert Koch, 1843~1910) 교수의 연구소에 초빙되어 면역학 연구를 했다. 그는 치료에 '화학요법(chemotherapy)'과 '마법의 탄환(magic bullet)'이란 용어를 도입해서 150여 편의 연구논문을 발표했다. 주요 논문으로는 1897년 「디프테리아 혈청의 가치와 이론적 근거(Die Wertbemessung des Diphtherieheilserum and deren theoretischen Grundlagen)」, 1905년 「독소와 항독신의 관계와 탐독 방법」 및 1910년 「나사형 박테리아의 실험적 화학요법(Die experimentelle Chemotherapie der Spirillose)」 등이 있다.

:: 07

미량동(微量動) 작용으로 세상이 변한다

질병 대유행(pandemic)은 물리학의 상전이(phase transition)를 불려온다

중국 『한서(漢書)』에서는 "한 방울씩 떨어지는 물방울이 태산 같은 큰 바위를 뚫고, 노끈으로 문지르는데 기둥이 잘려나간다."[122]는 말이 있고, 『향언하(向言下)』라는 책에선 "뱀에 물려서 팔이 잘리고, 개미 구멍으로 대천의 둑이 무너진다."[123]고 했다. 한 마디로 사소하고 미세하다고 무시했다가 세상이 뒤집혀진다. 마치 물이 섭씨 영도에서도 얼음으로 변하고, 얼음이 물로 변혁하는 걸 물리학에선 상전이(phase transition, 相轉移)라고 한다. 인류 역사에서도 어떤 큰 전쟁보다도 아주 사소하다고 무시했던 모기에게 더 많은 희생을 당하고 있다. 모기뿐만 아니라 미생물에 의한 각종 질병으로 인해 세상의 기존 질서가 변혁된다. 화학에선 미세역학 작용(oligodynamic action) 혹은 미량동 작용(微量動作用)이라 한다. 생명체에 있어서도 미량의 금속이온이 생물의 발육을 방해하거나 생명을 박탈하는 현상을 발생시킨다.

이런 현상을 최초로 전략과 전술로 사용한 사례는 BC 149년부터 146년까지 포에니 전쟁(Punic Wars)에서 카르타고(Carthago)를 함락시킨 스키피오 아일밀리아누스(Scipio Aemilianus Africanus Numantinus, BC 185~129)는 카르타고 도시를 불모지로 만들고자 땅을 가래로 갈고 소금(Nacl)을 뿌려 농경지를 불모지로 만들었다. 자연과학에 있어 1893년 스위스 칼 네겔리(Karl Wilhelm von Nägeli, 1817~1891)는 구리 용기에 해캄(spirogyra)이 발육하지 않는다는 사실이 미량의 구리이온에 기인한다는 사실을 규명했다. 이를 '미량동효과(微量動效果, oligodynamic effect)'라고 명명했다. 환언하면 콜로이드가 세포원형질 속의 설퍼하이드릴기(-SH)의 황과 강하게 결합하여 산화환원계를 저해하는 작용이다.[124] 순수한 물에서 금속의 이온화는 금(Au)<수은(Hg)<은(Ag)<구리(C)<수소(H)<Fe^{3+} <주석(Sn)<납(Pb)<니켈(Ni)<코발트(Co) 등의 순서이고, 미량동작용은 은(Ag)>수은(Hg)>백금(Pt)>금(Au)>코발트(Co)>구리(C)>납(Pt)> Fe^{2+}>아연(Zn) 등으로 나타나고 있다.

최근 우리나라는 코로나19 방역에 살균성 금속의 이온을 이용하여 구리이온 번호표식, 승강기 항균필름 터치스크린(touchscreen)은 물론, 최근 한 제약회사(Medi-Fiber)에선 구리나노이온 마스크(blue mask)를 제작 시판하고[125] 있다. 코로나19 전염을 고민하던 프랑스 육군이 구리나노이온 마스크 실험에 참여하겠다[126]고 제안했다. 캐나다 알베르트대학교 최효직(崔孝直) 생의공학 교수(Hyo-Jick Choi, biomedical engineering professor, University of Alberta, Canada)는 나트륨이온을 이용한 소금 마스크(salt mask)를 개발해 시판할 모양이다.[127] 이렇게 단순한 금속이온이 바이러스와 같은 i) 미생물에 무기물 혹은 유기물의 이온화 작용, ii) 인체 혹은 생명체의 세포간의 흥분과 억제의 이온(전위)화 메커니즘(ionic mechanisms), iii) 세포내 단일이온채널(single ion channels in cells), iv) 소프트탈착 이온화 방법 개발(soft desorption ionization methods) 등의 방향으로 연구를 해왔다. 이런 이온화 현상을 전자계측기로 포착하여 질병 진단과 치료를 하는 방안도 강구되어야 한다.

1963년 오스트레일리아 출신 스위스, 영국, 호주의 국적을 가졌던 신경과학 및 심리학자인 존 커루 에클스(Sir John Carew Eccles, 1903~1997)와 영국의 신경생리학자인 앨랜 로이드 호지킨(Alan Lloyd Hodgkin, 1914~1998) 그리고 영국 전기생리학자 혹은 생리학자인 앤드류 필딩 헉슬리(Sir Andrew Fielding Huxley, 1917~2012)에게 '신경세포막의 말초 및 중추부분의 흥분과 억제에 관련 이온기전을 발견한 공로'로 3인 공동 노벨생리의학상을 수여했다.

특히 앨랜 로이드 호지킨(Alan Lloyd Hodgkin)는 영국 옥스퍼드셔 밴버리(Banbury, Oxfordshire)에서 태어나 아버지는 1918년 4살 때에 이질로 바그다드(dysentery in Baghdad)에서 세상을 떠났다. 어머니는 라이오넬 스미스(Lionel Smith)와 재혼했지만 같이 생활했다. 맬버른 인근 다운스 스쿨(The Downs School near Malvern)과 그레샴 스쿨(Gresham's School)에서 중·고등학교 과정을 겨우 마쳤다. 1930년 조류보호왕립협회(Royal Society for the Protection of Birds)에서 개최하는 공립학교 논문 경연대회(Public Schools Essay Competition)에서 동메달을 수상했다. 이어 케임브리지대학교 트리니티 칼리지(Trinity College, Cambridge University)에 들어가 졸업했다. 1938년 뉴욕 록펠러연구소(Rockefeller Institute, New York)에서 연구했으며, 플리머스 해양생물연구소(Marine Biological Association Laboratory in Plymouth)와 케임브리지대학교 생리학 연구실(Physiology Laboratory, University of Cambridge)에 영국의 앤드루 헉슬리(Sir Andrew Fielding Huxley)와 신경의 흥분과 전도의 기제에 대한 연구를 했다. 특히 '신경흥분에 관련 나트륨이론'을 확립했다.

1991년 독일의 세포생리학자 에르빈 네어(Erwin Neher, 1944년생)와 신경생리학자 베르트 자크만(Bert Sakmann, 1942년생)에게 '세포에서 단일 이온채널의 기능을 발견한 공로'로 노벨생리의학상을 2인 공동 수상했다.

에르빈 네어(Erwin Neher, 1944년생)는 독일 바이에른 란츠베르크암레흐(Landsberg am Lech, Bavaria, Germany)에서 태어나 1963년부터 1966년까지 뮌헨공과대학(Technical University of Munich)에서 물리학을 배웠다. 1969년 풀브라이트 장학금(Fulbright Scholarship)을 받아 미국 위스콘신대학 메디슨 캠퍼스(University of Wisconsin-Madison)에서 1년간 석사 학위를 취득, 1970년 뮌헨대학에서 박사 학위를 취득하였다.

박사후 연수 과정(post-doc xourse)으로 예일대학교 찰스 스티븐(Charles Steven, 1934년생) 실험실에 연구 조교로 있는 동안 동료 연구원 에바마리아 네어(Eva-Maria Neher)를 만나 1978년에 결혼했다. 1968년부터 1972년까지 뮌헨의 맥스프랑크연구소(Max Planck Institute)에서 연구를 했으며, 1972년부터 괴팅겐대학교(University of Göttingen)의 맥스프랑크연구소에서 베르트 자크만(Bert Sakmann)과 함께 세포막생리학을 공동 연구 프로젝트로 추진하는 중 패치클램프 기술(patch-clamp technique)을 개발하여 세포막 사이에 미세한 통로를 통해 나트륨, 칼륨 등의 이온이 오고간다는 사실(single ion channels in cells)을 밝혀내었다. 바로 오늘 우리가 알고 있는 '나트륨-칼륨 펌프($Na+/K+$-ATPase)'다.

어머니가 오방색 보자기를 깁듯이 혈관 및 장기 이식을

2007년 1월에 개봉한 영화 「아포칼립토(Apocalypto)」에서 기억나는 명대사는 "거대한 문명은 외세 정복 이전에 이미 내부로부터 붕괴되었다(A great civilization is not conquered from without until it has destroyed itself from within)."다. 생생하게 회상되는 명장면은 지철기(stapler)로 전사들의 상처를 봉합하는 장면이다. 마치 어머니가 알록달록한 자투리 천으로 오방색 보자기를 꿔 메듯이 사람의 인체를 봉합(Surgical suture)하는 의술이다. 봉합 의술은 BC 1100년경 미라(mirra)에서 흔적이 있는 걸 볼 수 있으나 역사상에서는 이보다 이전인 BC 3,000년경 봉합사(thread)과 바늘(needle)을 사용해 인체를 봉합했다.

물론 바늘(needle)은 오늘날과 달리 동물의 뼈, 은, 구리, 알루미늄 혹은 와이어(wire) 등이었고, 봉합사(thread)는 아마, 대마, 사람의 머리칼, 말총, 동물의 힘줄 등을 사용했다. 기록상으로는 BC 500년경 인도의 현자(의사)들의 산스크리트어(Sushruta) 기록에 많이 나오고 있고, 그리스 히포크라테스(Hippocrates, BC 460~370)와 후기 로마 아우렐리우스 코넬리우스 켈수스(Aulus Cornelius Celsus, BC 25~AD 50)가 봉합 기술을 개발했다. AD 로마 당대의 최고의사 클라우디오스 갈레노스(Claudius Galenus, AD 130~210)은 봉합사를 개선했고, AD 10세기 스페인의 의사 알 자라위(al-Zahrawi Abulcasis, 936~1013)에 의해 수술 바늘과 봉합사가 많이 개량되었다. 우리나라에선 1613년 허준(許浚, 1539~1615)의 『동의보감』 외형편에선 족도리풀(華細辛) 정유로 국소마취를 하고, 삼(大麻) 혹은 뽕나무 껍질(桑白皮) 실로 신체를 봉합 한 뒤 환자에게 소금물 먹어 치유를 했다는 기록이 있다.

봉합사 살균은 1906년에 요오드 처리(iodine treatment)가 창안되었다. 봉합사에 있어서도 실크, 화합사, 합성 고분자 섬유 등으로 다양하게 개발되었다. 그러나 이런 바늘과 실로 봉합하는 기술도 지철기(stapler)를

모방해서 1908년 헝가리 외과의사(Hümér Hüpfl)에 의해 3.6kg의 외과 수술용 스테플러(surgical stapler)가 제작되었다. 1950년 소비에트연방에서 개선해 창자 및 혈관 등의 봉합에 허용되었으며, 1964년 미국 사업가 레온 허슈(Leon C. Hirsch)에게 소개되어 제품 생산화가 되었다. 한때는 수술용 스테플러로 폐(肺)밀봉수술(sealing lung tissue)을 받았던 환자로부터 공기가 누출된다는 불만이 있었다.

1912년 프랑스의 생물학자이고 외과의학자인 알렉시 카렐(Alexis Carrel, 1873~1944)에게 '혈관 봉합, 혈관 및 장기 이식에 대한 공로를 인정' 단독 수상자로 노벨생리의학상을 주었다. 그의 굵직한 공적은 제1차 세계대전 프랑스 육군 군의관 소령으로 참전 병사들의 심부창상(深部創傷) 감염 치료 위해 영국 데이킨(H.D. Daykin)과 공동으로 데이킨-카렐방법(Daykin-Carrel Method)을 개발했다. 혈관 봉합(vascular suture)을 위해 '삼각측량(triangulation)' 기법을 응용해 최소 피해로 봉합 기법을 창안했으며, 장기 이식(organ transplants)에도 기여한 공적이 컸다.

프랑스 생트푸아레리옹(Sainte-Foy-lès-Lyon)에서 태어나 독실한 기독교 집안에서 예수회 교육을 받았으면서 성장했다. 1900년 리옹대학교(Université de Lyon) 의학부를 졸업하고 모교 강사를 시작했다. 1902년에 실험외과학 연구를 시작해 혈관의 양단단문합(兩斷端吻合, bilateral anastomosis)에 성공했다. 1904년 미국 시카고대학(University of Chicago)과 1906년 뉴욕 록펠러연구소(Rockefeller Institute of Medical Research)에서 연구 분석, 장기 이식이 가능하게 찰스 린드버그(Charles A. Lindbergh, 1902~1974)와 공동 연구로 관규(關竅) 펌프를 발명했다. 1908년에 미국 의사인 찰스 구스리(Charles Claude Guthrie, 1880~1963)와 같이 신장과 지라의 장기 이식(organ transplants)을 성공했다.

1990년 미국인 외과의사 조지프 에드워드 머리(Joseph Edward Murray, 1919~2012)와 내과의사인 에드워드 도널 돈 토머스(Edward Donnall Don Thomas, 1920~2012)에게 '인간 질병 치료에 장기·세포 이식 방법을 발견한 공로'로 2인 공동 수상자로 노벨생리의학상을 수여했다. 조지프 에드워드 머리(Joseph Edward Murray, 1919~2012)는 매사추세츠 밀퍼드(Milford, Massachusetts, U.S.)에서 아이리스와 이탈리언 후손으로 태어나 밀퍼드 고등학교(Milford High School)에서 축구와 아이스하키에 스타 체육선수로 활약했으며, 농구선수로 홀리 크로스 칼리지College of the Holy Cross)에 입학했으나 포기하고 철학과 영어를 배워 1940년에 문학 학사 학위를 받았다. 나중에 하버드 의학대학원(Harvard Medical School)에 등록하여 의사 학위를 취득했다. 수습의사의 연수는 피터 번트 브리검 병원(Peter Bent Brigham Hospital)에서 마쳤으며, 미 육군 의무부대(Medical Corps of the U.S. Army)에 지원했다. 펜실베이니아 밸리포지종합병원(Valley Forge General Hospital in Pennsylvania)에서 존경받는 브래드퍼드 캐넌(Bradford Cannon, 1871~1945) 외과의사로부터 성형수술에 대한 열정을 이어받았다.

제2차 세계대전으로 부상병 수천 명에게 성형수술을 집도했으며, 기증자로부터 장기 이식을 주관했다. 군의관으로 외과의사 수습 과정을 마치고 피터벤트브리검병원(Peter Bent Brigham Hospital)으로 귀환해 외과 과장을 맡았다. 성형수술을 익히기 위해서 뉴욕 메모리얼병원(Memorial Hospitals)으로 갔다가 1951년에 되돌아왔다. 1954년 12월 23일 피터벤트브리검병원(Peter Bent Brigham Hospital)에서 5시간 30분 동안 하트웰 해리슨(John Hartwell Harrison, 1909~1984) 박사의 보조 의사로 리처드·로날드 헤릭(Richard and Ronald Herrick) 쌍둥이를 수술에서 세계 최초로 신장 이식(first successful Kidney transplant)을 했다. 1959년 동종 이식 수술, 1962년 사체 심장 이식(cadaveric renal transplant)을 성공함으로써 인간 질병 치료 방법으로 세포 및 기관 이식을 개발하여 성형수술, 복원수술 및 장기 이식을 개척했다.

에드워드 도널 돈 토머스(Edward Donnall Don Thomas, 1920~2012)는 미국 텍사스 매트(Mart, Texas, United States)에서 일반 진료 의사(general practice doctor)인 아버지의 아들로 태어나 15명 정도의 작은 고등학교에서 우수한 성적으로 졸업하고, 1937년 오스틴의 텍사스대학(University of Texas at Austin)에서 화학 및 화학공학을 배웠으며 1941년에 화학 학사 학위를 1943년에 화학 석사 학위를 취득하는 과정에서 캠퍼스 커플 도로시 마틴(Dorothy Martin)을 만났다. 그러나 1943년 하버드 의과대학원(Harvard Medical School)에 진학해 1946년에 의학 박사 학위를 받았다. 박사후 과정(post-doc course)으로 1년간 MIT에서 연수를 하고, 피터벤트브리검병원(Peter Bent Brigham Hospital)에서 수련의 과정을 2년간 수습했다. 그때에 조지프 에드워드 머리(Joseph Edward Murray, 1919~2012)를 만났고 골수 이식 연구 과제로 수년간 공동 연구를 하게 되었다.

다음 해 미 육군 의무관으로 지원했다. 1955년에 메리 이모진 바셋 의료센터(Mary Imogene Bassett Medical Center)에 내과과장으로 임명되었으며, 콜롬비아대학교 제휴사인 뉴욕 쿠퍼스타운의 바셋 메디컬 센터(Bassett Medical Center, in Cooperstown, N.Y.)에서 연구원으로 종사했다. 메리 이모진 바셋(Mary Imogene Bassett)에서 설치류(rodents)에게 골수세포에 방사선 치사량을 주입시켰는데, 골수 이식(bone marrow transplantation)을 받은 동물들이 감염이나 면역 반응으로 모두 죽었다.

개(犬)를 대상으로 실험하고 난 뒤에 이를 역으로 백혈병 치료 방법으로 골수 이식(bone marrow transplantation as a treatment for leukemia)을 고안하고자 생체 기관과 세포 이식에 관한 많은 역공학적 연구(reverse engineering research)를 했다.

학제 간 연구로 생리의학 문제의 해결 단서를

방역(Quarantine)은 공중 보건만이 아닌 외교·군사력까지 동원된 총체적 시스템

오늘날 지구촌은 교통수단과 통신기술의 발달에 따른 인적 교류 및 문화 서비스의 원활한 흐름으로 초고속(超高速), 초광대(超廣大), 초대량(超大量)으로 교류가 이뤄지고 있다. 지구촌 어느 한 곳에서 발생한 지방 풍토병(endemic)이라도 순식간에 지구촌 전체에 대유행하곤 한다. 14세기 흑사병 대유행의 희생자보다 1918년 스페인독감(Spanish influenza)으로 2년 동안 5,000만 명의 목숨을 앗아갔다. 그러나 지난 2019년 12월 중국 우한(Wuhan)에서 발생한 COVID19는 순식간에 지구촌을 덮쳐 2020년 5월 4일 현재 218개국에 전염되어 700만여 명의 확진 사례를 발생했다. 그 가운데 40만여 명이 사망했다. 특이하게도 보건위생 시설이 허약한 후진국보다도 군사 및 경제 최강국 미국(U.S.A.)이 2020년 6월 7일 현재 2,007,449명의 확진자와 112,469명 사망자로 1위를 기록하고 있다. 선진국이라고 방심했던 빈틈을 타서 유럽은 물론 군사 대국마저도 사정없이 상상을 넘어서 지구촌 전체에 대유행(pandemic)하고 있다.

인류는 역병 전염을 차단하기 위해 BC 500년 이전에도 염병금기(染病禁忌)라는 용어로 오늘날 격리(isolation) 혹은 사회적 거리 두기(social distancing)를 했다. 구약성서(레위기 13:46)에서는 "그리고 재앙이 있는 문둥병 환자는… 혼자서 있게 격리 장소에서 있도록 해야 한다.”[128]고 적고 있다. 로마제국 AD 541년부터 542년까지 역병 대유행 때는 유스티니아누스 황제(Justinian, AD 482~565)는 오늘날 동물 역병의 살처분(disposition)처럼 역병 환자를 바다에 투척 처분(dumping bodies into the sea)했다. 1918년 스페인 독감 유행 당시에 격리, 봉쇄 및 이동 제한 등의 방법을 강제했다. 우리나라는 6·25전쟁 이후에도 시골에선 매년 천연두(smallpox), 홍역(measles) 등의 역병이 유행했다. 당시 접촉을 금지하는 표시로 비정상적임을 알리는 ‘왼손 새끼’에다가 사람들의 눈에 잘 띄게 붉은 헝겊 조각을 끼워서 금구새끼(禁區索) 혹은 금줄(禁繩)을 오늘날 폴리스라인처럼(police line) 집주변에 둘러치고 서로 경계와 조심했다. 오늘날 용어로는 자가 격리(self-isolation)와 사회적 거리 두기(social distancing)에 해당했다. 역병(epidemic)뿐만 아니라 출산(出産) 때에도 조심하기 위해서 금줄을 매었다. 단지 남아 출산(男兒出山)은 고추와 숯을 여아는 솔잎과 숯으로 금줄을 쳤다. 한해 동네의 재앙막이 동제(洞祭)를 위해서도 서로 사회적 거리 두기를 하고자 길섶에 황토를 뿌리고 한지(창호지)를 단 새끼줄을 유사(有司)집에서부터 동제를 지내던 당산나무(洞祭堂山木)까지 금줄을 쳤고, 온 동네 사람들이 서로 삼가고 지켰다. 이를 통해서 역병의 전염은 물론 불필요한 접촉, 왕따, 언쟁 방지, 잠복기 격리와 회복기를 기다리는 금기문화(禁忌文化)를 정착했다.

그러나 오늘날은 정보통신기술(ICT) 발전 및 산업화로 인해 도시 인구 집중으로 금기문화(taboo culture)는 터부시되었거나 사라졌다. 방역 수단이었던 격리(isolation), 봉쇄(lockdown), 폐쇄(shutdown) 등은 ‘모두를 위한 자유(liberty for all)’인 국민보건 공익을 위해 법제화했다. 그럼에도 산업국제화(industrial globalization)로 인해 외교(출입국 관리 및 상호 호혜조치), 국방(전략방역물자 수송), 경제(다국적 기업, 관광, 교역 및 서비스), 사회(의료 및 보건위생) 등에 중첩되는 문제가 톱니바퀴(cog-wheel)처럼 맞물려 돌아가고 있다. 이에 따라 과거처럼 진단 시약(test kit), 치료약(cure medicine) 및 백신(vaccine)에 의한 약제적 개입(pharmaceutical intervention)만으로 완전한 방역은 불가능했다.

이런 시대적 특이성을 간파했던 타이완(臺灣)이나 한국(韓國)은 CO-VID19 방역에 있어, i) 인공지능(AI)을 통한 진단 시약 개발과 컴퓨터 시스템을 활용한 신속 진단, ii) 국내 확진자 및 해외 유입자의 추적 관리, iii) 자가 진단(격리) 등을 SNS(mobile-phone) 시스템에 연계한 '전자 울타리(electronic fence)'[129]로 둘러쳤다. iv) 개인적 위생 관리인 손 씻기(hand-washing)와 마스크 착용(mask-wearing)에다가 사회적 거리 두기를 접목한 초고속의 비약제적 개입(non-pharmaceutical intervention)으로 역병을 정밀 타격했다.

한편, 이렇게 생리의학에서도 전자(기)공학을 접목한 학제 간 연구(interdisciplinary research)를 통해 노벨생리의학상을 수상한 사례를 살펴보면, 1924년 인도네시아 태생 네덜란드 생리학자 빌럼 에인트호번(Willem Einthoven, 1860~1927)에게 '심장전류의 기제를 규명한 공로'로 노벨생리의학상을 수여했다. 1903년 신경근육 등에서 발생하는 활동전류(active current)를 측정하는 현전류계(弦電流計)를 고안해 생물체의 전류 연구에 기여했으며, 이를 인간의 질환 치료에 접목시켜 심장전류의 생리 연구에 활용해 오늘날 우리의 건강 진단에 반드시 측정하는 심전도(electrocardiogram)를 고안했다. 그는 인도네시아 자바 세마랑(Semarang, Java)에서 유대인계 의사 아버지 아들로 태어나 1870년 10살 때 어머니와 같이 네덜란드로 귀국했다. 1878년 위트레흐트대학(Utrecht University)에 입학해 의학을 전공해 1885년 졸업했다. 1886년 레이덴대학교 (University of Leiden) 생리학 교수가 되었다. 1902년 네덜란드 왕립예술 과학 아카데미(Royal Netherlands Academy of Arts and Sciences) 회원, 1903년 심전도(ECG: electrocardiogram)를 발명했으나 21년이 지난 뒤에 공적을 인정받아 비로소 노벨생리의학상 수상자가 되었다.

물론 이전에도 심장 박동이 전류(electric current)를 만들어낸다는 사실(beating of the heart electrical currents)은 알려졌으나 아무도 계측하고자 하지는 않았다. 1901년에 에인트호벤(Willem Einthoven)은 이를 계측하고자 검류계 시제품에다가 i) 강한 두 개의 자석 사이에 전류가 지나가는 전도성의 필라멘트(conductive filament)를 사용해, ii) 전류가 필라멘트를 통해 흐르면 전류 생성에 의한 자기장의 선(line)이 작동되도록 하고, iii) 밝은 빛이 가는 선을 비춰면 롤(roll)처럼 움직이는 사진 용지에 그림자를 투사시켜, iv) 선의 움직임을 연속적으로 곡선을 따라가면서 기록하도록 1903년에 개량 제작했다.

생화학(biochemistry)에다가 전자전달체계를 접목해

1931년 독일 생화학자 오토 하인리히 바르부르크(Otto Heinrich Warburg, 1883~1970)에게 '호흡기 효소의 작동 모드와 본질을 규명한 공로'로 노벨생리의학상을 주었다. 그의 공적을 세분하면 i) 검압계(manometer)를 발명하고, ii) 세포호흡을 조사, iii) 세포호흡에서 철(Fe)의 촉매작용을 발견해 전자전달체계의 기초를 마련, iv) 또한 세포호흡체계(細胞呼吸體系)의 중요한 조효소를 발견, v) 암세포의 해당작용기제(解糖作用機制)의 연구와 vi) 광합성에서 광양자수량의 결정에 대한 연구였다.

독일 프라이부르크(Freiburg)에서 당시 유명한 물리학자의 아들로 태어나서 1903년 베를린대학교(University of Berlin)에서 유기화학 에밀 피셔(Hermann Emil Fischer, 1852~1919) 교수에게 생화학(biochemistry)을 공부했고, 유대인 혈통의 아버지 에밀 바르부르크(Emil Gabriel Warburg, 1846~1931)로부터 물리학과 광화학을 익혀, 부자(父子)가 공동으로 광합성 연구를 한 적도 있었다. 1906년 베를린대학에서 화학 박사 학위를 받았다. 1911년 하이델베르크대학(University of Heidelberg)에서 루돌프 폰 크레렐(Ludolf von Krehl, 1861~1937) 교수의 지도 아래 의학 박사 학위까지 취득했다.

1908년부터 1914년에 이탈리아 나폴리 해양생물 스테이션(Naples Marine Biological Station) 연구에서 성게(sea urchin)를 통해 수정 시에 산소흡수율이 6배나 소비되고, 철분이 애벌레의 필수적 요소임 규명했다. 제1차 세계대전 기간 중에는 기병연대(Uhlans) 장교로 복무했다. 1913년 베를린 카이저 빌헬름 생물학연구소(Kaiser Wilhelm Institute for Biology)에서 1920년 검압계를 고안해 세포의 호흡을 조사를 했다. 1924년 세포 호흡(cell respiration)에서 철의 촉매작용을 발견해 "철분을 포함하는 산소가 생체의 산화·환원반응에 있어 중요한 역할을 한다."는 사실을 규명함으로써 전자전달체계(Elektronisches Übertragungssystem)의 기초를 마련했다.

1949년 스위스의 생리학자 월터 루돌프 헤스(Walter Rudolf Hess, 1881~1973)에게 '내부 기관의 활동조정자로써 뇌간의 기능적 기관임을 규명'과 포르투갈 신경학자 안토니우 에가스 모니즈(António Caetano de Abreu Freire Egas Moniz, 1874~1955)에게 '특정 정신병에서 백질전단술의 치료 방안을 발견한 공로'로 2인 공동 수상자로 노벨생리의학상을 수여했다. 월터 루돌프 헤스(Walter Rudolf Hess)는 스위스 프라우엔펠트(Fauenfeld, Switzerland)서 태어나 1899년 로잔대학교 의학부(medicine in Lausanne)에서 공부를 했다. 베를린대학(University in Berlin), 킬대학(University of Kiel)에 공부를 했으며, 1906년 취리히대학교(University of Zurich)에서 혈액 점도를 측정하는 점도 계측기(viscometer)를 개발했다. 또한 오토 하브(Otto Haab, 1850~1931) 교수의 지도 아래에서 「혈액과 심장의 점도에 관한 연구(Zum Thema Viskosität des Blutes und Herzarbeit)」 학위 논문을 제출하여 의학 박사 학위를 취득했다. 1912년 베를린대학(University of Berlin)에서 연구원으로 근무했으며, 1917년 취리히대학교 생리학연구소(University of Zurich, ETH Zürich) 소장을 역임했다.

1979년 남아프리카공화국 출신 미국 의료물리학자인 앨런 맥러드 코맥(Allan MacLeod Cormack, 19245~1998)과 영국 전기공학자 고드프리 뉴볼드 하운스필드(Godfrey Newbold Hounsfield, 1919~2004)에게 '컴퓨터 보조 단층촬영기를 개발한 공로'로 2인 공동 수상자로 노벨생리의학상을 수여했는데, 고드프리 뉴볼드 하운스필드(Godfrey Newbold Hounsfield)는 영국 잉글랜드 노팅엄셔(Nottinghamshire, England) 서튼온트렌트(Sutton-on-Trent)에서 농부의 5남매 막내아들로 태어나 맥너스 그래머스쿨(Magnus Grammar School)에 다녔다. 제2차 세계대전 중 영국 공군(Royal Air Force) 지원병으로 복무했으며, 전쟁 후에 런던의 패러데이 하우스 전기공학 칼리지(Faraday House Electrical Engineering College) 전자공학과 전파탐지기를 공부했다. 1951년 영국의 거대 음반 회사(EMI, Ltd) 레코드와 음향기기 생산 요원에서 연구원으로 전향했다. 그곳에서 컴퓨터에 대한 관심을 가졌으며, 1958년부터 1959년에 걸쳐 영국 최초로 트랜지스터 컴퓨터 에미덱(EMIDEC)1100을 설계하는 데 팀장을 맡았다. 1963년부터 프로젝트를 시작했으나 1964년에 발표한 앨런 맥러 드 코맥(Allan McLeod Cormack,1924~1998)의 1차원 투영상(投影像)에서 2차원화상 재구성 방안에 대한 논문을 읽었으나, 그 내용을 전혀 이해를 못 했다. 그러나 이를 기반으로 X선 기술 부족으로 영상 진단이 어려움 을 겪기도 했다. 각고의 노력을 한 결과, 신체 각 부위 단층촬영 진단 기술 인 컴퓨터 단층촬영(computed tomography) 진단 기법을 개발했다. 1971 년 1월 1일 영국 윔블던(Wimbledon) 액킨슨 몰리 병원(Atkinson Morley Hospital)에서 대뇌종양 환자(cerebral cyst patient)를 대상으로 촬영하 여 진단을 실시했다. 1975년 EMI회사에서 전신 단층촬영(whole-body scanner) CT(computed tomography)를 제작했으며, EMI회사에서 제품 을 생산하게 되었다.

노벨
평화상

ALFRED NOBEL

지명편지 한 장으로(노벨평화위원회)

지명인 초대장(노벨평화위원회)

2016 노벨평화상 시상식 광경(오슬로)

노벨평화상 수상자 오바마 강의(2009)

:: 01

창세기(創世記) 평화 프로젝트

모양, 질서, 역할 그리고 휴식으로 태초 평화 프로젝트

먼 우주 어디선가 날아왔던 먼지 한 톨이 팽창하여 지구별이 되었다. 여하한 가능성이라고 하나 없었고, 생명체조차 없었을 때. 세칭 '모세 5경'을 구전으로 전했던 모세(Moses, BC 1393~1273)의 '창세기(創世記, Geneses)'라는 '최초 지구촌 평화 프로젝트(The 1st Global Peace Project)'에 의하면 "1. 땅과 하늘을 구분하고, 모양새를 잡고, 깊고 놓은 곳에 물을 채웠다. 2. 빛을 만들어 밤과 낮으로 구분하고, 지구촌 첫날을 맞았다. 3. 하늘, 땅, 바다를 분명하게 구분해 역할을 달리하게 했다…. 6일간 일했으나 7번째 날은 달콤한 평화를 만끽하도록 쉬게 하였다."[130] 대략 600년 뒤 그리스 보이오티아의 농민 시인이었던 헤시오도스(Hesiod, BC 759~650)는 자신의 저서 『신통기(神統記, Θεογονία)』에서 창세기라는 최초의 평화 프로젝트를 "태초에 카오스가 있었나니 이에 질서를 부여하여 인류에게 코스모스가 되었다(Στην αρχή, υπήρχε χάος, οπότε δόθηκε τάξη για να γίνει κόσμος)."고 요약하고 있다. 좀 더 말하면 "첫째 무질서는 지구였고, 지구엔 어둠과 밤(night)만이 있어 (빛을 만들어) 낮(day)을 만들었다."라고 시작해서 하나하나 목적에 맞게 의미와 역할을 부여하고, 결실을 맺게 하여 질서를 잡았다. 또한 이와 같은 지구촌 평화를 중국의 노자(노자, BC 604~550)는 지구촌 평화 프로젝트를 '도덕(道德)'이라고 칭하면서 『도덕경

(도덕경)』을 저술하였다. "가장 평화로운 최선은 마치 물처럼 만물을 이롭게 할 뿐 서로 갈등을 갖지 않고, 누구나 싫어하는 가장 낮은 곳에까지 흡족하게 해야 한다(上善若水, 水善利萬物而不爭, 處衆人之所惡, 故幾於道)."고 갈파했다.[131]

한편, 그리스 민주정이 지구촌의 최강국으로 등장하면서, 플라톤 (Plato, BC 427~347)의 자신의『국가론 1권(The Republic Book 1)』에서 "정의는 강자의 이익이다(Justice is the interest of the strong)."[132]라고 저술하였으며, 세계 평화를 위해서 질서를 잡는 전쟁은 유일한 방법론으로 등장되었다. 이전에 중국에서는 손자(孫子, BC 544~496)에 의하여 "전쟁이란 국가의 생사존망의 길에 놓이는 가장 중대한 길목(兵者,國之大事,死生之地, 存亡之道)."라고 평화 수호의 방법론으로 인식되었다. 사마천(司馬遷, BC 145~91)의『사기(史記)』에서도 "통일을 원한다면 필연적으로 전쟁을 할 수 있는 준비를 해야 한다(想要統一必然會有戰爭)."고 적고 있다. 로마 후반기 300년대 푸블리우스 레나투스(Publius Flavius Vegetius Renatus, AD 300년대 생몰 미상)는 자신의『군사론(Epitoma rei militaris, 1473 출판)』에서 "평화를 원하면 전쟁을 준비하십시오(Si vis pacem, para bellum)."[133]라고 적었고, 이와 같은 아이디어는 그리스 철학자 플라톤의『법률론(Nomoi)』과 중국 사마천의『사기(史記)』에서 얻었을 것이다. 물론 오늘날도 중국의 언론에서는 "화평을 바란다면 전쟁에서 이길 기획을 해야 한다(如果你想要和平, 做好戰爭的打算)."라는 말을 입에 달고 있다. 이미 서양에서는 "Si vis pacem, para bellum."는 MSSG-31 챌린지 동전의 문양을 비롯하여 영국왕립해군, 노르웨이 군사아카데미, 남아 LABS(Lohatla Army Battle School) 등 수 많은 군사학교, 군부대 및 학회 등에서 모토(motto)로도 사용하고 있다. 우리나라 계룡대(鷄龍臺) 군사 박물관에도 유사한 슬로건이 게시되고 있다.

동서고금을 막론하고, 좁은 의미로 '평화란 전쟁을 하지 않는 상태'로 생각하기 시작했다. 오늘날 평화학(paxology)에서는 '분쟁과 다툼이 없이 서로 이해하고 우호적이면 조화를 이루는 상태'라고 개념을 정의하고 있다. 이런 목표를 향해 올리브나무 가지와 비둘기를 평화의 상징물로 사용해왔다. 어떤 의미에서는 지구촌의 현실에서는 평화는 존재하지 않는지도 모른다. 수많은 분쟁과 제1차, 제2차 세계대전까지 치렀는데도 여전히 전쟁을 준비해야 하니, 강대국에서는 살상 전쟁을 '애들 장난(baby's play)' 혹은 '배틀 게임(battle game)'으로 생각하고 있어 네덜란드 성직자 데시데리위스 에라스뮈스(Desiderius Erasmus, 1466~1536)의 말과 같이 "겪어보지 못한 자에겐 전쟁이란 달콤한 것이다(Dulce bellum inexpertis)."군대 자체를 인정하지 않는 코스타리카(Costa Rica) 헌법 제12조 "전시엔 군대를 가진다."[134]라고 명시하고 있고, 평시에 경찰과 민방위 성격의 준군사적 조직을 갖고 있고, 태평양 전쟁 패전의 대가로 얻은 일본 헌법9조(日本憲法第9條)에도 "육해공군 그 외 전력은 이를 보유하지 아니한다. 국가의 교전권은 이를 인정하지 아니한다."[135]고 규정하고 미군은 태평양 사령부를 보호하도록 자위대(自衛隊)를 인정했고 명칭만 군대가 아니지 군사적 행동을 다 하고 있다.

마이클 잭슨(Michael Jackson, 1958~2009)의 "세상을 다독거려요(Heal the world)."

한편, '평화태동(מולשה תישאר)'은 '전쟁을 통한 평화 정착(מולש רדסה המחלמ תועצמאב)'보다 이전에 있었다. 기원전 600년경에 살았던 이스라엘의 선지자 이사야(Isaiah, BC 7세기)는 자신의 편지글에서 "(당시 통치자) 그분들께서 민족들 사이에 재판관이 되시고 수많은 백성들 사이에 심판관이 되시리라. 그러면 그들은 칼을 쳐서 보습을 만들고 창을 쳐서 낫을 만들리라(They beat their swords into plowshares and their spears into pruning hooks). 한 민족이 다른 민족을 거슬러 칼을 쳐들지 않고 다시는 전쟁을 배워 익히지도 않으리라."136라는 바람을 실토하기도 했다. 또한 로마제국을 위해서 이스라엘 민족에게 세금징수장이 마태오(Levi Matthew, AD ?~74)는 "칼을 칼집에 도로 꽂아라. 칼을 잡는 자는 모두 칼로 망한다(For all who draw the sword will die by the sword)."137라는 예언을 했지만 지구상에서는 전쟁만이 평화를 정착할 것이라는 확신을 가졌다. 1776년 미국 독립 선언(Declaration of Independence)을 기획했던 벤저민 프랭클린(Benjamin Franklin, 1706~1790)은 "좋은 전쟁, 나쁜 평화란 이 세상에 있었던 적이 없다(There never was a good war or bed peace)."고 단언했으며, 성직자 아브람 무스트(Abraham Johannes Muste, 1885~1967)은 "평화로 가는 길은 없다. 평화가 길이다."라고 평화 정착을 핑계로 말장난치지 말고 네 마음부터 평화로운 걸 선택하라고 했다.

과연 지구촌의 평화 정착은 '전쟁으로 악의 무리를 무찌르고 선의 올곧은 세상 만들기'가 가능할까? 역사를 통해서 볼 때는 평화란 통치자의 양두구육(羊頭狗肉)에 지나지 않았고, 영원한 제국의 꿈을 위해서 인류만 희생되었다. 겸허한 마음으로 뒤돌아보고 가슴에 조용히 손을 얹고 양심의 소리를 들어보면 단 하나의 율동은: 우리의 기억 속에 살아있는 '팝의 황제(Pop's Emperor)' 마이클 잭슨의 "당신의 마음 한 구석에 사랑이 있다는 걸 알아요. 그곳은 내일보다 더 밝게 빛날 거요. 진정으로 노력한다면, 울 필요가 없다는 걸 알게 될 것에요. 그곳에선 상처나 슬픔을 느낄 수 없어요. 그런 세상에 갈 수 있는 방법이 있죠. 살아있는 것들을 소중히 여긴다면 조금 더 여유를 가져 보아요. 세상을 다독거려요. 더 좋은 세상을 만들어 봐요. 당신과 나, 그리고 전 인류를 위해서요…."[138]

경남 밀양에 이런 이야기가 내려온다. 1500년경 명관이 밀양현감(密陽縣監)으로 부임했다는 소문, 장난꾸러기 장돌뱅이가 현감의 민정밀탐(民情密探) 길목에서 "내 돈 3냥을 네 놈이 주었다." "아니, 네 놈이 3냥을 갖고 갔다."고 대판 싸움질을 하였다. 현감이 듣다가 "나 이곳 현감인데, 이곳에서 당장 해결을 못하겠으니, 내가 이 돈 3냥을 갖고 가 내일 이맘때 해결하세."라고 현감의 집무실 동헌(東軒)으로 갖고 갔다. 다음 날 동헌에 식식거리면서 나타난 젊은 두 사내. 다시 싸움을 시작할 기세였다. 현감은 4냥을 그들 앞에 내놓고, "자! 우리 모두 1냥씩 손해 보세(三方各損一兩)! 자네에겐 2냥, 자네 2냥, 그리고 나도 1냥을 보탰으니 1냥 손해 봤네."라고 손바닥을 털면서 일어났다. 똑같은 이야기가 에도 시대(えどじだい) 또는 도쿠가와 시대(德川時代, 1603. 3. 24.~1868. 5. 3. 265년간)에서도 기록으로 남아 있다.[139, 140] 전쟁에서도 이와 같은 방안이 이용되기 시작했다. 칼을 잡고 싸우다가도 i) 칼을 내려놓고(put the knife down), ii) 상대방의 손을 맞잡으면서(hold the other person's hand), iii) 미안하다 상대방의 어깨를 도닥거리거나(sorry, hit the other person's shoulder), iv) 손가락을 걸며 다시는 싸우지 말라고 약속도 한다(put your finger on them and promise not to fight again). 이것이 전쟁 현장에서는 휴전 협정(cease-fire agree-ment)이고, 군사적 강화조약(treaty of peace), UN의 평화 유지(peace keeping service), 핵무기 폐기 운동(campaign for abolishing nuclear weapons) 혹은 내전의 종식(end of the civil war) 등이 여기에 해당한다.

:: 02

지구촌의 평화 정착이란 그림 퍼즐 맞추기

역대 노벨평화상 수상자를 대략적으로 훑어본다면

먼저, 노벨평화상. 알프레드 노벨(Alfred Nobel)은 평소 사회 문제에 관심을 보였으며, 평화 운동에 종사했다. "평화회의의 증진과 운영을 위해, 상비군의 군축과 피해를 대비해, 국가 간의 협력단체에 최선을 다했던 사람 혹은 단체에 시상"[141]을 유언하였다. 1901년부터 2019년까지 100회의 시상에 134명(단체)에 시상했으며, 최연소자는 2014년 수상자 말랄라 유사프자이(Malala Yousafzai, 1997년생)로 당시 나이 17세였고, 최고령자는 1995년 수상자 조지프 로트블랫(Joseph Rotblat, 1908~2005)는 87세였다. 19번이나 시상을 하지 못했는데 1914년부터 1916년까지, 1918년, 1923년부터 1924년까지, 1928년, 1932년, 1939년부터 1943년까지, 1948년, 1955년부터 1956년까지, 1966년부터 1967년까지 그리고 1972년이었다. 주요 사유로는 i) 제1차 혹은 제2

유사프자이 소녀(2014. 노벨평화상)

Malala Yousafzai의 메모쪽지

차 세계대전 전쟁 중에 수상 대상 업적을 가진 인물이 없었거나 ii) 시상금이 축적되지 않아서 다음 해에 적립을 위해 시상을 하지 못했다.

시상에서도 68회는 단독 시상, 30회는 2인 공동 시상이다. 특이하게 3인 공동 시상은 단 2회로 1994년 야세르 아라파트(Yasser Arafat), 시몬 페레스(Shimon Peres) 그리고 이츠하크 라빈(Yitzhak Rabin), 2011년 엘렌 존슨 서리프(Ellen Johnson Sirleaf), 레이마 그보위(Leymah Gbowee) 및 타와콜 카르만(Tawakkol Karman)에게 시상한 사례가 있다. 수상자를 살펴보면 133명(단체) 가운데 106명이 개인, 27단체다. 2회 이상 수상한 단체로는 국제적십자사(International Committee of the Red Cross)는 3회, 유엔난민고등판무관실(Office of the United Nations High Commissioner for Refugees)에 2회다.

최근 남녀평등 차원에서 여성 수상자는 17명이나 되며 최초 수상자는 1905년 버사 폰 슈트너(Bertha von Suttner, 1843~1914)이다. 이어 1931년 제인 애덤스(Jane Addams, 1860~1935), 1946년 에밀리 그린 발치(Emily Greene Balch, 1867~1961), 1976년 베티 윌리엄스(Betty Williams, 1943년생)와 마이어드 코리간(Mairead Corrigan, 1944년생), 1979년 마더 테레사 (Mother Teresa, 1910~1997), 1982 알바 미르달(Alva Myrdal, 1902~1986), 1991년 아웅산 수지(Aung San Suu Kyi, 1945년생), 1992

노벨평화상, 아웅산 수지(1991)

년 리고베르타 멘추 툼(Rigoberta Menchú Tum, 1959년생), 1997년 조디 윌리엄스(Jody Williams, 1950년생), 2003년 시린 에바디(Shirin Ebadi, 1947년생), 2004년 왕가리 마타이(Wangari Maathai,

1940~2011), 2011년 엘렌 존슨 시리프(Ellen Johnson Sirleaf, 1938년생)과 레이마 그보위(Leymah Gbowee, 1972년생) 그리고 타왁콜 카르만(Tawakkol Karman, 1979년생), 2014년 말랄라 유사프자이(Malala Yousafzai, 1997년생), 2018년 나디아 무라드(Nadia Murad, 1993년생)이다.[142]

다수 수상자로는 개인으로는 루이스 폴링(Linus Pauling, 1901~1994)으로 1954년 노벨화학상과 1962년 노벨평화상을 수상했다. 특이하게 수감되어 시상식에 참여하지 못한 수상자는 독일 평화주의자 칼 폰 오제치(Carl von Ossietzky, 1889~1938), 버마 정치인 아웅산 수지(Aung San Suu Kyi, 1945년생), 중국의 인간 운동가 루이 시아오보(Liu Xiaobo, 1955~2017) 등이다. 수상자 선정 후에 세상을 떠난 분도 1961년 다그 함마르셸드(Dag Hammarskjöld, 1905~1961)는 1974년 유족에게 전달했다. 가장 혼동하고 있는 영국의 수상 윈스턴 처칠(Winston Churchill, 1874~1965)을 노벨평화상으로 인식하나 1953년 노벨문학상을 시상했다. 유명인으로 시상하지 않는 3분은 아돌프 히틀러(Adolf Hitler, 1889~1945)는 1945년 및 1948년 지명되었고, 마하트마 간디(Mahatma Gandhi, 1869~1948)는 1937~1939년에 3회 올랐다. 조셉 스탈린(Joseph Stalin, 1878~1953)도 지명되었다. 한국에서도 1988년 영국과 서독 의회의 추천으로 "재임 기간 중 몇 차례 안전 보장상 중대 위기를 평화적으로 해결하고, 한반도 평화 유지에 공헌했다."는 이유로 전두환(全斗煥, 1931년생) 전 대통령도 지명되었으나[143] 심사위원회를 통과하지 못했다.

한국과 일본의 노벨평화상 수상자를 비교한다면

1974년 일본인 노벨평화상 수상자 에이사쿠 사토(佐藤榮作,

1901~1975)는 정치인으로 최장기 총리를 지냈으며, 총리 재임 시절에 "핵무기를 만들지도 않고, 반입하지도 않으며, 갖지도 않겠다."[144]는 '비핵 3원칙(非核三原則)'을 제창해 '일본의 핵 선택권 포기와 더 나아가 극동아시아의 지역 화해에 기여한 공로'로 1974년에 수상했다.[145] 그러나 사실은 1965년 1월 중국(中華人民共和國)에 대항해 핵무기 사용 가능성을 논의했고, 1969년 11월 리처드 닉슨(Richard Milhous Nixon, 1913~1994) 대통령의 중국 방문을 반대하면서도 표면상 동의한다고 대화, 1971년 중국의 유엔 가입을 반대, 1971년 '비핵 3원칙'을 외교상 슬로건을 제창했다. 2009년 12월 오키나와에 핵무기 탄두 배치를 허용했다.

김대중 노벨평화상 (2000)

2000년 노르웨이 노벨위원회에서는 김대중(金大中, 1924~2009)에게 "한국과 동아시아의 민주주의와 인권을 동시에 북한과의 평화와 화해를 위해" 노벨평화상을 수여하기로 2000년 10월 13일에 선정·발표했다. '한국의 넬슨 만델라(Nelson Mandela of South Korea)'로 독재 정권에 항거해 장기적 망명, 가택 연금, 강제 납치로 해저 수장의 위험 직면, 감옥 속에서도 민주주의의 대리인으로 역할을 했으며, IMF외환위기 극난을 극복하였고, 햇볕 정책(sunshine policy)을 통해 남북한 평화와 화해를 도모하였다. 버마의 민주화와 동 티모르의 억압에서 변화에도 영향이 컸다. 일본과의 화해를 위해 왔음이 유효하여 평화상 수상자로

김대중, 서울대병원 수감, 옥중서신

선정했다.[146]

　2000년 12월10일 노르웨이 노벨위원회 대표로 군나르 베르거(Gunnar Berge) 위원장이 시상식장에서 군나르 로알드크반(Gunnar Roaldkvam)의 「마지막 물방울(The Last Drop)」의 첫 구절인 "옛날 옛적에 두 방울의 물이 있었나니. 하나는 첫 번째, 다른 하나는 마지막인데. 첫 번째 물방울은 용감했다. 마지막 물방울은 모든 것을 다 만드는데…. 그러나 누가 첫 번째 물방울이 되고자 하겠는가?"[147]라는 시를 읊었다. 노벨평화상 수상자로는 그와 넬슨 만델라(Nelson Mandela), 안드레이 사크하로프(Andrei Sakharov), 그리고 마하트마 간디(Mahatma Gandhi)와 많은 공통점이 있다. 7번의 수감과 사형 선고까지 받았던 그에게 극악무도하기로 초인간적인 정신을 가졌다는 김정일에게도 진실과 인권을 부여했다. 한반도의 화해(détente)는 빌리 브란트(Willy Brandt)의 동방 정책(Ostpolitik)에 비견될 수 있다고 평가되고 있다.

국제결사체를 통한 지구촌 평화의 횃불을 밝히다

　1901년 최초 노벨평화상은 스위스 사회사업가이며 작가였던 장 앙리 뒤낭(Jean Henry Dunant 1828~1910)과 프랑스 경제학자이며 정치가 프레데리크 파시(Frederic Passy, 1822~1912)에게 2인 공동 수상자로 시상했다. 먼저 장 앙리 뒤낭(Jean Henry Dunant, 1828~1910)은 스위스 제네바(Geneva, Switzerland)공화국 대의원이며, 고아수용소 자혜국장을 역임하신 부유한 사업가 아버지(Jean-Jacques Dunant)와 신앙심이 깊은 칼뱅교도(Calvinist)의 어머니(Antoinette Dunant-Colladon)의 아들로 태어났다. 부모의 영향으로 청소년기에 환자와 극빈자에 봉사를 힘썼으며,

친구들을 결집시켜 빈민구호단체(Thursday Association)를 결성해 운영했다. 1849년 21살에 제네바대학(Collège de Genève)에 성적이 열등해서 자퇴하고 환전 회사 뤼앙에소테(Lullin et Sautter)에 견습생으로 들어가 직원으로 일했다. 1852년 11월 30일 스위스 제네바에서 뜻한 바가 있어 기독교청년회(Young Men's Christian Association)을 만들었으나 의지가 벽에 부딪쳤다. 보다 큰 그림을 그리고자 1853년 뤼앙에소테은행(Lullin et Sautter Bank) 직원으로 입사했다. 그러나 아프리카 알레지, 시칠리(Algeria, Tunisia, and Sicily) 등지에 파견되어 식민지 경영으로 막대한 이익을 챙기는 걸 목격하고, 제네바식민지회사(Compagnie genevoise des Colonies de Sétif)에다가 사표를 던졌다. 알제리에다가 식량 문제를 해결하고자 제분회사(Société financière et industrielle des Moulins des Mons-Djémila)를 설립했으나 자금난을 겪었다. 1859년 끝내 프랑스 황제를 찾아가 도움을 요청했으나 나폴레옹3세(French emperor Napoléon III)는 만나주지 않았다.

실의에 쌓였던 그는 인류의 아수라장이라는 전쟁 현장을 찾아서 1859년 6월 24일 스위스로 돌아오는 길에 솔페리노격전(Battle of Solferino, Italy) 현장에서 수만 명의 사망자와 부상자를 두 눈으로 봤고 "이곳이 지옥이다."라고 직감했다. '모두가 형제(Tutti fratelli)'라는 생각에서 부상자 구호에 참가했고, 이를 계기로 자신도 모르게 사회활동가로 변신했다. 1862년에 자비로『솔페리노의 회상(Un souvenir de Solferino)』회고록을 자비로 1,600부를 출판해서 유럽을 다니면서 전시부상자 구호를 위한 중립적 민간국제기구 창설을 역설했다. 1863년 2월 17일 유럽 각국의 호응으로 국제적십자(International committee of the Red Cross)가 창립되었다. 1864년 10월 26일 유럽 16개국이 스위스 제네바에서 적십자 조약을

i) 아군과 적군을 가리지 않고 부상자를 치료, ii) 중립적인 적십자 활동에 방해나 공격을 하지 않음, iii) 흰 바탕에 붉은 십자가를 상징 표시로 결정했다. 1867년 프랑스 파리로 옮겼고, 1871년 프랑스와 독일 전쟁 때 프랑스 국방위원회의 지원을 받아 구호 활동을 전개했다.

다음, 프레데리크 파시(Frederic Passy, 1822~1912)는 프랑스 파리(Paris, France)에서 워털루 전쟁의 퇴역 군인(veteran of Waterloo) 아버지의 아들로 태어나 단기간 법률과 회계를 교육을 받아 주(洲)의회(State Council (Conseil de Droit)의 회계 업무 담당자로 1846년부터 1849년까지 근무했다. 삼촌의 영향을 받아서 3년 뒤에 경제학으로 돌아와서 학업에 열중했다. 루이 나폴레옹의 쿠데타(coup d'état of Louis Napoleon) 이후 정치 활동에서 물러나 1857년 몽펠리에대학(University of Montpellier)에서 『경제 믹스(Mélanges économiques)』라는 저술로 유명 경제학자가 되었다. 1860년에 파리와 지방 대학에서 정치경제학을 가르쳤다. 자유무역 옹호자로 1877년 프랑스학술원(Institut de France)의 회원, 프랑스 아카데미 회원(French Académie des sciences morales et politique), 명예 군단(Legion of Honor) 지휘관을 맡았다.

한편 1867년 국제영구평화동맹을 설립해 서기장을 맡아서 운영했으며, 1868년부터 룩셈부르크 위기(Luxembourg Crisis of 1867)에 프랑스와 프로이센의 전쟁 방지에 사무총장으로 맡았다. 1874년에 하원의원에 당선되어 열렬한 평화주의자로 영국 윌리엄 랜들 크리머(William Randal Cremer)와 함께 국제평화동맹(Ligue internationale et permanente de la paix)과 국제의회연합을 조직하는 데 기여했다. 1881년 산업재해에 관한 법률 제정, 외교 정책 변경, 교육과 노동 개혁을 주장, 1888년 영국 국회의원과 프랑스 대표와의 중재 활동을 전개, 스위스 베른의 국제

평화국(International Bureau of Peace) 회원으로 활동했다. 1881년부터 1902년까지 여러 대학에 정치경제학(Leçons d'économie politique) 교수를 역임하면서 강의를 했다. 저서로는 1857년『경제 믹스(Mélanges économiques)』, 1859년『지적재산권(De la Propriété Intellectuelle)』 및 『의무교육(De l'Enseignement obligatoire)』, 1860년『정치경제의 교훈 (Leçons d'économie politique)』, 1864년『민주주의와 교육(La Démocratie et l'Instruction)』, 1867년『전쟁과 정의(La Guerre et la Paix)』, 1873년『노동의 역사(L'Histoire du Travail)』, 1875년『노동과 자본의 연대(La Solidarité du Travail et du Capital)』, 1879년『역사와 도덕과 정치과학 (L'Histoire et les sciences morales et politiques)』, 1905년『평화의 역사 (Historique du mouvement de la paix)』 및 1909년『평화를 위하여(Pour la paix)』를 출판했다. 논문으론 1896년에 미국 사회학저널(American Journal of Sociology)에 「유럽 평화 운동(The Peace Movement in Europe)」을 게재했다.

:: 03

무식쟁이 근로자들이 지구촌 평화에 파종

무식쟁이 근로자로 노동 평화 운동의 씨앗 뿌리기

1903년 영국 노동조합 지도자이며 평화 운동가 윌리엄 랜달 크레머(William Randal Cremer, 1838~1908)에게 세계 평화에 기여한 공로로 노벨평화상을 수여했다. 그는 영국 잉글랜드 햄프셔 페어햄(Fareham, Hampshire, England, UK)에서 태어나서 시골 감리교학교(Methodist school)에서 교육을 받은 것이 전부였다. 목수 견습공으로 들어가 숙련공이 되었으며, 1860년에 목공건구직원공동조합(Amalgamated Society of Carpenters and Jointers)을 창립하여 운영하였으며, 1865년에 제1인터내셔널(International Workingmen's Association)의 영국지부 서기장을 맡았다.

다른 지도자와의 의견 충돌로 불과 2년 만에 사임하기도 했으며, 1871년에 노동자평화협의회를 창설해서 간사를 맡았다. 1885년부터 1895년 영국의회(Liberal Member of Parliament)의 헤거스톤(Haggerston) 지역구 의원으로 활동, 1897년에 영미중재조약체계에 국가 간 조정(international arbitration)에 기여한 공으로 노벨 수상자로 추천되었다. 1900년부터 1908년까지 영국 하원의원을 두 차례나 역임했다. 1903년에 단독으로 노벨평화상을 수여받았고, 8,000파운드의 상금 가운데 7,000파운드를 국제 평화 기금으로 내놓았다. 1907년에 영국 왕가로부터 기사 작위

(Knight Bachelor)를 받았다. 사망 후에 출신 지역 해거스톤(Haggerston)에서는 그의 이름을 따서 랜달 크레머 초등학교(Randal Cremer Primary School)라는 교명을 붙였다.

무식쟁이 주물공장 견습공이 지구촌 군축 문제 의장으로

1934년 영국의 정치가 아세 핸더슨(Arthur Henderson, 1863~1935)에게 1932년 제네바 군축회의 의장으로 활약한 공로로 노벨평화상을 수여했다. 그는 영국 스코틀랜드 글래스고(Glasgow, Scotland)에서 태어나 12살에 주물공장(Robert Stephenson and Sons' General Foundry Works) 견습공(iron moulder)으로 출발했으며, 18세에 주물공노동조합(trades unions)에 가입해 1892년 주물업자친목협회(Friendly Society of Iron Founders)를 결성하고, '남서조정협의회(North East Conciliation Board)' 대표를 맡는 등 두각을 나타냈었다. 친지(親知)들은 그를 '아서 아저씨(Uncle Arthur)'라고 했다. 1903년 달링턴 시장 및 하원(Member of Parliament (MP) for Barnard Castle) 의장을 역임했으며, 1908년에 노동당 집행위원으로, 제1차 세계대전이 발발하자 참전을 지지함으로써 헨리 애스퀴스(Herbert Henry Asquith, 1852~1928) 연립 내각 당시 무임소장관으로 전시 노동 문제의 자문역으로 입문했다.

한편 1917년 러시아 전쟁 지속을 도모하려고 하자 정부 사절로 방문, 스톡홀름 국제사회주의자대회에 대표 파견을 제안(proposal for an international conference on the war)했으나 승낙되지 않자 사직했다. 1924년 제1차 노동당(Labour Party) 내각의 내무상(Home Secretary)을 맡았으며 제1차 내각 땐 외무상(Secretary of State for Foreign Affairs)을 역임,

1929년부터 1931년 맥도널드(Ramsay MacDonald) 수상이 거국 내각을 조직하는 데 노동당 지도자(Leader of the Labour Party)로 반대를 했으며 와해되었다. 1932년 제네바 국제 평화와 군사력 감축을 위한 군축회의의 의장으로 활약을 했다.

산업화 시대의 노동권 평화를 기반으로

퇴학과 해고의 상처를 기반으로 국제 노동자의 평온을 만듦

1951년 프랑스의 노동운동 지도자 레옹 주오(Léon Jouhaux, 1879~1954)에게 국제노동사무국(ILO) 창설자의 한 사람으로 국제노동조합연맹 부회장, 프랑스 노동총동맹 서기장, 세계노동조합 연합회(WFTU) 부회장, 국제자유노련(ICFTU)의 지도자 등으로 노동운동 지도자로 세계 근로자의 평온을 만드는 데 기여한 공로로 노벨평화상을 수상했다. 그는 프랑스 파리에서 태어나 학교에서 공부를 할 나이인 12살 때에 노동을 시작했으나 파업을 했다는 이유로 임금을 못 받았으며 이로 인해 학교에서도 퇴학당했다. 1900년 아버지 사망의 계기가 된 백린(白燐) 사용을 항의했다. 당시 21세 성냥공장의 근로자로 파업을 지도했다고 해고당했다.

1906년 프랑스노동총동맹(Confédération générale du travail, CGT)의 잠정적인 회계서기를 맡았으며, 1909년부터 1947년까지 사무총장을 역임했으며, 1일 8시간 노동, 단결권, 단체 교섭권, 단체 행동권 보장, 휴일 임금 지급 등의 초기 노동운동을 주도했다. 1936년 마티뇽 협정(Accord de Matignon) 체결에 인민 전선의 활동으로 노동환경 향상에 기여했다. 무정부주의 혁명적 노동조합주의인 아나르코 생디칼리슴(Anarcho syndicalisme)의 신봉자였으며, 계급협조주의자로 국제노동사무국(ILO) 창설자의 일원, 국제노동조합연맹 부회장을 역임했다. 제2차 세계대전 당시에 독일군에 체포되어 종전까지 부헨발트강제수용소(Camp de concentra-tion de Buchenwald)에 갇혀 있었으며, 전후 프랑스노동총동맹의 서기장, 세계노동조합연합회(WFTU) 부회장, 석탄 파업을 계기로 1947년 공산당의 총동맹 탈퇴, 새로운 반공적인 '노동자의 힘(Force ouvrière)'을 창설했다. 국제자유노련(ICFTU)의 지도자로 프랑스 노동운동(Confédération générale du travail - Force ouvrière, CGT-FO) 우파의 장로로 활약했다.

저서로는 1918년『평화에 있는 노동자들(Les Travailleurs devant la paix)』, 1920년『노동조합주의와 프랑스노동총연맹(Le Syndicalisme et la C.G.T.)』, 1921년『국제노동기구(L'Organisation internationale du tra-vail)』, 1931년『프랑스 노동운동(Le Mouvement syndical en France)』, 1937년『노동조합주의, 그것이 뭐인지? 무엇인지?(Le Syndicalisme, ce qu'il est, ce qu'il doit être)』, 1939년『프랑스 노동운동 및 대중적인 앞모습(La C.G.T. et le Front populaire)』등이 남아 있다.

현안 노동 문제, 권익과 복지를 챙겨 세계 평화에 기여

1969년, 국제연합의 산하 기관으로 1919년 스위스 제네바(Geneva, Switzerland)에 설립된 국제노동기구(International Labour Organization)에 지구촌의 노동자들의 문제 해결, 노동 권익과 복지를 챙겨 세계 평화에 기여한 공로로 노벨평화상을 수여했다. 인간다운 존엄성을 유지하면서 노동을 보장하는 것을 목표로 i) 노동기본권 보장, ii) 고용 기회 확대, iii) 사회보장제도 확충, iv) 국제간의 사회적 협력을 강화하여 v) 지구촌 노동자의 평화를 보장하고자 1919년 제1차 세계대전 이후에 사회운동가들이 주도했던 국제적 노동자 보호를 위해, i) 무역 경쟁의 형평성 유지, ii)

각국의 노동조합, iii) 러시아 공산혁명으로 노동 문제가 화두로 등장되어, iv) 보편적이고 지속적인 평화 차원의 사회정의 구현(social justice Implement in the universal lasting peace dimension)이었다. 초기 참가국은 43개이었으나 우리나라는 1991년 유엔 가입과 동시에 한국노동조합총연맹이 ILO에 가입했다.

1944년 제2차 세계대전 중에도 필라델피아 선언(Philadelphia Declaration)을 채택했고, 1946년에 유엔 전문기관으로 유엔안전보장 이사회(United Nations Economic and Social Council)에 편입되었으며, 1969년에 노벨평화상을 수상, 1977년 미국 사회주의국가에 대한 비판과 이스라엘 지원을 목적으로 탈퇴, 1980년 미국 재가입, 2012년 10월 1일 임기 5년의 사무총장에서 영국인 가이 라이더(Guy Ryder, 1956년생)가 선출되었으며, 2016년에 재선되어 2022년까지 역임하게 된다. 2018년 7월 현재 189개의 조약(conventions.)과 201개의 권고안(recommendations)을 내놓았다. 1998년 제86차 국제노동회의에서 기본 원칙과 노동권 선언(Declaration on Fundamental Principles and Rights at Work)을 채택했다. 남녀 고용 균등(Equal Employment for Men and Women), 동일 노동 동일 임금(Same wage for same labor), 강제 노동 및 아동 노동의 종식(end of forced, compulsory labour & child labour), 이주 노동자(Migrant workers)의 권리 증진 등의 활동을 하고 있다. 유엔 가입 국가 193개 가운데 회원국(member states) 186개국이 국제노동기구에 가입되었으며, 비회원은 안도라, 부탄, 리히텐슈타인, 미크로네시아, 모나코, 나우루와 북한이다(Andorra, Bhutan, Liechtenstein, Micronesia, Monaco, Nauru, and North Korea). 국제노동조약은 비준국가만이 효력을 얻게 되며, 스페인 133개, 프랑스 123개, 노르웨이 107개, 네덜란드 106개, 스웨덴 92개,

영국 86개, 독일 83개 및 핀란드 9개의 조약에 비준하고 있다. 우리나라의 관심 사항인 최저임금제는 최저임금 조정을 통한 노동권 보호를 위해 1928년 최저임금고정기구협약(Minimum Wage-Fixing Machinery Convention), 1951년 최저임금고정기구농업협약(Minimum Wage Fixing Machinery Agriculture Convention)과 1970년 최저임금고정협약(Minimum Wage Fixing Convention)을 반영 제정했다.

2019년 국제노동기구 창설 100주변을 맞아 노동의 미래 변혁에 대비하고, 새로운 미래에 도전을 위해서 '노동 미래의 원천(Future of Work Initiative)'을 설치해 2016년 각국 대표, 노동자, 학계 거물 110개국에서 국가 및 지역 레벨에서 '새로운 100년 4대 대담: i) 노동과 사회, ii) 사양직업, iii) 노동조직과 생산 그리고 iv) 노동협업'에 대해 대화를 시작했다. 2017년도 '노동미래지구촌회의(Global Commission on the Future of Work)'를 설립했다. 2019년에는 「100년 국제노동회의」라는 보고서를 발행한다.

:: 05

뜻있는 일마다 지구촌 평화 꽃밭엔 한 송이

하느님의 작은 몽당연필, 빈자의 어머니

1979년 오스만 제국 오스만 제국 코소보 주 스코페(Skopje, Üsküp, Kosovo Vilayet, Ottoman Empire)에서 태어나 아일랜드 수녀원에서 인도 콜커타로 파견되어 '하느님의 작은 몽당연필(god's small pencil stub)'이라고 생각하고 가난한 거리의 사람들을 돌보아온 '살아있는 성자(a living saint)'로 매리 데레사 보아지우로(Mother Teresa, 1910~1997)에게 노벨평화상을 수상했다. 그녀의 본명은 아그네스 곤자 보아지우로(Anjezë Gonxhe Bojaxhiu)로, 중부 유럽과 아테네를 잇는 거점 도시 스코페에서 아르메니아 아버지와 알바니아 어머니 사이에 태어났다. 아버지는 정치운동에 휘말려 출생 다음 해에 세상을 떠났고, 어머니의 보살핌에 희소하게 가톨릭을 신봉했다. 영민하면서도 신앙심이 돈독했다. 12살에 인도 벵갈에 가서 수녀 생활(lives of missionaries and their service in Bengal)을 언급했다. 18세에 어머니가 수녀가 되는 것을 허락해서 아일랜드 로레타 수녀회(Sisters of Loreto at Loreto Abbey in Rathfarnham, Ireland)에 들어갔다.

그곳에서 교육을 받아 인도로 파견되어 영국계 백인들의 딸을 가르치는 가정교사가 되었다. 1928년 아일랜드 더블린(Dublin, Ireland)에서 3년간 기초 교육과 영어를 익히고, 1929년에 인도로 파견되었고, 1931년 인도 다즐링(Darjeeling, India)으로 옮겨, 세례명 테레사(Teresa)를 선택했다. 1931년부터 1947년까지 인도 콜카타(Calcutta, West Bengal, India, present-day Kolkata) 성(聖)마리아 수녀원 부속학교(St. Mary's convent school)에서 소녀들에게 지리학(geology)을 강의했다. 16년 교사생활을 하고 교장(headmistress)으로 승진했다. 그 사이에 1937년 5월 14일 로레타 수녀회에 평생을 바치기로 서원했으나 1946년 9월 10일(10 September 1946) 콜카터(Kolkata)에서 다즐링(Darjeeling, India)으로 피정(retreat)을 가던 기차 안에서 '신의 목소리(god's calling)'로 "안온한 로레타 수녀회에서 나가, 거리에서 고통받는 인도의 가난한 사람들을 돌보라."는 부르심 속의 소명(the call within the call)을 부여받았다.148 2년 세월을 질질 끌었다가 1948년 혈혈단신으로 거리에 나와서 '맨땅에 헤딩하기(Hitting the ground)'로 무모한 짓을 했다.

당시 인도는 복잡한 상황으로 내부 분열과 계급투쟁을 벌였으며, 사람들은 질시와 반목으로 사회는 불안해졌다. 따라서 인도 길거리는 가난한 사람들로 넘쳐 흘렸다. 아무런 보살핌조차 받지 못하고 굶주림과 병마로 속수무책 죽어만 갔다. 그의 순수한 봉사를 선교 수단으로 오해하고(misunderstanding the service hand as the mission), 무조건 적대시했다. 그녀가 소속했던 수녀회마저도 봉사활동을 오해하고 왜곡했다. 끝내 수녀복(Nun costume)을 벗어던지고 불촉천인(不觸賤人)들의 흰색사리(white cotton sari)를 입고 밑바닥부터 다시 시작했다. "진정으로 섬기는 자는 밑바닥에서 위를 쳐다보지 않는다(He who truly serves does not look up from the bottom)."는 마음으로 자신을 '하느님의 작은 몽당연필'이라고 생각했다. 1950년에 '사랑의 선교수녀회'를 결성, 1952년 8월 22일 무료 호스피스인 '죽어가는 사람들의 집(Home for Sick and Dying Destitutes)' 또한 '순결한 마음의 장소(Place of Pure Heart)'를 설치했다. 1955년 9월 23일 어린이 보호 시설인 '출산의 집(Shishubhaban)'을 개설, 1958년 90명의 어린이의 생활공간을 마련했다. 1968년 한센병 환자의 커뮤니티 '평화의 마을(Shanti Nagar)'을 마련, 1975년 회복 가능한 사람들의 '사랑의 선물(Prem Dan)' 장기 요양소를 만들었다. 드디어 수녀회 부속학교의 제자들도 이해를 했고, 가톨릭 교단과 교황도 지지를 천명했으며, 각국에서 기부금이 모아졌다. 언제나 했던 흰색사리와 샌들 차림으로 노벨상 시상식에서도 참여했으며, 시상식 만찬 비용까지 아껴 가난한 사람들을 도왔다.

한편, 미국에선 명성을 이용한 대규모 사기 사건 발생, 세계적인 폭력적 혼란에도 노벨평화상 수상자로 일갈을 하지 않고 오직 소극적인 봉사에만 전력을 쏟았다는 비난을 받았다. 대표적인 악평으로는 '마더 테레사, 부자들의 성녀(Mother Teresa, Saint of the Rich)'[149]와 1995년 크리스토퍼 에릭 허친스(Christopher Eric Hitchens)의 선교의 위상: 마더 테레사의 이론과 실제(The Missionary Position: Mother Teresa in Theory and Practice)'에선 '자비를 팔다' 등의 혹평도 많았다. 45년간 타국에서 인류의 평화를 위해서 헌신하고, 자신도 가난한 사람들과 같은 치료와 대우로 87세의 나이로 선종을 맞았다. 임종 당시 123개국에서 610개의 선교 단체와 상담소, 고아원 및 학교 등이 지원하고 있었다. "빈자의 최빈자를 위해 전심으로 봉사(wholehearted free service to the poorest of the poor)했다."는 성심으로 2016년 9월 4일 가톨릭 교황청에서 '콜카타의 성인 테레사(Saint Teresa of Calcutta)'로 시성(諡聖)했다.

테레사 수녀(1979, 노벨평화상)

예술가로 인권 수호를 위해 군사 독재에 저항

1980년 아르헨티나 평화주의 활동가로 커뮤니티 조직가, 화가, 작가이며 조각가였던 아돌프 페레스 에스키벨(Adolfo Pérez Esquivel, 1931년생)에게 아르헨티나의 1976년부터 1983년까지 지속된 시민 군사 독재를 반대한다는 이유 하나만으로 14개월 동안 재판 한 번 없이 구금, 수감 및 고문 등으로 인권 박탈에 저항하면서 인권을 수호한 공적으로 노벨평화상을 시상했다. 그는 아르헨티나 부에노스아이레스(Buenos Aires, Argentina)에서 태어나 3살 때 아버지가 세상을 떠났고, 생활이 곤궁함에도 마누엘 벨그라노 미술학교(Manuel Belgrano School of Fine Arts)를 다녔고, 라플라타국립대학(National University of La Plata)에서 그림 그리기와 조각을 배웠다. 다양한 조각 매체로 습작했기에 25년간 대학에서 초등학교까지 가르쳤다.

1960년대에 라틴아메리카 기독교 평화주의자그룹(Latin American Christian pacifist groups)에 가입해서 활약했다. 라틴아메리카 커뮤니티에서 네트워크 기반으로 비폭력 빈자자유(Latin America-based communities promoting liberation)를 위한 대내외 활동에 활약하였기에 1974년에 총괄 조정자(coordinator general)로 선임되었다. 1976년 5월 쿠데타(March 1976 coup)는 조지 비델라 장군(General Jorge Videla, 1925~2013)의 군사 독재를 불려왔다. 아르헨티나 국민의 인권을 방어하고자 대중과 재정적, 조직적 기반을 위해 '봉사, 평화와 정의재단(Service, Peace and Justice Foundation)'을 설립했고, 1974년에 공동으로 조직한 '라틴아메리카 인권 비정부기구(Human Rights Non Governmental Organisation in Latin America)'와 '화해국제친목(International Fellowship of Reconciliation)'

등과도 상호 연계했다. 이를 통해 군사 소탕전(Dirty War)의 희생자 가족을 도울 수 있었다. 1975년 브라질 헌병(Brazilian Military Police)에게 체포되어, 1976년 에콰도르에서 수감되었다. 1977년 부에노스아레스에서 아르헨티나 연방경찰에 체포되어 제판도 없이 14개월간 고문을 당했다.

이런 공적은 '가장 가난하고 작은 형제자매들의 이름으로(in the name of the poorest and smallest of my brothers and sisters)'라는 국제 인권을 위한 저항, 1976년부터 노벨평화상의 후보자에 몇 차례 지명되었다. 화가이며 조각가로 남긴 작품은 1992년 미국 정복 500주년 기념 조각 「새 하늘과 새 땅(A new sky and a new land)」이 15개 역에 설치되었고, 스위스 난민위원회(UNHCR) 본부 난민기념비(Monument to Refugees), 에콰도르 대성당의 벽화(Cathedral of Riobamba), 바르셀로나의 간디광장(Gandhi Square, in Barcelo)의 마하트마 간디(Mahatma Gandhi) 동상 등이 남아 있다.

국졸 출신 전기공이 민주화와 자유화의 선구자로

1983년 폴란드 노조 지도자이며 정치가였던 레흐 바웬사(Lech Wałęsa, 1943년생)는 폴란드 브워츠와베크 포포보(Popovoe, Broughts Beck, Polska)에서 태어나 그다니스크 초등학교(Ganisk Szkoła podstawowa)를 마치고, 부모의 농사를 돕다가, 가출해 직업학교(vocational school)를 졸업하고, 1961년부터 1965년까지 자동차기계공장에서 일했으며, 2년간 병역 의무를 마쳤다. 1967년 7월 12일에 그다니스크(Gdańsk) 레닌조선소(Lenin Shipyard, Gdańsk Shipyard) 전기공(electrician)으로 입사했다. 1969년 다누타(Mirosława Danuta Gołoś)라는 여자와 결혼했다. 1970년 식료품 가격 인상 반대파업(protests at the Gdańsk Shipyard) 당시 조선

파업위원회 의장에 선임되었고, 1976년 파업으로 해고되어 4년간 무일푼의 실업자로 생활을 하면서 '죽은 노동자의 기념탑(Pomnik martwych robotników)' 건립 청원 서명운동을 전개했다. 1980년 파업(strike in August 1980)으로 그다니스크(Gdańsk) 지구연합파업위원회 의장으로 정부와 '정부노사합의' 체결에 성공, 동유럽 최초로 공인된 자유노조(Free Trade Unions)를 설립했다.

1980년 9월 계엄령(martial law)으로 구류(拘留)되어 11개월간 구금(拘禁)되었다가 1982년 11월 석방되어 조선소 복직은 허용되었으나 '연대운동(Solidarity movement)'은 합법화되지 않았다. 이런 민주화 물결(democratization wave)은 사회주의를 탈피하는 폴란드의 자유화 물결(liberalization wave)로 번졌다. 1983년 7월 계엄령 해제, 그러나 바웬사(Wałęsa)와의 대화는 거부했다. 1983년 노벨평화상을 수상은 부인이 대신 수상했다(His wife Danuta accepted the prize on his behalf). 1987년에 프랑스어로 『희망의 길(Un Chemin d'Espoir)』을 프랑스에서 비밀리 출판했다. 노조 지도자에서 폴란드 정치체계 변화에 자유주의 기수로 자리매김을 받았다. 1990년 12월 22일 총선에 대통령으로 당선되어 '정상에서 전쟁(war at the top)' 슬로건으로 노조 자유화에 기여했으며, 경제 성장 6%와 60%의 민영화를 추진했으나 성과와 명예라는 두 마리 토끼를 다 잡지 못했고, 1995년 12월 22일 재선에 성공하지 못하고 물러났다.

그의 저서로는 1987년 프랑스에서 프랑스어로 비밀리 출판한 『희망의 길(Un Chemin d'Espoir)』, 1991년 『자유로 향하는 길(Droga do wolności)』, 1992년 『투쟁과 승리: 자서전(Walka i triumf: autobiografia)』, 1995년 『내가 하는 모든 것 폴란드의 위해 한다(Wszystko, co robię, robię dla Polski)』 등이 남아 있다.

:: 06

공산 독재와 군부 독재에 저항해 평화 정착

티베트 종교 지도자로 '마음 평온과 지구촌 평화'를 설법

1989년 중국 티베트 지역 출신 종교적 지도자 제14대 달라이 라마(the 14th Dalai Lama, 아명 Lhamo Thondup, 법명 Tenzin Gyatso, 1935년생)에게 노벨평화상을 수여했다. 그는 1959년 14세 때에 티베트 독립을 위하여 인도 다람살라(Dharamshala, India)로 망명하여 망명 정부(government-in-exile)를 수립하였으며, 지구촌을 대상으로 종교적 혹은 심리적 안정과 평화를 설파하였으며, 필요로 하는 곳마다 방문해서 상담과 설법을 하였다. 70여 권의 저서를 통해서 국제 평화를 위한 역할을 했다. 1935년 7월 6일 중국 청해성(靑海省, 티베트 아무드 타크쉘)마을 농가의 아들로 태어나서 라모된줍(Lhamo Thondup, ལྷ་མོ་དོན་འགྲུབ)이란 아명을 갖고, 2살 때 후대 달라이 라마를 찾기 위한 환생자 수색대(轉生者搜索隊)가 마을에 왔을 때에 선대 달라이 라마가 아니면 도저히 대답할 수 없는 대답을 답변함으로서 관심을 끌었고, 환생현신(還生顯身)이라고 '제쭌참빼아왕로쌍예쎄땐진갸쵸(Tenzin Gyatso)'라는 법명(法名)을 받았다. 1940년 5살 때에 제14대 달라이 라마(Dalai Lama)로 취임했다.

중국의 티베트 독립운동을 군사력으로 진압하고자 하자 인도 다람살라(Dharamsala, India)로 망명하여 티베트 망명 정부를 수립하고 티베트 민족의 정신적 지도자로 활동을 했다. 달라이 라마(Dalai Lama)는 제정

일치의 전통을 갖은 티베트에서는 종교적 정치적 지도자로 인정한다. 티베트엔 종교적 지도자도 달라이라마와 판첸 라마(Panchen Lama)가 있으나 겔룩파의 공식적인 지도자는 간테 트리마(Ganden Tripa, 정신적 지도자)를 인정하고 있다. 텐진 갸초(Tenzin Gyatso, फोटो तस्वीरहरु)는 자비의 보살인 관세음보살(Chenrezig)의 화신으로 믿으며, 1959년 중국의 티베트 통치에 반대해서 인도로 망명했다.

전 세계를 대상으로 불교의 가르침뿐만 아니라 국제사회의 평화와 개인적 평온을 설파했으며, 티베트의 독립 지지를 호소했다. 이렇게 활약하는 사이에 판첸 라마(Panchen Lama)는 중국 정부에 접근하여 라마교의 지도자로 국가적 공식 인정을 받았으나, 둘 라마 사이는 거리만 멀어졌다. 한편 우리나라에선 2,000년 달라이 라마 방한 준비 위원회를 발족해 추진했으나, 불교계 등의 종교적인 문제, 중국 정부의 압력과 언론의 비난 등으로 무산되었다.

저서는 대략 70여 권으로 1962년 『나의 조국과 나의 국민: 달라이 라마 성자의 자서전(My Land and My People: The Autobiography of His Holiness the Dalai Lama)』, 1987년 『티베트의 정신적 지식(Tantra in Tibet)』, 1988년 『하버드에서 달라이라마(The Dalai Lama at Harvard)』, 1990년 『망명자유: 달라이라마의 자서전(Freedom in Exile: The Autobiography of the Dalai Lama)』, 『나의 티베트(My Tibet)』, 1994년 『깨달음의 길(The Path to Enlightenment)』, 1995년 『알짜배기 가르침(Essential Teachings)』, 『티베트 부처님의 세상(The World of Tibetan Buddhism)』, 1996년 『티베트의 초상화: 동정의 힘(Tibetan Portrait: The Power of Compassion)』, 1997년 『치유의 분노: 불교 관점에서 끈기의 힘(Healing Anger: The Power of Patience from a Buddhist Perspective)』, 1998년 『행복의

예술(The Art of Happiness)』,『착한 마음: 예수의 가르침에 관한 불교적 관점(The Good Heart: A Buddhist Perspective on the Teachings of Jesus)』, 1999년『불교의 힘(The Power of Buddhism)』,『새로운 천년을 위한 윤리(Ethics for the New Millennium)』,『갈림길에서 의식(Consciousness at the Crossroads)』,『새로운 인식의 개안(Opening the Eye of New Awareness)』, 2000년『삶의 의미: 원인과 결과에 대한 불교의 시각(The Meaning of Life: Buddhist Perspectives on Cause and Effect)』, 2001년『동정하는 삶(The Compassionate Life)』등이 우리들에게 오늘도 읽혀지고 있다.

인종청소 대상 원주민 여성으로 군부 정권과 사생결단

1992년 과테말라 출신 망명하는 여성의 몸으로 군부 정권의 원주민 학살 고발, 내정 종식과 원주민 권리 회복을 위해서 어떤 도움이라도 받아서 해결하는 리고베르타 맨추 툼(Rigoberta Menchú Tum, 1959년생)에게 '원주민 권리 존중에 바탕을 둔 사회 정의와 민족문화 화해를 위한 공로'로 노벨평화상을 수여 했다. 1959년 과테말라 엘 키체(el Quiché) 라흐 치멜(Laj Chimel)에서 원주민의 딸로 태어났다. 과테말라는 1950년에 중도 좌파 아르벤스 구스만(acobo Arbenz Guzmán, 1913~1971)이 집권해 농업 개혁을 추진해서 미국 기업 유나이티드 프루트(United Fruit Company)와 갈등을 초래했다. 1954년 미국은 1930년부터 표방해온 '선린 정책(Good Neighbor Policy)'을 포기하고, CIA과 UFC는 군부 쿠데타 후원으로 헌법 효력 정지와 반대파 탄압에 혈안이 되었다. 이에 1960년 산악지점 거점화로 본격적인 내전을 전개하면서 1970년 말까지 미국의 후원으로 군경(軍警)의 '죽음의 분대(death squads)'라는 야당을 설립했다. 이들은 노조, 학생운동 지도자들에게 테러를 가했고, 1978년 5월 말 알타 베라파스(Alta Verapaz)의 판소스(Panzós) 대학살이 감행되었다. 1980년 초 군부 정권은 '반란 진압 작전(operación de supresión de insurgencia)'을 대대적으로 전개 장기 내전으로 비무장 원주민 촌락 수백 곳을 소탕, 수만 명의 사망과 망명을 불려왔다.

이에 미국 로널드 레이건(Ronald Wilson Reagan, 1911~2004) 대통령은 1983년 과테말라에 무기 판매 금지를 철회했고, 독재자 리오스 몬트(José Efrain Rios Montt, 1926년생)에게 경제·군사적 원조를 제공했다. 이로 인해 '빈자들의 게릴라(Ejército Guerrillero de los Pobres)' 등 4개의 단체는 1982년에 과테말라혁명연합(Unidad Revolucionaria Nacional Guatemaltca)로 통합되었으나 리오스 몬트(José Efrain Rios Montt)의 진압 작전으로 크게 약화되었다. 1996년 12월에 과테말라 정부와 게릴라 세력 간 노르웨이 오슬로(Oslo, Norway)에서 평화 협정 체결을 했다. 길고 긴 내전 과정에 국제연합의 후원으로 발족한 '역사진상규명위원회(Comisión para el Esclarecimiento Histórico)'의 조사 보고서 「과테말라, 침묵의 기억(Guatemala, Memoria del Silencio)」에서 i) 정부군의 산악지대 원주민 대상 대대적 총 669건 학살 사건, 강제 이주, ii) 특히 1982년 2월부터 9월까지 루카스 가르시아(Fernando Romeo Lucas García, 1924~2006) 장군이 주도한 '승리 작전 82(Campaña Victoriana 82)'는 인종 집단 학살(genocide, CEH 1998,39)로 규정했다. 군의 즉결 처분과 강제 피해자 42,000명 가운데 83%가 원주민이었다. iii) 원주민 종족 사이에 해묵을 갈등을 활용하는 이이제이전술(以夷制夷戰術)로 '민간자경단(Patrulla de Autodefensa Civil)'을 이용해 제노사이드(genocide)를 자행했다.

이런 참상을 두 눈으로 봐왔던 그녀는 i) 고향을 떠나 이웃 우에우에테

낭고(Ueuetenango)를 거쳐 과테말라 시내 수도원에서 수녀로 생활, 에스파냐어를 숙지, 온두라스(Honduras)를 거쳐 육로 니카라과에 입국 망명, ii) 1981년 멕시코에서 과테말라 참상을 연설하기 시작했다. 차이파스(Chaipas)와 멕시코시티(Mexico City)를 오가면서 10년간 망명 생활을 산크리스토발 데 라스 카사스(San Cristóbal de las Casas) 교구의 사무엘 루이스 가르시아(Samuel Ruiz García, 1924년생)의 격려와 영감을 받았다. iii) 스위스 제네바의 '국제연합난민고등판무관사무소(UNHCR)' 본부가 그녀의 주요 활동에 관심을 갖고 각종 국제회의 방청과 각국 외교관에게 과테말라 '초토화 작전(Ash Operation)' 참상의 고발과 선전 전개, iv) 원주민 문제를 다루는 특별조사위원회 모임에 참여해 원주민의 권리 회복을 주장, v) 1982년 5월 미국을 방문해 여성조직 대표(나바호와 호피 등), 북아메리카 원주민 대표를 만나서 지원 호소, 대학교에서 연설을 했다. vi) 가족이 겪은 비극의 구술 인터뷰 증언록(testimonio)를 제작하기 위해 1982년 1월 프랑스 파리, 베네수엘라 출신 인류학자 엘리자베스 부르고스-드브리(Elisabeth Burgos-Debray, 1941년생)의 협조로 8일간, 24시간 30분 분량의 녹음테이프 16개 분량의 구술 인터뷰 증언록을 제작했다. vii) 증언록을 기반으로 1983년에 에스파냐어로 「네 이름은 리고베르타 멘추, 내 의식은 이렇게 탄생되었다(Me llamo Rigoberta Menchú y así me nació la conciencia)」를 1984년 영어판으로 「나, 리고베르타 멘추, 과테말라의 원주민 여인(I, Rigoberta Menchú: An Indian Woman in Guatemala)」로 국제적 관심을 불러왔다. viii) 1979년에 가입한 '농민연합위원회(CUC)'의 권유에 따라 혁명운동 네트워크의 대표를 맡았다. ix) 1984년 11월 콜롬비아 카르타헤나(Cartagena, Colombia)의 국제회의에서 중앙아메리카의 난민과 망명자들의 '카르타헤나의 선언(Declaration of Cartagena)'을 유도했다. x) 증언론의 정치적 고발과 '리고베르타 맨추 툼 재단(Fundación Rigoberta Menchú Tum)'을 설립해 1991년 국제연합의 '원주민의 정체성과 권리에 관한 협정(UN Declaration on the Rights of Indigenous Peoples)'을 체결했다. xi) 1990년 귀국하여 '저항의 500년(500 años de resistencia)' 캠페인을 착수하여, 1993년에 '세계 원주민의 해(Año aborigen mundial)'를 선포하도록 국제연합에 요구했다. 연이어 '저항의 500년' 캠페인에 착수했다. xii) 1992년 노벨평화상 상금을 아버지의 이름을 딴 '비센테 멘추 재단(Fundación Vicente Menchu)'을 설립, 200명의 지도자를 초빙해서 '원주민 종족 정상회의(Aboriginal Peoples Summit)' 개최 등을 전개했다. 멘추의 인생 역정의 두 번째 영문판 『경계를 넘어서(Crossing Borders)』에서 국가의 범위를 벗어난 지구촌을 무대로 활동하는 초국적 생애를 요약했다. 1999년 '리고베르타, 마야의 자손(Rigoberta, La nieta de los Mayas)'의 저서는 『내 이름은 리고베르타 멘추(Me llamo Rigoberta Menchú)』란 이름으로 수정증보판을 세상에 내놓았다.

밀림 복원, 일자리 창조 및 경제 평화 정착을

나무 심기로 밀림 복원(密林復原)과 여성 일자리 창출을

2004년 케냐의 여성 환경운동가, 아프리카 그린벨트운동을 창설해 생태, 사회, 경제, 문화적 발전과 평온을 되찾게 한 왕가리 마타이(Wangari Muta Maathai, 1940~2011)에게 '지속 가능한 발전, 민주주의 및 평화를 위해 헌신한 공로(for her contribution to sustainable development, democracy and peace)'로 노벨평화상을 단독 수여했다. 먼저 그녀의 이름이 스와힐리어로 '하쿠나 마타타(Hakuna matata)', 즉 라이온킹(Lion King) 영화에 나오는 노래 가사 "걱정 마, 문제없어(Don't worry, No problem)."를 연상시키는 '무타 마타이(Muta Maathai)'이다. 그녀는 케냐 은예리(Ihithe village, Tetu division, Nyeri District, Kenya)에서 태어나, 8살 때 오빠를 따라 마을 초등학교(St. Cecilia's Intermediate Primary School)를 다녔고, 14살 때 가톨릭교의 선교회 운영 세인트 세릴리 중학교(St. Cecilia's Middle School)에서 4년간 배웠고, 유창한 영어를 구사했다. 1956년에 로레토 여자고등학교(Loreto Girls High School)에서 공부를 했다. 존 케네디 재단(Joseph P. Kennedy Jr. Foundation) 실시한 300명의 장학생에 선발되어 1960년 9월 미국행으로 대학을 가게 되었다. 1964년 미국 캔자스 마운트세인트스콜라스티카대학(Mount St. Scholastica College, present Benedictine College)에서 생물학을 전공, 1966년 피츠버그대학교(University of Pittsburgh) 생물학 석사 학위를, 1967년 라인홀드 호프만(Reinhold Hofmann, 1929~1996) 교수이 제안한 '학문 탐색 여행 (Academic Discovery Travel)'으로 독일 기센대학(University of Giessen) 과 뮌헨대학(University of Munich)에서 2년간 배우고 1969년 봄에 귀국해서 나이로비대학교(Nairobi University)에 박사 과정을 등록해서 1971년에 수의학 박사 학위(Ph.D. veterinary anatomy)를 받았기에 당시 동아프리카에 최초 여성 박사 학위 소유자였다. 1976년 2년 나이로비대학교 (Nairobi University) 최초 수의학 교수와 학장까지 역임했다.

한편 1977년 1,200만 그루 나무 심기를 위해 "하람비(수풀)왕국을 구하자(Save the Land Harambee)!"라는 슬로건으로 환경 단체 '그린벨트운동(The Green Belt Movement)'을 케냐에 창설, 아프리카 전역에 나무 심기 운동을 전개해 '나무 여성(Wood Female: 평생 4,500만 그루의 나무를 심은 여성)'이라는 애칭을 받았다. i) 아프리카의 밀림을 회복하자는 것, ii) 가난한 여성들에게 일자리를 제공하자는 일거양득의 효과로 세계적인 환경운동가로 이름이 알려졌다. iii) 1986년 전(全) 아프리카 그린벨트 네트워크(Pan African Green Belt Network)를 확대, 우간다(Uganda), 말라위(Malawi), 탄자니아(Tanzania), 에티오피아(Ethiopia) 등으로 확산에 성공했다. iv) 2003년까지 아프리카 각지 마을, 학교, 교회 등에서 심은 나무만 3,000만 그루가 넘었고, v) 24년간 케냐를 독재했던 아랍 모이(Daniel Arap Moi, 1924년생) 정권에 수차례 체포 수감되었다. vi) 케냐 전국여성위원회 위원, 국제연합 사무총장의 군축자문위원에 선발, vii) 1998년 '2000년 연대(2000 Year's Solidarity)'를 결성해 아프리카 빈국(貧國)의 이행불가능 채무를 2000년까지 탕감과 서구 자본으로부터 아프리카 삼림의 강탈을 막자는 운동(Movement to prevent the robbery of African forests from Western capital)을 전개했다. 1997년 대통령 선거 낙선, 2002년 98% 지지로 국회의원에 당선되었다. 이에 케냐 '환경·천연·자원·야생·생물부' 차관에 임명되었다.

저서로는 1994년 『바닥은 너무 무겁다: 심지어 그린벨트운동(The bottom is heavy too: even with the Green Belt Movement)』, 1995년 『아프리카 개발의 병목현상(Bottle-necks of development in Africa)』, 2002년 『희망의 캐노피: 아프리카, 여성, 환경을 위한 나의 캠페인(The Canopy of Hope: My Life Campaigning for Africa, Women, and the Environment)』, 2004년 『그린벨트운동: 접근과 경험공유(The Greenbelt Movement: Sharing the Approach and the Experience)』, 2006년 『굽히지 않았다: 회고록(Unbowed: A Memoir)』, 2007년 『여성자원, 빈곤 및 환경의 개혁 권한(Reclaiming rights and resources women, poverty and environment)』, 2008년 『빗물 수확(Rainwater Harvesting)』, 『세계 소수계의 현황(State of the world's minorities)』, 2009년 『아프리카를 향한 도전(The Challenge for Africa)』, 2010년 『도덕적 기반: 페리행성을 위한 윤리적 행동(Moral Ground: Ethical Action for a Planet in Peri)』 그리고 『지구 보충하기(Replenishing the Earth)』 등을 출판했다.

호주머니 단돈 27$로 빈곤 퇴치 신용은행을 설립 운영

2006년 방글라데시(Bangladeshi) 출신 은행가, 대학교수인 무함마드 유누스(Muhammad Yunus)와 그가 설립한 지역사회 개발 금융기관인 그라민 뱅크(Grameen Bank, 1983년생)에게 '밑바닥(아래)에서 경제적 사회적 발전을 이룩하고자 노력한 공로(for their efforts to create economic and social development from below)'에 대해 공동 수상자로 노벨평화상을 수여했다.

무함마드 유누스(Muhammad Yunus, মুহাম্মদ ইউনূস, 1940년생)는 방글라데시 치타공 바투아(Bathua, Chittagong, Bangladeshi)라는 마을 보석세공업으로 유복하게 사는 무슬림 가정(Muslim family)에 9남매의 3째 아들로 태어나 라마바자르 초등학교(Lamabazar Primary School)를 마치고, 1950년 치타공대학생 고등학교(Chittagong Collegiate School)에 다니면서 36,000명 학생 가운데 16위를 했다. 보이스카우트대원(Boy Scout)으로 1952년 서파키스탄 및 인도(West Pakistan and India), 1955년 캐나다(Canada) 등지의 잼버리대회(Jamborees)에 참석했다. 1960년 다카대학교(University of Dhaka) 경제학과를 졸업하고, 풀브라이트 장학금(Fulbright Scholarship)을 받아 미국으로 유학했다. 1969년 밴더빌트대학교(Vanderbilt University)에서 경제학 박사 학위를 취득했다. 1972년까지 미들테네시 주립대학교(Middle Tennessee State University)에서 경제학 조교수를 맡았다. 1972년 귀국해 치타공대학교(University of Chittagong) 경제학 교수를 역임했다.

세계 최고를 자랑하는 인구 밀도와 빈곤이란 현실 속에서 경제학을 가르치는 건 고뇌(苦惱)뿐이지, 삶에는 우이독경(牛耳讀經)이었다. i) 1973년 대학 인근 조브라 농촌 마을(agricultural village of Jobra)을 갔다가 20여 달러 내외로 고리대금업자의 횡포와 생명의 위협까지 당하는 참혹함을 봤다. 당장 할 수 있는 호주머니 속 단돈 27달러를 돈이 필요한 이웃에게 빌려주기 시작했다. 이렇게 시작했던 게 바로 거창한 무담보 신용 소액 대출, 마이크로크레디트(micro-credit)의 효시다. ii) 1976년 대학교수인 자신의 명의로 은행에 빌려다가 빈자(貧者)들에게 소액 대출하는 '마을금고

사업(Grameem Bank Project)'을 추진했다. 1979년까지 500여 가구가 절대 빈곤에 벗어났다. iii) 1983년에 방글라데시 다카에 본사무소를 둔 '그라민은행(Grameen Bank)'을 법인으로 설립 등록해 본격적인 무담보 대출을 시작했다. 1982년 28,000명에서 2007년 700만 명으로, 1983년 회수율이 99%, 1993년에 흑자 경영 구조를 다졌다. 여태까지 집계를 내어보니 극빈자 600만여 명의 58%나 구제되었다는 통계 수치를 얻었다. iv) 지역개발 금융기관에서 벗어나 국가 및 지구촌 빈곤 퇴치운동으로 확대 전개했다. 그뿐만 아니라 정보의 빈자를 벗어나게 그라민폰(Grameen-phone), 어린아이들에게 유기농산물을 제공하는 그라민 농업(Grameen Krishi) 등으로 사회 성장과 변화에 따른 빈자들의 신생 수요 기반에 새로운 사회 사업(social work)을 전개했다.

그의 저서로는 1974년 『조브라의 농부 3명(Three Farmers of Jobra)』, 1976년 『방글라데시의 기획: 농촌 연구 프로젝트(Planning in Bangla-desh: Rural Studies Project)』, 1991년 『빈곤의 다면성(Faces of Poverty)』, 1994년 『내가 봤던 그라민은행(Grameen Bank, as I See it)』, 1999년 『빈자들의 은행: 마이크로 대출과 세계 빈곤 퇴치』, 2007년 『빈곤 없는 세계 만들기: 사회 사업과 자본주의의 미래(Creating a World without Poverty: Social Business and the Future of Capitalism)』, 2010년 『사회 구축: 인류의 가장 중요한 욕구를 충족시키는 자본주의의 새로운 모형』 및 2017년 『3 제로 세계: 빈곤 제로, 실업 제로 그리고 탄소배출 제로의 신경제(A World of Three Zeroes: the new economics of zero poverty, zero unem-ployment, and zero carbon emissions)』 등의 저서가 남아 있다.

한편, 최근 마이크로크레디트운동(Micro-credit Movement)의 세계화를 추진하고 있다. 한국에선 '신나는 조합(Joyful union)'이라는 이름으로,

아프가니스탄, 카메룬 등 37개국에 운영하고 있다. 워싱턴에 139개국 참여 정상회의, 2005년 국제연합(UN)에서는 '마이크로크레디트의 해(The Year of Microcredit)'를 기념했다. 지역사회 개발 신용금융운동(community-Development credit finance Movement)으로 우리나라에서도 그라민뱅크운동(Grameen Bank Movement) 이전 1950 혹은 1960년대부터 시작했던 신용협동조합(credit union)과 새마을금고(Saemaul Gumgo)운동이 전국적으로 전개했다. 지역사회 개발, 빈곤 서민의 경제 활동에 기여한 공이 지대했다. 그럼에도 노벨평화상을 수상하지 못한 건 발상의 한계였다. 즉 i) 장소 범위가 국내에 제한되었으며, ii) 사업 범위가 금융 영업에만 집중되었고, iii) 지구촌 빈곤 퇴치(Global Poverty Reduction)라는 큰 그림을 그리지 못했다.

:: 08

지구촌의 인권과 민주화의 두 마리 토끼 잡기

여성으로 비폭력 투쟁과 평화 구축이란 두 마리 토끼를

2011년 아프리카 최초 여성 라이베리아 제24대 대통령이었던 엘런 존슨-설리프(Ellen Johnson-Sirleaf, 1938년생)와 라이베리아 비폭력 평화 운동가(peace activist)였던 리마 로버타 보위(Leymah Roberta Gbowee, 1972년생) 그리고 예멘의 여성 정치인 인권운동가(human rights activist), 언론인이었던 타우왁쿨 아브델살람 카르만(Tawakkol Abdel-Salam Karman, 1979년생)에게 '여성 안전을 위한 비폭력 투쟁과 평화 구축 작업에 대한 완전 참여를 위한 여성 권리를 확보한 공로'로 노벨평화상을 3인 공동으로 수여했다.

먼저, 엘런 존슨-설리프(Ellen Johnson-Sirleaf, 1938년생)는 라이베리아 몬로비아(Monrovia, Liberia)에서 태어나 1948년부터 1955년까지 대학 예비학교인 서부아프리카대학(College of West Africa)에서 배우다가 17세에 결혼하여 생계를 위해 직업 전선에 나갔다. 1961년 살 길과 배움을 찾아서 미국 여행을 떠났고, 매디슨비즈니스대학(Madison Business College)에서 경영학(회계학) 학사 학위, 콜로라도주립대학(University of Colorado Boulder) 석사 학위 취득, 1969년부터 1971년에 하버드대학교 케네디 행정대학원(Harvard University's John F. Kennedy School of Government)에서 행정학 석사 학위(Master of Public Administration)를 취득했다. 1971년 라이베리아에 귀국하여 당시 윌리엄 톨버트 정부(William Tolbert's government)에 입문하여 재정부차관(Deputy Minister of Finance)으로 1972년부터 1973년까지 '폭탄선언(bombshell)' 연설로 유명했으며, 의지가 강해 '철의 여인(Iron Woman)'이라는 별명을 얻었으나 국세 낭비에 대한 불만으로 차관에 사퇴하고, 1979년부터 1980년에 재무부장관을 맡기도 했다.

그녀의 비폭력 평화적인 방법으로 전개했던 민주화운동은 i) 1980년 4월 12일 내전 군벌 토착 크라인 부족(indigenous Krahn ethnic group)의 주임상사(Master Sergeant) 출신, 군사 쿠데타로 전임 대통령을 살해한 뒤 집권한 새뮤얼 도(Samuel Doe, 1951년생)에게 반대하다가 투옥 생활, ii) 1997년 내전 군벌이었던 찰스 테일러(Charles Taylor, 1948년생) 정권에서도 망명 생활로 1981년 케냐 나이비아에 시티은행 아프리카지점 부지점장(Vice President of the African Regional Office of Citibank) 및 에콰도르은행(Equator Bank)에서 근무했다. 1992년 유엔 개발 프로그램 아프리카 담당(United Nations Development Programme's Regional Bureau for Africa) 재정국장, 세계은행(World Bank in the Caribbean and Latin America)에 근무를 했다. iii) 1997년 망명 생활 청산하고 귀국해 부패와 전쟁에 투신, 테일러 정권에 맞서 대선에 출마 2위, 2003년 국가개혁위원회(National Reform Committee) 위원장 역임, 2005년 대선에 전직 축구선수였던 조지 웨아(George Weah, 1966년생)가 대통령에 당선되는 이변도 있었다. iv) 2006년 1월 16일 2018년까지 제24대 대통령으로 재임하면서 2008년에 진실화해위원회(Truth and Reconciliation Commission)를 설치해 화해와 평온을 위해 2009년 7월 26일 찰스 테일러 정부에서 자행되었던 실정에 대하 대국민 사과를 단행했으며 민주화를 완성하고 평화적으로 정권을 이양했다.

업적에 관한 자료로는 1991년 「사하라 사막 이남 아프리카에 대한 상업은행 대출전망(The Outlook for Commercial Bank Lending to Sub-Saharan Africa)」 보고서, 1999년 「재해로부터 개발까지(From Disaster to Development)」 보고서, 「생존을 위한 기본 틀: 갈등과 재난에 대한 건강, 인권, 인도주의적 지원」 논문, 2002년 「여성, 전쟁과 평화: 여성과 평화 구축, 여성 역할, 무력 분쟁의 영향에 대한 독립전문가들의 평가」 보고서, 2009년 『소녀이기 때문에: 전쟁의 그림자에서(Because I am a Girl: In the Shadow of War)』라는 저서가 남아 있다.

"총을 내려놓지 않은 동침은 없다고요."

리마 로버타 보위(Leymah Roberta Gbowee, 1972년생)는 라이베리아(Liberia) 중부 지역(Central Liberia)에서 태어나 자랐으며, 17세에 수도 몬로비아(Monrovia)로 이주해 대학 진학을 꿈꿨으나 1989년부터 1996년까지 제1차 내전(First Liberian Civil War)이 발발했고, 난민이 되어 난민촌에서 지내다가 결혼하고 아이 어머니가 되었다. 남편의 폭력과 학대를 피해 몬로비아(Monrovia)로 되돌아와 유니세프(UNICEF)의 도움으로 i) 트라우마(trauma) 치유상담사 교육을 받고 사회복지사로 일했다. ii) 1998년 몬로비아 마더패턴보건전문대학(Mother Patern College of Health Sciences)에 입학해 2001년 전문학사 학위를 취득, '기독교 단체 트라우마 치유 및 화해 프로그램(Trauma Healing and Reconciliation Program: THRP)'에 참여했고 소년 병사의 치유를 담당했다. '서아프리카 평화 구축 네트워크(West Africa Network for Peacebuilding: WANEP)'에도 참여했으며, 2001년에 '평화 구축 여성 네트워크(Women in Peacebuilding Net-work: WIPNET)'을 설립해 제대로 역할을 추진했다. iii) 1999년부터 2003년에 제2차 내전(2nd Civil War)이 지속되자 '평화를 위한 라이베리아 여성대중행동(Women of Liberia Mass Action for Peace)'을 결성해 전쟁에 반대하는 비폭력 시위를 주도했다.

그녀의 내전 종식의 전략은 남성으로 꿈도 못 꿨던 지혜가 동원되었다. 즉 iv) 그리스도교 여성, 이슬람교 여성을 규합해 생선 시장 등에 '평화의 상징 흰색 옷(White Color for Peace)'을 입고 시위를 전개, 찰스 테일러(Charles Taylor) 대통령을 만나 반군과 평화 협상을 압박, 여성들은 남편을 대상으로 "총을 내려놓아라. 아니면 잠자리는 없다(Put down the gun. Or there is no bed)."는 동침파업(同寢罷業)을 전개했다. v) 2003년 가나(Ghana)에서 내전 종식을 위한 평화 협상 개최, 여성들이 회담장까지 농성을 전개해 "타결 없이, 못 나간다(Never Leave Here, Without Ending)."라는 결사 의지를 표명했다. 내전 종식을 마무리하고도 평화 운동과 여권 신장운동을 지속, vi) 2004년부터 2005년 라이베리아 진실화해위원회 위원장으로 활약, 라이베리아 여성들의 투표 참여를 독려 2005년 엘런 존슨-설리프(Ellen Johnson-Sirleaf)를 대통령에 당선시켰으며, vii) 2006년 가나에 본부를 둔 '아프리카 여성·평화·안보 네트워크(Women Peace and Security Network-Africa: WISPEN-Africa)'를 창설했다. 2007년 미국으로 가 이스턴 메노나이트대학(Eastern Mennonite University, Harrisonburg, Virginia)에서 갈등전환(conflict transformation) 과정으로 석사 학위를 취득했다.

또한 두 번 다시는 뼈아픈 고통이 없기를 바라는 마음에서 viii) 2008년 「악마 지옥으로 돌아가라는 기도(Pray the Devil Back to Hell)」 내전 종식 영화를 제작했다. 2011년 두 차례의 내전 속에서 자신이 체험했든 여정과 추억을 낱낱이 더듬어 『우리의 힘이 권력이 되기를: 전쟁에서 자매애, 기도 및 동침이 나라를 변화시켰다(Mighty Be Our Powers: How Sisterhood, Prayer and Sex Changed a Nation at War)』라는 회고록을 썼다.

마지막으로 예멘 정치인 여성운동가 타우왁쿨 아브델살람 카르만(Tawakkol Abdel-Salam Karman, 1979년생)는 타이즈(Taiz Governorate)에서 정치인 겸 변호사였던 아버지로부터 태어나 유복하게 성장했으며 예멘과학기술대학(University of Science and Technology Yemen)에서 학사 학위를 받았고, 사라아대학(University of Sana'a)에서 정치학 석사를 취득했다. 예멘 최대 야당이었던 알이슬라 정당(Al-Islah Party) 소속으로 정치 활동을 시작했다. i) 2005년 7명의 공동 대표와 공동으로 '자유로운 여성 언론인(Women Journalists Without Chains)'이란 조직을 결성해, ii) 언론의 자유와 민주 권리를 요구하는 운동과 2007년 5월에 언론 통제의 벽을 뚫고자 모바일 폰(mobile phone)으로 현장의 생생한 뉴스를 전파하는 운동을 전개했다. iii) 2011년 '아랍의 봄날 의거(Arab Spring uprisings)' 당시에 예멘 봉기에 활약해서 재스민혁명(Jasmine Revolution)을 이끌어 예멘 사람들로부터 '혁명의 어머니(Mother of the Revolution)' 혹은 '철의 여인(Iron Woman)'이라는 호칭을 받았다. 결국은 2011년 1월에 1987년 11월부터 장기 집권한 지네 엘 아비딘 벤 알리(Zine El Abidine Ben Ali, 1936년생) 정권이 물려나자 사우디리아라비아로 망명했다. 예멘의 알리 압둘라 살레(Ali Abdullah Saleh, 1942~2017) 정권을 2012년에 종식시키는 데 목소리를 높였다.

작품(기고문)으로는 2006년 「대사관을 불태우는 건 방법이 아니다(Burning Embassies is Not the Way)」, 2011년 「혁명은 살레(Saleh)가 할

수 없는 일을 하고 있다.(Our revolution's doing what Saleh can'tuniting Yemen)」, 2011년 「예멘의 미완성 혁명(Yemen's unfinished revolution)」, 「세상은 예멘의 자유 투쟁을 저버리지 말아야 한다(The world must not forsake Yemen's struggle for freedom)」, 「타우왁쿨 카르만의 노벨 연설(Tawakkol KarmanNobel Lecture)」, 2012년 「언론의 자유가 없는 경우, 민주주의는 없다(In the absence of a free press, there is no democracy)」, 2013년 「이집트 쿠데타는 혁명에 얻는 모든 자유를 박살내었다(Egypt's coup has crushed all the freedoms won in the revolution)」, 「모시(Morsy)는 아랍 세계의 만델라(Morsy Is the Arab World's Mandela)」, 2017년 「역량 강화: 정당하고 효과적인 개발을 향한 작업(Empowering Competency: Working Toward a Just and Effective Development)」 등이 남아 있다.

노벨
경제학상

ALFRED NOBEL

먹고사는 것이 곧 하늘이다

사람이 먹고살도록 자연이 창조되었다(天不長無祿之人)

우리나라의 가족계획(family planning) 캠페인의 슬로건은 1962년부터 1966년까지는 "알맞게 낳아 훌륭하게 기르자", 1967년부터 1971년까지는 "세 살 터울로 세 자녀만 35세 이전에 낳자", 1972년부터 1976년도 "아들 딸 구별 말고 둘만 낳아 잘 기르자", 1977년부터 1981년까지 "하루 앞선 가족계획 십 년 앞선 생활 계획", 1982년부터 1990년까지 "하나씩만 낳아도 삼천리는 초만원", 제1991년부터 1995년까지 "적게 낳아 건강하게 키우자"였다. 당시 지성인들은 '생명체의 존귀한 인권(the precious human rights of life)'과 '인적자원을 통한 국부(national resources through human resources)'를 반대 근거로 삼았다.

1960년대 시골 농촌 동네 한문서방에서 암기 수준에 맞게 '하루에 2문장씩' 독해를 마치고, 새벽부터 훈장님과 학동 사이에 가족계획(家族計劃)에 대한 담론이 전개되었다. 지금 기억나는 당시 훈장님의 반대 논거는 "사람은 태어나면서 하늘로부터 먹을 복을 타고 난다. 마치 풀 한 포기도 각자의 이름이 있듯이 세상은 그렇게 창조되었다(天不生無祿之人, 地不長無名之草)."[150]고 하시면서 나의 수준에 맞게 『명심보감(明心寶鑑)』의 한 구절을 펴고 읽어주셨다. 논어(論語)를 배우고 있던 형들에게 "국가의 근본은 백성이라는 인적자원이고, 인적자원이 튼실해야 나라의 번영이 찾아

든다. 따라서 백성들에겐 배불리 먹도록 만드는 것이 지상 과제다(民惟邦本, 本固邦寧, 食爲民天)."고 하시면서 『사기열전(史記列傳)』의 해당 구절을 설명하셨다.[151] 옆에서 듣고 계시던 예수쟁이 아저씨께서 "하나님이 이르시되, 내가 온 세상에 모든 채소와 열매 맺는 모든 나무를 너희에게 주노니 너희의 먹을거리가 되리라고 성경에 적혀있어요."[152] 그뿐만 아니라 "다섯 덩어리의 빵과 두 마리의 물고기를 가져 와서 하늘을 바라보면서 감사를 표하고 그것을 나눴습니다. 그런 다음 백성들에게 나누어주었습니다. 모두 배 불리 먹었음에도 열두 광주리나 남아 다시 담았습니다."[153]라고 말씀했다.

사실, 지구촌에 인류가 출현하는 순간부터 먹고사는 문제는 생겨났고, 오늘날까지도 해결하지 못하고 있다. '먹고사는 문제(經世濟民)'는 크게 양분하면 i) 배불리 먹도록 풍부한 먹거리를 확보(足食), 그리고 ii) 확보한 먹거리를 불만이 없도록 나눔(均食)이 있었다. 오늘날 용어로는 절대적 빈곤(absolute poverty)과 상대적 빈곤(relative poverty)이다. 저개발국은 절대적 빈곤에 허덕이고, 선진국에서는 상대적 빈곤 문제를 해결하고자 많은 정책을 개발하고 있다. BC 500년경 공자(孔子, BC 551~479)는 당시 사람들은 "적게 가진다는 것보다 남들과 균등하게 받지 못할까에 대해 더 관심을 갖고 있다(不患寡而患不均)."[154]했다. 과거 군주 시대니 오늘날도 절대적인 빈곤보다도 많은 권력자들이 주지육림(酒池肉林)의 향락을 위해 백성들의 식량을 부족하게 만들었다. 이와 같은 정치를 BC 300년경 맹자(孟子, BC 372~289년)는 "짐승을 몰라서 백성을 잡아먹게 한다(率獸食人)."[155]는 정책이라고 맹비난했다. AD 60년대 사도 마태(Saint Matthieu Apôtre, AD 출생 미상~74)는 당시 많은 사람들로부터 지탄을 받았던 세금 징수원(稅吏)로 "무릇 있는 자는 받아 풍족하게 되고 없는 자는 그 있는 것까지 빼앗기리라."156라는 오늘날 빈익빈부익부(貧益貧富益富) 현상을 두 눈으로 봤고, 피와 눈물로 복음서에다가 적었다.

일본 에도바쿠후(江戸幕府) 제5대 도쿠가와 쓰나요시(德川綱吉, 1646. 2. 23.~1709. 2. 19.)는 '동물 살생 금지령(生類隣れみの令)'으로 사무라이(武士)외 평민들에게는 육류 식용을 금지시켰다. 곡류도 오늘날 무게 단위로 연간 54.7kg만 먹도록 했다. 가뭄이 와도, 태풍이 불어도 매년 흉년으로 식량은 태부족이었다. 한정된 식량으로 살아가는 방법은 '입 하나라도 줄이기(口減)' 대책뿐이었다. 영아를 죽이는 건 다반사이고, 3~5세의 여아는 연간 3~5만여 명 영아 살해(infanticide)가 횡행되었다. 차마 죽이지 못하는 부모는 전답, 다리 밑, 해변, 사찰 등에 유기하였다. 이런 악습을 '솎아내기(間引, まびき)'157, 158라고 했으며, 병약한 부모는 질병 격리를 핑계로 유기하고, 70세 이상 건전한 고령 부모는 차마 살해하지 못해 '꽃놀이' 혹은 '졸참나무 산(楢山) 놀이'를 핑계로 먼 곳에다가 내다버렸다. 1957년 상영된 「사요나라(Sayonara)」의 최고 스타 하나오기(Miiko Taka)는 가나한 농촌에서 "입하나 줄이고자(口減)." 극단에 팔렸다는 고백을 한다. 1953년 후카자와 신치로(深澤七郎, ふかざわ しちろう, 1911~1987)의 드라마 「동북의 신무들(東北の神武 たち, The Men of Tohoku)」159을 개작한 1983년 칸영화제 황금종려상을 움켜쥔 영화 「졸참나무 산의 노래(楢山節考, The Ballad of Narayama)」는 첫눈 내리는 날 70세 노모를 지게지고 졸참나무 숲에다가 버리고 오는 인간 고뇌를 그리고 있다.160 일본에서는 우바스테(姥捨, うばすて)라 하며, 노인을 버리는 산을 의미하는 '우바스테야마(うばすてやま)'라고 한다.161

물론 이와 같은 먹고살기 위한 악습은 일본에만 한정된 것은 아니다. AD 472년 북위나라 길가야(吉迦夜)와 운요(雲曜) 스님이 저술한 『잡보장경(雜寶藏經)』에도 '노인을 버리는 나라 사연(棄老國緣)'162이라는 글에서는 불타세존(佛陀世尊)이 설법한 것으로 봐서 BC 600년경에도 있었다. 물론 서양경제학자 토마스 로버트 맬서스(Thomas Robert Malthus, 1766~1834) 이 쓴 1798년『인구론(An Essay on the Principle of Population)』에서도 역사상 인구 조절을 위한 유아 살해(infanticide) 및 노인 살해(senicide or geronticide) 사례를 열거하고 있다. 인류 역사에서는 도덕적 제한으로 생계 기반을 다질 때까지 결혼연기 등의 '예방적 규제(preventive checks)'과 전쟁, 기아, 천재지변과 같은 '적극적인 규제(positive checks)'가 있었다. 1780년경에 미국의 대통령 벤저민 프랭클린(Benjamin Franklin)이 미국의 인구 통계를 발표했다.163 25년마다 2배로 증가한다는 요지였다. 이를 기반으로 250년 뒤 인구 증가 추이를 추계하면, 인구 증가는 1, 2, 4, 8, 16, 32, 65, 128, 256, 512(geometric series)인데 반해 식량 증가는 1, 2, 3, 4, 5, 6, 7, 8, 9, 10(arithmetic series)으로 추정되어 512:10이라는 결과를 맞게 된다고 생각했다.164 그래서 기아, 빈곤, 전쟁 등의 적극적인 규제가 불가피하다는 결론을 내렸다. 즉 "인간이 감당할 수 없을 정도로 폭발적으로 증가할 것"165이라는 주장을 신봉해왔다. 200년이 지난 뒤에서야 '맬서스의 덫(Malthusian Trap)'에 걸려서 녹색혁명(green revolution)보다 인구 조절을 위한 가족계획(family panning)에만 주력했다는 사실을 자각했다.

사람(人口, population)을 중심으로 고대 국가가 움직였다

BC 1445년 이집트를 탈출한 모세(Moses, BC 출생 미상~1273)는 가장 먼저 같이 동행할 사람 수를 헤아렸다. 즉 인류 최소로 인구 조사(population censers)를 했다.[166] 사람 수를 헤아려야 거주지, 식량, 이동 경로, 적의 공격으로부터 방어, 자치 모임, 여론 수렴 등의 모든 정책을 수립하는 데 반영하고자 실시했다. BC 1406년에 제2차 인구 조사를 실시해서 "우리가 마음에 들기만 하면, 우리는 그 땅(가나안)으로 들어가 차지할 수 있을 것이오. 그 땅은 정녕 젖과 꿀이 흐르는 땅이오(land flowing with milk and honey)."라고 가나안으로 진입을 구상했다.[167] 그러나 결과는 "광야에서 40년 인고(忍苦)"[168]를 겪어야 한다.

동서고금을 막론하고 '거대한 건국 프로젝트(Giant Founding Project)'는 물론 작은 경제 정책 하나에도 가장 먼저 인구(人口)를 기반으로 했다. 이에 따라 토지, 산업, 경제, 환경, 국방, 행정 등을 짜 맞췄다. AD 618년부터 907년까지 289년까지 오늘날 서안(西安)을 도읍지 장안(長安)으로 동양 최대 제국 당나라는 인구(人口)를 기반으로 오부오항제(五部五巷制) 도시계획을 추진했다. 그 당시도 오늘날과 같이 도시계획은 인구 기반 설계(population-based design)를 했다. 오부오항은 오늘날의 도시계획인 지역(zone) 및 지구(block, site)에다가 가로 계획(street plan)을 가미한 개념이었다. 사신(동서남북)과 중화사상을 가미 오부에다가 음양오행의 오항을 융합한 개념이었다. 이와 같은 도시계획을 우리나라 고대 국가에서도 도입하였다. 1995년 사비성 발굴에서 발견한 목간(木簡)에 먹물로 쓴 전면 '서정부이(西丁部夷)'는 목간의 색인(index)이었고, 후면의 "서부후항… 귀인중구사소구이 매라성법리원답오형(西部後巷… 歸人中口四小口二, 邁羅城法利院沓五形)."라는 기록으로, i) 5부5항은 동·서·남·북·중부의 지역지구(地域地區)에다가 부(部)를 세분하여 전(南)·후(北)·상(東)·하(西)·중(中)항로 도로 구획(道路區劃) 혹은 교통 계획을, ii) 21세 이상 장정(丁), 15세에서 20세까지 젊은이는 중구(中口), 15세 미만 어린 아이 소구(小口), 3

세 이하는 어린아이는 황구(黃口), 60세 이상은 노구(老口)로 분리해 인구 센서스를 실시했고, 이를 이용해서 노동력(부역), 조세, 생산 및 병역까지 반영했다.

:: 02

경제란 배부르고, 마음 편한 삶을 위하여

우리나라는 '입에 풀칠하기 정책(糊口之策)'에서 시작했다

경제(經濟, economy)란 동양에선 중국 동진(東晋, AD 317~419) 갈홍(葛洪)이 AD 220년경 저술한 『포박자(抱朴子, 內篇)』에서 "세상을 경륜하여 속민들을 구제한다(經世濟俗)."에서 시작해, 수나라 왕통(王通, AD 584~617)이 『문중자(文中子, 禮樂篇)』에선 "모든 세상을 경륜하는 데 바른 길이 있으니, 이를 국가를 경영하고 백성을 구제하는 것이다(皆有經濟之道, 謂經國濟民)."고 했다. 여기서 경제(經濟)라는 위정용어가 탄생되었다. 오늘날 젊은이들에게 호되게 나무라고 있는 "결혼에 있어 재산을 언급하는 건 오랑캐의 도리다(婚娶而論財, 夷虜之道也)."라는 말이 게재되어 있다. 서양에서 경제(economy or economics)란 '가정 관리(οἰκονόμος, household management)'에 어원을 두고 있으며, 1440년에 '절약 검소의 관리(management of œconomic affairs)'라는 구절에 시작되었으며, '이코노미(Economy)'는 이후에 절약 및 관리의 의미로 사용되었고, 1650년대 '국가 혹은 지역의 경제적 체제(the economic system of a country or an area)'를 의미했다.[169]

우리나라는 경제(經濟)라는 '입에 풀칠하기(糊口之策)'라고 형이하학(形而下學)으로 생각하고, 상이상학(形而上學)적인 위정(爲政) 혹은 정치(政治)라는 용어를 선호했다. 조선 시대에서는 "위에서 권한을 장악하고, 아래에선 생산한다."는 개념으로 인식했다. 맹자는 알기는 바로 알라고 "백성이 가장 귀하고, 다음은 국가사직이며, 국왕은 가벼울 뿐이다(民爲貴, 次之社稷, 王卽輕)."라고 직언을 했다. 조선을 건국한 이성계(李成桂)는 무인답게 '하얀 쌀밥에 소고기국으로 배불리 먹을 수 있는 나라'를 세웠다. 그렇게 단순한 건국이념도 조선 500년간 이룩하지 못했다. 6·25동란을 배경으로 2005년에 상영된 영화「웰컴 투 동막골 (Welcome To Dongmakgol)」에선 "정치가 별것인가요? 백성을 배불리 먹이는 것이지요."라는 대사가 나왔다. 2013년 2월 25일 취임한 박근혜 정부도 2013년 4월 10일에 "쌀밥에다가 소고기국"이란 아버지(박정희 대통령)의 추억 어린 '쌀밥나무(이팝나무)'를 청와대에 기념 식수했다.[170]

지난 2019년 11월 27일, 모 종방(종합 방송국)「차이나는 클라스」에서 재레드 다이아몬(Jared Diamond, 1937년생)가 출현하여 '국부(國富), 국제 불평등, 경제 성장' 등에 대한 대담 가운데 "1960년 한국(Korea), 가나(Ghana), 필리핀(Philippines)이란 세 나라는 모두 최빈국이었다. 미국 외교관들은 이들 3개국 가운데 어느 나라가 부국(富國)이 되고, 빈곤에 빠져 남아 있을 지에 대해 내기를 했다. 대부분 외교관들은 가나와 필리핀의 경제적 도약을 할 것으로 생각했다. 그들은 가나와 필리핀이 모두 열대 지방이라서 식재료를 재배하기 좋은 기후에다가 천연자원이 많은 국가라는 사실에 중점을 두고 그런 예측을 했다. 이에 반해 추운 기후에다가 부존자원의 빈국(resource-poor country)인 한국에다가 내기를 하는 사람은 한 사람도 없었다."[171]라고 말하면서[172] 역사학자들은 "세계에서 다이아몬드 최대 생산국 시에라리온공화국(Republic of Sierra Leone)은 149위의 최빈국으로 전락된 데에는 영화「피 흘리는 다이아몬드(Blood Diamond, 2006)」에서 보여준 것처럼 '천연자원의 저주(natural-resource curse)'를 받았다. 이에 반해 한국은 '인력자원의 축복(human-resource blessing)'을 받았다."라고 말했다.

인류 역사를 통찰할 때 동서고금을 막론하고 경제는 i) 전쟁, 천재지변 혹은 역병 대유행과 같은 대변혁을 전화위복(轉禍爲福)하여 '하늘이 준 기회(天時)'를 만듦, ii) 전략적 요충지 혹은 교류(교역)의 거점이 되는 지리적 이점(地利)을 살림, iii) 국민의 인화단결과 인적자원을 최대한 활용하는 것이 가장 튼실한 기반이 되고 있다.[173] 왜냐하면 "백성들은 늘 일할 곳이 있어야 안정된 마음을 갖고(有恒産者有恒心者) 방황하거나 사치스러운 생활을 하지 않는다."[174]와 같은 사실을 1979년 노벨경제학상 수상자 아서 루이스(William Arthur Lewis, 1915~1991)[175]는 『경제성장론(The Theory of Economic Growth)』에서 "경제성장은 경제 하려는 의지에 좌우된다(Economic growth depends on the will to economize)."고 했다. 이를 입증한 우리나라는 천연자원 빈국이면서 급성장하여 근로자들을 '맨손 돌격대'라는 평가를 받았다. 최근 복지학과 경제학을 접목한 후생경제학에서는 '근로하고자 하는 의욕(desire to work)'에 대해서 많은 관심을 갖고, 4차 산업(4th industry)의 태동에 따른 사양사업(斜陽産業, declining industry), 지공지능 혹은 로봇에 의한 '창조적 파괴(creative destruction)'로 인해 피파산업(被破産業, destructed industry)에선 해고가 확대되고 있다. 여기에다가 대응 부족으로 인한 '미스매치 실업(mismatch unemployment)'이 증가하고 있다. 경제는 복잡한 현대 사회라는 '맞물려 돌아가는 톱니바퀴(cog-wheel economy)'이고 구심점에는 '인간의 마음(mind of human being)'이 있다. 그래서 한마디로.

"경제는 심리다(Economy is psychological)."[176]

수상자는 심리·역사·통계·사회·물리·수학자도 많아

노벨경제학상은 1969년 최초로 알프레드 노벨을 기념해 스웨덴 국립 은행에서 경제 분야에 탁월한 기여자에게 시상하였으며, 노벨재단이 아 닌 스웨덴 왕립과학원(Royal Swedish Academy of Sciences, Stockholm, Sweden)에서 주관했다. 정식 명칭은 알프레드 노벨(Alfred Noble)을 기 념하는 스웨덴국립은행경제학상(Sveriges Riksbanks pris i ekonomisk vetenskap till Alfred Nobels minne)이다. 1968년에 스웨덴 국립은행 (Sveriges Riksbank) 300주년 기념행사로 제정한 상으로 약칭 노벨경제 학상(Nobel Prize in Economics), 노벨기념경제학상(Nobel Memorial Prize in Economic Sciences)이다. 알프레드 노벨의 유언에 의해 시상하는 5개 분야와 달리 공식 명칭을 '노벨상(Nobel Prize)'이라는 명칭을 사용하지 않았고, 노벨재단(Nobel Foundation)에서 수여하지 않았다.

그러나 5개 분야 노벨 수상자와 같이 12월 10일에 스톡홀름 스웨덴 국 왕으로부터 증서, 메달 그리고 상금(1천만 크로나 내외)까지 동일하다. 노벨 기념경제학상의 시상 기준과 절차는 노벨상 시상 기준과 같으며 수상자 수도 3명 이내로 동일하다. 1969년부터 2019년까지 51회에 84명 수상자 에게 시상을 했으며, 여성 수상자로는 2009년도 수상자 엘리노르 오스 트롬(Elinor Ostrom, 1933년생)와 2019년 에스테르 뒤플로(Esther Duflo, 1972년생)로 2명이 있다. 최연소자는 2019년 수상자 에스테르 뒤플로 (Esther Duflo, 1972년생)로 46세이고, 최고령 수상자는 2007년 수상자인 레오니드 허르위츠(Leonid Hurwicz, 1917~2008)로 당시 90세다. 단독 수 상자로 25회, 2명 공동 수상자로 19회, 3명 공동 수상자로는 7회 시상했 다. 사망자에게는 1931년도와 1961년에 있었으나 1974년 이후는 한 명도 없다. 가족 수상자로는 1969년 경제학상 얀 틴베르헌(Jan Tinbergen, 1903~1994)과 1973년 생리의학상 수상자 니코라스 틴베르헌(Nikolaas Tinbergen, 1907~1988)이 형제, 1973년 경제학상 수상자 군나르 뮈르달(Gunnar Myrdal, 1898~1987)과 1982년 평화상 수상자 알바 뮈르달(Alva Myrdal, 1902~1986)이 부부였다.

노벨경제학상이라고 생각하면 대부분이 경제학을 전공한 학자로 생각할 수 있으나, 사실은 순수한 실물경제학보다는 심리학의 경제적 심리 현상, 비인도적인 노예제도의 생산성, 통계학을 통한 위험 최소화, 물리적 전파 혹은 파도를 닮은 경기 순환, 치킨 게임에서 죄수의 딜레마, '옆구리 찌르기 현상(nudge)', 포트폴리오(portfolio)투자 기법 등으로 인류 경제에 기여한 수상자들이 많았다. 따라서 전공 분야는 경제학과 유사한 사회과학(Social Science)인 경영학, 사회학, 역사학, 심리학, 인문지리학(humanities geography) 등은 물론이고 심지어 자연과학(natural science)인 수학, 통계학, 물리학, 게임 이론(game theory) 및 제어공학(control engineering) 등을 접목한 학제 간 연구(interlocking-sciences study)로 노벨경제학상을 수상했다.

2019년 12월부터 지구촌이 코로나바이러스19(COVID19) 대유행(pandemic)으로 인하여 지구촌이 몸살을 앓고 있어 이에 대한 방역 차원에서는 생리의학적인 접근이 필요하겠지만, 병들어 서서히 죽기보다 당장 굶어주는 것 방지해야 한다. 바로 i) 국경을 통한 전염 차단을 위한 국경 봉쇄(border blockade), 지역 이동 제한(lock down), 직장 폐쇄(work closure)에 대한 경제 파괴 효과 최소화, ii) 확진자(confirmed cases) 격리, 사회적 거리, 생활 치료 센터(life-care center) 등의 검진 치료 전체 과정에 경제적 피해 최소화, iii) 대유행(pandemic) 종식 이후에 경제 정상

화까지 최선의 방법론을 찾는 학제 간 연구(學際間硏究)를 통한 방역경제학(Quarantine Economics)이 필요하다. iv) 당장 전염병 피해자의 적시적소 긴급 지원(right-time helicopter money), 방역 과정 피해 주민의 생계 지원, 경제 활동 중단에 대한 재난 지원뿐만 아니라 경제 활동 재개(economic behaviour restart)를 위한 소비 진작, 유효수요 창출을 위한 기본소득(basic income) 지원 방안 등을 통한 실물 경제를 살려야 한다.

경제 활동이 한 눈에 보이고 손에 잡힐 듯이

경제 활동 분석에 거시동태 모형을 개발해 적용

최초의 수상자로는 1969년 노르웨이 경제학자, 통계학자인 라그나르 안톤 키틸 프리슈(Ragnar Anton Kittil Frisch, 1895~1973)와 네덜란드 출신 계량경제학을 제시하여 최초로 경기 순환에 대한 통계적 거시적 모형(first macro-econometric models)을 시도한 얀 틴베르헌(Jan Tinbergen, 1903~1994)에게 '경제 활동의 추진과정 분석을 위한 동태분석 모형을 개발해 적용한 공로에 대해(for having developed and applied dynamic models for the analysis of economic processes)' 노벨기념경제학상을 2인 공동 수여했다.

먼저, 라그나르 안톤 키틸 프리슈(Ragnar Anton Kittil Frisch, 1895~1973)는 노르웨이 크리스티아니마(Kristiania, Norway)에서 대장장이 아버지(Ragna Fredrikke Frisch)의 아들로 300년의 가업인 대장장이 일(은세공)을 이어받고자 견습공으로 일을 하면서 어머니의 건의로 왕립 프레더릭대학교(Royal Frederick University)에서 가장 단기간에 배울 수 있는 경제학을 전공해 1919년 학사 학위를 받았다. 1920년 대장장이 시험(handicraftsman tests)에 통과해 아버지 작업장에서 일했다. 3년간 영국과 프랑스에서 경제학 공부를 위해서 유학을 다녀와 1923년 노르웨이로 옮겨 천직(天職)인 세공·대장장이를 버리고 연구에 몰두했고 몇 편의 논문을 작성했다. 1925년부터 1926년까지 오슬로대학(University of Oslo)에서 강사 자리를 얻었으며, 1926년 오슬로대학(University of Oslo)에서 수리통계학 분야로 철학 박사 학위를 취득했다.

경제학과 물리학의 i) 학제 연구논문이 '순수경제학론(Sur un problème d'économie pure)'에 기초한 계량화 프로그램(quantization programme)을 발표해 이론적 공리화(理論的 公理化)를 시도했다. 즉 기수적 효용(cardinal utility)과 서수적 효용(ordinal utility)의 정밀한 구체화를 불러왔다. 이를 단서로 경제 진행 과정 분석, 다양한 경제 모델을 대입해 예측할 수 있는 터전을 마련했다. ii) 1927년 록펠러재단(Rockefeller Foundation)의 장학금을 얻어서 미국에서 어빙 피셔(Irving Fisher), 웨슬리 미첼(Wesley Clair Mitchell), 앨린 영(Allyn Young)과 헨리 슐츠(Henry Schultz) 등과 토론을 걸쳐 계량경제학의 이론 정립에 공고화 작업을 했다. 이어 영국, 프랑스 등에 학술적 여행(academic travel)을 추진했다. iii) 1931년부터 왕립 프레더릭대학교(Royal Frederick University) 교수로 계량경제학회를 창립했다. 1933년부터 1955년까지 『에코노메트리카(Econometrica)』라는 기관지(organ papers)를 발간하는 데 편집을 맡았다. 1947년 제1회 UN경제고용위원장에 선출되었다. 경제 이론에다가 실증 분석 및 통계적 방법을 접목하여 다면동태경제 이론(multi-faceted dynamic theory)을 제시, 정차미분방정식(differential equation)을 도입해서 실측했다. 이렇게 경제 과정의 동태 분석을 응용하고 발전시켜 수리경제학 발전에 기여했다. iv) 한때 독일군 나치가 노르웨이를 점령했을 때 그는 1943년 10월 7일 브래드 베잇 수용소(Brad Bates Camp)에 수감되었다가 11월 22일 버그 수용소(Bug Camp)로 이감되었다. 12월 9일부터 1944년 10월 8일까지 그리니 수용소(Greeny Camp)에 다시 수감되었다.

또한 논문과 저서로는 1926년 「경제 이론의 법칙 정량화(Kvantitativ formulering av den teoretiske økonomikks lover)」, 1926년 「순수경제학론(Sur un problème d'économie pure)」, 1927년 「1차 투자와 재투자 관계론」, 1929년 「경제 이론의 통계와 역학(Statikk og dynamikk i den økonomiske teori)」, 1929년 「통계변수의 상관과 분산(Correlation and scatter in statistical variables)」, 1933년 「동적경제학에서 전파문제와 충격문제(Propagation problems and impulse problems in dynamic economics)」 및 1934년 「완전회귀 체계에 의한 통계적 합성분석(Statistical Confluence Analysis by Means of Complete Regression System)」 등이 남아 있다.

한편, 네덜란드 출신 계량경제학을 제시해 최초로 경기 순환에 대한 통계적 거시적 모형(first macro-econometric models)을 시도한 얀 틴베르헌(Jan Tinbergen, 1903~1994)는 네덜란드 헤이그(The Hague, Netherlands)에서 5명의 자녀 가운데 맏아들로 태어나 1921년부터 1925년까지 레이던대학교(Leiden University)에서 물리학 교수인 파울 에렌페스트(Paul Ehrenfes, 1880~1933) 박사의 지도를 받으면서 헨드릭 로렌츠(Hendrik Lorentz, 1853~1928), 피터 제먼(Pieter Zeeman, 1865~1943), 알버트 아인슈타인(Albert Einstein, 1879~1955) 등과 당대 세계적인 석학들과 갑론을박하면서 식견을 넓혔다. 1929년 레이던대학(Leiden University)에서 파울 에렌페스트(Paul Ehrenfes, 1880~1933) 교수의 지도로 「경제학과 물리학에 있어 최소화 문제(Minimumproblemen in de natuurkunde en de economie)」 학위 논문으로 박사 학위를 취득했다. 박사 후 연구 과정(post-doctorial study)으로 암스테르담대학교(University of Amsterdam)과 오슬로대학교(University of Oslo)에서 계량경제학을 배웠다. 계량경제학 연구에 물리학의 역학 이론(파동과 진동의 순환)을 접목하여 거시적 역학(동학) 이론으로 경기 순환의 통계적 접근을 최초로 시도했다. 1931년 암스테르담대학교의 통계학 교수, 1933년부터 로테르담대학교(Netherlands School of Economics, Rotterdam University) 교수로 재직 중 1936년부터 1938년에 국제연맹 경기순환연구위원(consultant to the League of Nations)을 역임했다. 1945년부터 1955년까지 네덜란드 중앙통계청(Central Bureau of Statistics) 국장을 맡았다. 1년간 하버드대학교 방문교수(visiting professor at the Harvard University)를 역임했다. 1968년부터 1973년 국제연합개발계획 위원장을 맡았다. 1937년 「경제순환 통계에 의한 계량경제학적 접근(An Econometric Approach to Business Cycle Problems)」, 1939년 「미국의 1919년부터 1932년까지 경기 순환(Business Cycle in the United States of America 1919~1932)」, 1951년 『계량경제학(Econometrics)』, 1955년 「경제정책의 이론(On the Theory of Economic Policy)」, 1962년 「경제성장의 수학적 모델(Mathematical Models of Economic Growth)」 및 1970년에 세칭 틴베르헌 보고서(Tinbergen's Report)에서 「제2차 유엔개발 10년을 위한 지침과 제언」 등이 남아 있다.

역동적 경제 이론으로 경제 분석의 레벨을 제고

1970년 미국의 이론경제학자인 폴 안토니 새뮤얼슨(Paul Anthony Samuelson, 1915~2009)에게 '정형적이고 역동적 경제 이론을 개발하여 과학연구와 경제 분석의 수준향상에 긍정적 공로에 대해(for the scientific work through which he has developed static and dynamic economic theory and actively contributed to raising the level of analysis in economic science)' 단독 수상자로 노벨기념경제학상을 주었다. 그는 미

국 인디애나 게리(Gary, Indiana, US)에서 약사인 유태인(mobile Jewish immigrants) 아버지의 아들로 태어나 1927년부터 1931년까지 하이드 파크 고등학교(Hyde Park High School)를 졸업했다. 1932년 16살에 시카고대학(University of Chicago)에 입학해 1935년 경제학 학사 학위를 취득, 하버드대학(Harvard University)에서 1936년 경제학 석사를 받았으며, 1941년에 조지프 슘페터(Joseph Schumpeter) 교수의 지도 아래 경제학 박사 학위를 취득하였다. 25살에 매사추세츠공과대학(Massachusetts Institute of Technology) 강사를 거쳐, 32살에 MIT 정교수(full professor)로 승진했다. 미국경제학협회 및 계량경제학회장 역임, 케네디 대통령의 경제브레인(advisor to Presidents John F. Kennedy)으로 활약, 이론적 입지는 거시적인 케인즈 이론과 고전적인 미시적 이론을 종합한 신고전종합경제 이론(Neoclassical Synthesis)으로 경제역사학자 랜달 파커(Randall Erickson Parker, 1960년생)는 그를 "현대 경제학의 아버지(father of Modern Economics)."라고 평가했다.

세계 2차 대전 이후 1980년대까지 통설적인 경제 이론으로 스태그플레이션(stagflation) 발생으로 신자유주의(Neo-liberalism)가 대두했다. 1972년도 노벨기념경제학상 수상자 존 리처드 힉스(John Richard Hicks, 1904~1989)의 안전 조건의 이론을 발전시켜 시장 균형의 비교정학과 비교동학(comparative suspension and comparative dynamics)의 분석 방법을 설명하는 『경제 분석의 기초(Foundations of Economic Analysis)』를 1947년에 출간했다. 후생경제학(welfare economics)에서도 후생함수의 필요성, 소비 이론에선 현시선호 이론(theory of revealed preference), 경기순환론에서는 승수이론(theory of multiplier)을 경기 순환에 접목한 정차방정식(difference equation)을, 그리고 1958년 「선형계획과 경제 분석

(Linear Programming and Economic Analysis)」을 발표했다. 2차 세계대전 이후 30여 년간 경제학계에서 가장 중심적인 이론으로 자리 잡았으나 1980년대 이후 스태그플레이션(stagflation)이 발생하고 신자유주의가 대두하면서 퇴조했다.

논문과 저서에 대해 살펴보면, iv) 1947년『경제 분석의 기초(Foundations of Economic Analysis)』, 1948년『경제학: 입문분석(Economics: An Introductory Analysis)』, 1952년『경제 이론과 수학: 평가(Economic Theory and Mathematics – An Appraisal)』, 1954년「공공지출의 순수이론(The Pure Theory of Public Expenditure)」, 1958년「선형프로그래밍과 경제 분석」, 1960년「동태미분에서 자본축적의 효율적 경로」등이 남아 있다.

:: 04

통계로 경제 흐름을 손바닥에 놓고 손금 보듯이

국민소득 추계, 성장 유형, 산업별 소득 구성 등 통계실증 분석

1971년 러시아 출신 미국 경제학자 사이먼 스미스 쿠즈네츠(Simon Smith Kuznets, 1901~1985)에게 '경제 및 사회 구조와 발전 과정에 대한 새롭고 심화된 통찰력을 끄집어내어 경제 성장에 경험적 해석을 한 공로'로 노벨기념경제학상을 수여했다. 한 마디로 그는 경제학에 수량적, 실증적 분석으로 국민소득에 대한 이론과 통계 분석에 권위자였다. 러시아 핀스크 벨라루스(Belarus, Pinsk, Russian Empire)에서 리투아니아 유대인(Lithuanian-Jewish)의 아들로 태어나 1918년 하르키우 상업연구원(Kharkiv Institute of Commerce)에 입학해서 조셉 슘페터의 혁신 이론과 산업 순환(Joseph Schumpeter's theory of innovation and the business cycle)을 배웠다.

1922년 21세 미국으로 이주해 귀화한 뒤 1923년에 컬럼비아대학(Columbia University)을 졸업하고, 1926년에 웨슬리 클레어 미첼(Wesley Clair Mitchell, 1874~1948) 교수의 지도로 「소매업 및 도매업의 순환적 변동(Cyclical Fluctuations in Retail and Wholesale Trade)」학위 논문으로 박사 학위를 취득했다. 1927년 국립경제연구국(National Bureau of Economic Research) 연구원으로 활약했으며, 1930년부터 1954년까지 펜실베이니아대학교(University of Pennsylvania) 강사로 시작해 교수에 재직

302 가슴에 노벨상을 품자

하면서 1931년부터 1934년까지 최초 미국 국민소득계정 추계를 시도했다. 1936년 '국부·국민소득 조사(Research Income and Wealth)'를 실시했다. 제2차 세계대전 이후 국제소득·국부조사협회(International Association for Research in Income and Wealth)를 설립하고 고문을 담당했다. 1947년 국제상공회의소를 도와 국제소득부의 협회를 설립, 1942년부터 1944년까지 전쟁생산위원회의 기획통계국(Bureau of Planning and Statistics, War Production Board) 부국장을 역임했다. 1953년 이스라엘경제연구프로젝트(Falk Project for Economic Research, 1953~1964)에 참여했고, 1954년부터 1960년까지 존스홉킨스대학교(Johns Hopkins University) 교수를 역임했다. 1960년부터 1971년까지 하버드대학교(Harvard University) 교수를 지냈으며, 연구는 통계자료를 이용해 국민소득 데이터(national income data)를 통한 추계 작업을 했다. 이를 통해 각국의 경제 성장 유형과 산업별 소득 구성, 국제간 비교 분석을 통해서 자본 축적과 소득 분배를 실증적으로 분석했다.

논문 및 저서로는 1930년 「생산과 가격의 세속적 움직임: 순환 변동에 대한 성격과 견지」, 1937년 「국민소득과 자본 형성, 1919~1935(National Income and Capital Formation, 1919~1935)」, 1941년 「국민소득과 구성(National Income and Its Composition, 1919~1938)」, 1946년 「국민소득(National Income)」, 1955년 「경제 성장과 소득 불평등(Economic Growth and Income Inequality)」, 1961년 「미국경제에서 자본(Capital in the American Economy)」, 1963년 「국가경제의 양적측면Ⅷ: 양적 소득분배」, 1966년 「현대경제성장: 비율, 구조 및 확산(Modern Economic Growth: Rate, Structure, and Spread)」, 1968년 「근대국가의 경제성장에 대한 고찰을 통한 경제성장이론으로」, 1971년 「국가경제성장: 총산출 및 생산

구조(Economic Growth of Nations: Total Output and Production Structure)」 및 1973년 「인구, 자본 및 성장(Population, Capital and Growth)」 등이 있다.

통계적 분석 기법으로 산업연관표와 경제 현상 예측 모델 개발

1973년 독일 출신 미국 계량경제학이며 하버드대학 교수를 역임했던 바실리 레온티예프(Wassily Leontief, Васи́лий Васи́льевич Лео́нтьев, 1905~1999)에게 '입·출력 분석기법 개발과 중요한 경제 문제에 대해 적용한 공로'로 노벨기념경제학상을 수여했다. 그는 독일 뮌헨에서 경제학자 아버지의 아들로 태어나 레닌그라드대학교(University of Leningrad, St. Petersburg University)에서 경제학 학사 학위를 받았다. 이어 베를린 홈볼트대학교(Humboldt University of Berlin, Frederick William University)에서 라디슬라우스 보르트키에비츠(Ladislaus Bortkiewicz, 1868~1931) 교수의 지도로 1925년 경제학 석사 학위를, 이어 1928년 베르너 좀바르트(Werner Sombart, 1863~1941) 교수의 지도 아래 「순환 흐름으로 경제(Die Wirtschaft als Kreislauf)」 학위 논문으로 경제학 박사 학위를 취득했다.

1927년부터 1931년 킬대학교 세계경제연구원(Institute for the World Economy of the University of Kiel)에서 근무하면서 수요 공급의 파급 현상을 연구했다. 1929년 철도청 자문역으로 중국까지 여행을 추진했다. 1931년 미국으로 이주해 전국경제위원회(National Bureau of Economic Research) 연구원 생활을 하다가, 제2차 세계대전 중 미국 전략사무소(U. S. Office of Strategic Services)의 자문을 맡았다. 1932년부터 1946년까지 하버드대학교(Harvard University) 계량경제학 강의를 하다가, 1948년에 하버드대학교 경제연구소장(Harvard Economic Research Project)을 맡았다. 미국 수출 산업은 자본 집약적이 아니라 노동 집약적이라는 '헤크셰르 올린의 정리(HeckscherOhlin theory)'에 역설을 레이티예프의 역설(Leontief Paradox) 혹은 레인티예프의 법칙(Leontief's law)[177]이란 이름으로 입증했다. 계량경제학에서 산업연관론(theory of inter-industrial relationships), 투입 산출 분석(input-output analysis) 혹은 다부문 분석(multi-sectoral analysis)라고 부르는 산업 부문 분석을 최초로 시도했다. 마리에 발라(Marie Esprit Léon Walras)의 생산 방정식의 통계를 통한 국민경제의 산업 구조를 상호 연관시켜 분석한 기법이다. 즉 최종 수요가 모든 산업 부문에 미치는 무한등비급수적인 파급을 탄력적으로 추계했다. 이를 발전시켜 국민소득계정(National Income Account), 화폐흐름도표(Money Flow Chart), 재정 수지표, 국제 수지표, 자본형성계정(Capital Account), 국민대차대조표(National Balance Sheet) 등의 7개 부문 체계를 종합한 '국민경제회계(national accounting)'를 창안했다.

"용장 밑에 약졸이 없다."는 말처럼 그의 제자로 노벨경제상을 수상한 1970년 폴 새뮤얼슨(Paul A. Samuelson, 1915~2009), 1987년 로버트 솔로(Robert Solow,1924션생), 2002년 버넌 스미스(Vernon Lomax Smith, 1927년생)와 2005년 토머스 셸링(Thomas Schelling, 1921~2016)이 있다. 1975년 뉴욕대학교 경제 분석연구소(Institute for Economic Analysis)의 프로젝트에도 참여해서 학부생과 대학원에게 강의를 하면서 인간미까지 보였다.

저서 혹은 논문으로 남아 있는 건 1925년 「소련의 국민경제의 균형(Баланс народного хозяйства СССР)」, 1928년 「경제는 순환으로(Die

Wirtschaft als Kreislauf)」, 1936년 「미국 경제 시스템에 있어 양적 투입과 산출 관계」, 1937년 「가격, 생산, 저축 및 투자의 상호관계: 일반 상호의존성 경제 이론의 경험적 적용에 관한 연구」, 1941년 「미국 경제의 구조, 1919~1929(Structure of the American Economy, 1919~1929)」, 1953년 「미국 경제구조에 대한 연구(Studies in the Structure of the American Economy)」, 1966년 「투입산출 경제학(Input-Output Economics)」, 1967년 「입출력분석과 국민계정의 집계 대안(An Alternative to Aggregation in Input-Output Analysis and National Accounts)」, 1970년 「환경반향과 경제 구조: 입출력 접근법」 그리고 「동적 반전(The Dynamic Inverse)」, 1977년 「세계 경제의 미래(The Future of the World Economy)」, 1983년 「군사비 지출: 사실과 수치, 전(全)세계 영향 및 향후 전망(Military Spending: Facts and Figures, Worldwide Implications and Future Outlook)」, 1983년 「미국과 세계 경제에서 비(非)연료광물의 미래(The Future of Non-Fuel Minerals in the U.S. And World Economy)」, 1986년 「근로자에 대한 자동화의 미래 영향(The Future Impact of Automation on Workers)」 등이 있다.

우리나라는 한국은행법 제86조(통계자료의 수합 및 작성 등)과 통계법 제18조(통계작성의 승인)에 의거해 산업연관표(industrial relationship table)는 5년 주기로 작성하고 있다. 통계청 경제 총조사, 관세청 통관신고 자료, 한국은행 외환수급 자료, 관련 협회 및 기업통계를 기초 자료와 재료비·경비내역 조사, 수입품 배분 구조 조사, 가공무역 현황 조사 등 사업체 대상 실지조사를 통해 작성한다. 1957년도와 1958년도 기초 통계를 기반으로 1958년 부흥부(復興部) 산업개발연구회 산업연관표(産業聯關表) 작성을 시작했으나 수작업으로 일반 기업의 시산표(試算表, trial balance) 수준이었다. 1960년 국가재건최고회의 요청으로 한국은행이 공식 통계로 최초 작성, 1962년 3월 작업 착수, 1년 4개월간 수정 작업, 1964년 공표했다. 제1차 경제개발 5개년 계획(1962~1966)의 기초 자료로 활용되었다. 1966년부터 구매자 가격, 2003년 기초 가격표가 추가, 전국(全國)산업연관표를 기준으로 2003년, 2005년, 2010년 및 2012년도 지역산업관표(local industrial relationship table) 를 4차례 작성했다. 각종 개발 계획에 고용·취업, 부가가치, 생산·수출파급(창출) 효과 등의 추계 모델을 작성·이용한다.

:: 05

자원의 최적화(최적 배분)로 보다 풍부하게

부존자원 최적화로 보다 풍요로운 지구촌을

1975년 러시아 수학자이며 경제학자인 레오니트 비탈리예비치 칸토로비치(Leonid Vitaliyevich Kantorovich, Леони́д Вита́льевич Канторо́вич, 1912~1986)와 네덜란드 출신의 미국 경제학자인 찰링 찰스 코프만스(Tjalling Charles Koopmans, 1910~1985)에게 '자원최적화 이론으로 기여함에 대해' 2인 공동 수상자로 노벨기념경제학상을 수여했다.

먼저, 레오니트 비탈리예비치 칸토로비치(Leonid Vitaliyevich Kantorovich, Леони́д Вита́льевич Канторо́вич, 1912~1986)는 러시아 상트페테르부르크(Saint Petersburg, Russian Empire)에서 러시아계 유대인 가정(Russian Jewish family)에 태어나 14살에 레닌그라드대학교(Leningrad State University)에 입학해서 수학과를 마치고, 1930년 대학원 과정을 등록하여 1934년에 그리고리 피흐텐골츠(Grigorii Fichtenholz, 1888~1959)와 블라디미르 스미르노프(Vladimir Smirnov, 1887~1937) 교수의 지도 아래 박사 학위를 취득했다. 1930년부터 1932년까지 레닌그라드 산업건설 기술연구소 전임 강사, 1934년 22살에 레닌그라드대학 교수로 임명받았다.

특이한 그의 연구 경로는 1939년에 「조직과 생산 계획에 있어 수학적 방법(The Mathematical Method of Production Planning and Organization)」라는 논문을 발표해서 최초 선형계획을 창안했다. 1939년 이후 군사공학기술대학(Military Engineering-Technical University)의 교수를 시작했다. 레닌그라드 포위전 당시 안전 총괄 담당자(Road of Life)로 '공기 온도, 얼음의 두께, 얼음 위의 차량의 최적 거리(optimal distance between cars on ice, depending on thickness of ice and temperature of the air)'를 계산해 군사적 작전의 기초 자료가 되었다. 1960년까지 그곳에서 근무하다가 1961년부터 1971년까지 소련 과학아카데미 시베리아지부의 수학·경제학부장을 역임했다. 1971년부터 1976년까지 국립 모스크바 경제계획연구소(Institute of National Economic Planning)에 연구원으로 근무했다. 모스크바 국민경제관리연구소장에서 합판 산업에 대한 생산의 최적화 관련 업무(task of optimizing production in a plywood industry)를 맡았다. 학문적 응용에서는 함수해석학(functional analysis), 근사법 이론(approximation theory), 연산자 이론(operator theory) 등을 경제학 혹은 경영학에다가 수학을 접목시키는 학제 간 연구(interdisciplinary research)를 했다.

다음으로 찰링 찰스 코프만스(Tjalling Charles Koopmans, 1910~1985)는 선형계획법으로 수송 모델을 개발했으며, 이를 일반화하는 활동분석 이론(Activity Analysis Theory)을 정립시켰다. 네덜란드 노르트홀란드 그레브랜드(Graveland, Noord-Holland, Nederland)에서 태어나, 17세에 위트레히트대학교(University of Utrecht)에서 수학을 전공하다가 1930년 이론물리학(theoretical physics)으로 전과해 졸업했다. 1933년에는 1969년 최초 노벨경제학상 수상자 얀 틴베르헌(Jan Tinbergen, 1903~1994)에게 수리경제학(mathematical economics)을 배우고자 암스테르담으로 이사를 했다. 1936년 레이던대학교(University of Leiden)에서 헨드릭 안토니 크라머르스(Hendrik Anthony Kramers, 1894~1952) 교수의 자도 아래 「경제시계열의 선형회귀분석(Linear regression analysis of economic time series)」 학위 논문으로 박사 학위를 취득했으며, 1938년부터 1940년까지 국제연맹 통계 조사에 참여했다. 1940년에는 미국으로 이민을 갔으며, 1940년부터 1941년까지 미국 프린스턴대학교 연구원 생활을 했다. 1944년부터 1945년까지 시카고대학교 콜즈커미션연구소(University of Chicago, Coles Commission Institute) 연구원으로, 1944년부터 콜즈경제학연구회(Cowles Commission for Research) 연구 간사를 맡았다. 그러나 거센 반발로 1955년 예일대학교(Yale University) 콜즈경제학연구회(Cowles Commission for Research)로 자리를 옮겼다. 1946년에 드디어 미국 시민권을 획득했다. 계량경제학에서 추계학(推計學)을 적용했으며, 연립방정식으로 접근했다. 특히 경제 모델에 관한 완전 정보 최대 가능도법(maximum likelihood method)을 개발했다.

시장 이론과 자원 최적 배분을 기반으로 활용 효율화

1988년 프랑스의 경제학자인 모리스 알레(Maurice Félix Charles Allais, 1911~2010)에게 '시장 이론 및 자원의 효율적인 활용에 대한 선구적인 공헌에 대해' 단독 수상자로 노벨기념경제학상을 수여했다. 그는 프랑스 파리(Paris, France)에서 태어나 고등학교(Lycée Lakanal) 과정을 마치고, 에콜 폴리테크니크(École Polytechnique)와 파리국립광산학교(École Nationale Supérieure des Mines de Paris)에서 경제학을 배웠으며, 1937년 국영프랑스광업공사에 근무하다가 1944년 파리고등광산학교(École Nationale Supérieure des Mines de Paris) 경제 분석 교수로 재직했다. 1949년에 파리대학(University of Paris)에서 박사 학위(doctor-engineer)를 취득했다. 1944년부터 1967년까지 프랑스 셍테치엔에콜데민그랑제콜(Sainte-Cienche Ecole Demigne Grande Cheval) 경제학 교수, 1947년부터 1968년까지 프랑스 파리대학교(University of Paris) 이론경제학 교수, 1954년에 프랑스 국립과학연구소(Institut national de recherche français) 연구부장, 1967년부터 1970년까지 스위스 제네바국제대학원(Graduate School of International Studies, Geneva, Switzerland) 경제학 교수를 역임했다. 1970년 이후 파리 제10대학(University of Paris) 교수를 역임했다.

일반균형이론, 화폐수요, 이자율에 관한 이론, 우연적 선택이론을 전공했으며, 아담 스미스(Adam Smith, 1729~1790)의 『국부론(On National Wealth)』의 시장 균형, 효율성 개념에 입각해 1953년 「일반 균형과 경제적 위험이 있는 경우 사회적 생산성에 관한 이론의 일반화(Généralisation de la théorie de la productivité sociale lorsqu'il y a équilibre général et risque économique)」 논문을 발표했다. 1971년에 「일반 균형과 최대효율에 대한 이론」이라는 논문에서 미시적 일반 균형에 효율성 제고의 해법을 제시했다. 수급 균형, 안전 가격 창출, 자원의 최적 배분을 정립하는 수리경제학의 이론체계를 입증했다. 응용경제학 분야에서도 국영 철도, 전매사업의 공동 투자의 효율성 제고, 공기업 경영 계획 수립에 적용, 1960년대의 「유럽 통합과 번영의 길(La voie de l'intégration européenne et de la prospérité)」이란 논문을 발표했다. 경제 이론에 '망각 비율(Taux d'oubli)'과 '심리적 팽창계수(Coefficient psychologique d'expansion)' 개념을 도입했다. 여기서 망각 비율이란 경제 행위에 필수 요소를 제외한 최종 선택 비율, 심리적 팽창계수란 인간 심리 상태가 경제 행위에 영향을 끼치는 계수를 말한다.

저서로는 1959년 『유럽 연합 번영의 길(L'Europe unie, route de la prospérité)』, 1961년 『교차로 위의 제3세계(Le Tiers monde au carrefour)』, 1962년 『알제리의 에비앙(L'Algérie d'Evian)』, 1963년 『경제 발전에서 자본의 역할(The Role of Capital in Economic Development)』, 1965년 『화폐의 양적이론에 대한 재구성(Reformulation de la théorie quantitative de la monnaie)』, 1967년 『인플레이션 없는 성장(Croissance sans inflation)』, 1970년 『국제경제자유화: 무역 협정 또는 경제 통합』, 1974년 『프랑스 인플레이션과 성장: 신화와 현실(L'Inflation française et la croissance: Mythologies et réalité)』, 1976년 『자본 세금 및 화폐 개혁(L'Impôt sur le capital et la réforme monétaire)』, 1978년 『시장경제의 통화 조건(Les Conditions monétaires d'une économie de marchés)』, 1978년 『잉여일반이론(La Théorie générale des surplus)』, 1989년 『자화상(Autoportrait)』, 1990년 『동부대변동, 뭘 해야 할까?(Les Bouleversements à l'Est. Que faire?)』, 1990년 『잉여일반이론과 시장경제(La Théorie générale des surplus et l'économie de marchés)』, 1990년 『최대 효율 및 잉여이론에 대한 기여(Contributions à la théorie générale de l'efficacité maximale et des surplus)』, 1990년 『조세 개혁을 위하여(Pour la réforme de la fiscalité)』, 1991년 『미래에 직면한 유럽, 뭘 해야 할까?(L'Europe face à son avenir. Que faire?)』, 1992년 『유럽 통합의 오류와 막다른 골목(Erreurs et impasses de la construction européenne)』, 1994년 『유럽을 위한 전투(Combats pour l'Europe)』, 1999년 『오늘날 세계의 위험(La Crise mondiale aujourd'hui)』, 2002년 『유럽을 위한 새로운 싸움(Nouveaux combats pour l'Europe)』, 2005년 『위기에 처한 유럽, 뭘 해야 할까?(L'Europe en crise. Que faire?)』, 2007년 『세계화, 일자리와 성장의 파괴(La Mondialisation, la destruction des emplois et de la croissance)』 등이 남아 있다.

:: 06

우리나라 경제 개발에 영향을 준 노벨경제학 수상자

경제 성장은 "경제 하려는 의지"가 좌우

1979년 미국 농업경제학자 시어도어 슐츠(Theodore Schultz, 1902~1998)와 영국의 식민지령에 있는 서인도제도의 세인트루이스(Castries, Saint Lucia, British Windward Islands) 출신 개발경제학자인 아서 루이스(Sir Arthur Lewis, 1915~1991)에게 '개발도상국 문제를 특별히 고려한 경제 개발에 대한 선구적인 연구를 한 공로에 대해' 2인 공동 수상자로 노벨기념경제학상을 수여했다.

시어도어 슐츠(Theodore Schultz, 1902~1998)는 미국 사우스다코다 알링턴(Arlington, South Dakota, United States)에서 농장의 아들로 태어나 8학년 때 아버지는 학업을 계속하면 농업을 할지 않을 것이라는 판단으로 퇴학을 시켰다. 공식적인 고등학교 교육은 받지 못했다. 겨울동안 사우스 다코타 주립대학교(South Dakota State University)의 농과대학(Agriculture College)에 겨울철 4개월 프로그램에 3년간 1927년에 마쳤고, 시험을 통해서 1928년 농업경제에 학사 학위를 받았다. 1927년부터 1930년까지 위스콘신대학교 매디슨 캠퍼스(University of Wisconsin-Madison)에서 농업경제학(Agricultural economics) 전공으로 벤자민 히바드(Benjamin H. Hibbard) 교수의 지도 아래 「조사료곡물(粗飼料穀物)에 대한 관세 및 관세가격 연구: 이론적 측면을 중심으로」 학위 논문으로 박사 학위를 받았다. 1930년부터 1943년까지 아이오와주립대학교(Iowa State University)에서 강의를 했으나 '올레오마가린 논쟁(oleomargarine controversy)'에서 벗어나고자, 13년간의 연구했던 대학을 떠나서 1946년부터 1961년까지 시카고대학교(School of Economics, University of Chicago)의 경제학부장을 역임했다. 1960년부터 미국경제협회 회장을 맡았다. 1967년에 사임하고 시카고대학에 90세까지 명예 교수를 지냈다. 록펠러재단(Rockefeller Foundation)의 지원 자금을 시카고대학의 농업 경제 프로그램(agricultural economics program)에다가 접목시켜 세계 농업 경제 지원을 시도했다.

과거 인건비, 노무비, 교육비 등으로 비용으로만 봤던 인적자원을 새로운 경제적 자원으로 인식하고, 인적자원(human capital)의 개발 개념을 경제에 접목시켜 인적자원이론(Human Capital Theory)을 정립했다. 교육의 경제학에 관심을 갖고 교육 투자론(Investment in Human Capital)을 중심으로 연구를 했으며, 교육 자본(educational capital)에다가 그 수익률을 곱함으로 경제 발전에 대한 교육의 기여도를 계산하는 '슐츠 방식(Schultz method)'을 도출했다.

한편, 아서 루이스(Sir Arthur Lewis, 1915~1991)는 세무 공무원의 아버지로부터 5형제의 네 번째 아들로 태어나 7살 때 아버지를 여이고 온가족이 생계를 위해서 사탕수수 농장에서 일을 했으나 가난, 역경, 차별을 '부자 밥 먹듯이' 하면서 고등학교 과정을 2년이 앞당겨 마치고 말단 공무원에 합격하여 근무를 했으나 독학을 줄기차게 해서 4년 만에 국가장학금을 받아 영국 런던정치경제대학(London School of Economics)에서 입학했다. 학부 과정에서 1등, 대학원 박사 과정 1등 장학금, 흑인 최초로 강사 발탁 등의 '최초' 수식을 달고 다녔다.

특히 1958년부터 유엔에 가나(Ghana)의 경제 고문(economic advisor)으로 '제1차 경제 개발 5개년 계획(Five-Year Development Plan)'을 자문했다. 제3세계 저개발 국가의 빈곤과 경제 문제에 많은 노력을 쏟았다. 1954년 「제한된 노동력 공급으로 경제 개발」 논문에서 생존 경제에서 개발에 진입하는 기준점인 루이스 전환점(Lewisian turning point)을 제시하는 '루이스 모델(Lewis model)'을 개발했다. 1955년엔 '호기심과 실제 필요성(curiosity and of practical need)'을 접목시켜 '경제 개발 연구를 위한 적절한 틀 마련'을 추구하는 경제성장이론(Theory of Economic Growth)을 발표했다. 일관되는 주장은 소득 등 외형 성장보다 물적, 인적자원의 확충, 기술 축적과 경제 개발에 대한 의지가 더욱 중요하다고 주장했다. 한 마디로 '경제 하려는 의지(The will to economize)'가 경제 성장을 좌우한다고까지 했다. 당시 한국은 "잘 살아보세! 잘 살아보세! 우리도 한 번 잘 살아보세!" 의지가 충천했다.

경제 규제, 기득권자의 포획 대상물이 될 수밖에 없다

1982년 미국 경제학자 조지 조셉 스티글러(George Joseph Stigler, 1911~1991)에게 '공적 규제의 효과와 실패 원인, 시장의 기능과 산업 구조에 대한 중요한 연구를 한 공로에 대해' 단독 수상자로 노벨기념경제학상을 수여했다. 그는 미국 워싱턴 시애틀(Seattle, Washington, U.S.)에서 태어나 1931년 워싱턴대학교(University of Washington)에서 학사 학위를 받았다. 1932년 노스웨스턴대학교(Northwestern University)의 경영학 석사를 취득했다. 1933년 시카고대학(University of Chicago) 박사 과정에 등록해 1938년 프랭크 나이트(Frank Knight, 1885~1972) 교수의 지도로 경제학 박사 학위를 취득했다. 1936년에 아이오와주립대학교(Iowa State University)에서 강의를 하면서 1938년까지 재직했다. 제2차 세계대전 당시는 콜롬비아대학(Columbia University)에서 맨해튼 프로젝트(Manhattan Project)에 참여해서 수학적 통계학적 접근법을 연구했다. 브라운대학교(Brown University)에서 1년간 연구를 한 뒤 1947년부터 1958년까지 콜롬비아대학교 교수직을 맡았다. 드디어 시카고 경제학에 있어 핵심 인물(key leader of the Chicago School of Economics)로 등장하게 되었다.

2010년 이명박 정부에서 갑론을박했던 '경제 규제(Economic Regulation)'에 이미 결과론적 해답을 제시했다. 사실, 1971년 「경제 규제에 대한 경제이론(Economic Theory of Regulation)」에서 규제포획이론(capture theory)을 주장했다. 즉 이익단체나 다른 정치적 기득권자들은 정부 규제, 강제적 권력을 이용해 자신들의 이익을 도모하고자 법과 규정을 바꾼다는 결론이다.

공유 경제와 경제 협업으로 새로운 경제 활로 개척을

2009년 미국의 공유경제학자이며 경제학 교수인 엘리너 클레이어 오스트롬(Elinor Claire Ostrom, 1933~2012)에게 '특히 공유 경제에 대해서 경제 협업에 관한 연구 공로에 대해' 그리고 미국 경제학자이고 대학교수인 올리버 이턴 윌리엄슨(Oliver Eaton Williamson, 1932년생)에게 '특히 기업의 경계에 대해서 경제 협업에 관한 연구 공적에 대해' 2인 공동 수상자로 노벨기념경제학상을 수여했다.

먼저, 엘리너 클레이어 오스트롬(Elinor Claire Ostrom, 1933~2012)는 미국 캘리포니아 로스앤젤레스(Los Angeles, California, U.S.)에서 여성으로

태어나 1951년에 비벌리 힐즈 고등학교(Beverly Hills High School)를 졸업하고, 캘리포니아대학교 로스앤젤레스캠퍼스(UCLA)에서 정치과학을 전공하여 1954년에 정치학 학사 학위를 받았으나 학비를 벌고자 일급 5달러의 서점 점원 및 비서로 근무했고, 원격 과정(distancing course)으로 속기를 배웠다. 1962년에 정치학 석사를, 1965년에 드웨인 마빅(Dwaine Marvick) 교수의 지도 아래 정치학 박사 학위를 취득하였다. 1966년 인디애나대학교(Indiana University) 정치학과 조교수로 들어갔으며, 1969년에 부교수를 거쳐 1974년 정교수로 임명되었다. 이어 1980년부터 1984년까지 정치학 과장을 역임했다. 1991년 미국예술과학아카데미 회원, 2001년 미국과학아카데미 회원, 여성으로 최초 미국 정치학 회장을 역임했다. 2009년부터 현재까지 인디애나대학교 블루밍턴 캠퍼스(Indiana University, Bloomington, Indiana) 석좌 교수와 애리조나주립대학교(Arizona State University) 교수를 겸직하고 있다.

주요 연구인 공공선택이론(Public Choice Theory)을 자신의 전공인 행정학에다가 접목시켜 개인의 합리적 선택이 공공 이익에 영향을 끼치는 '공동 목장의 비극(tragedy of commons)' 해결이론으로 공동체중심의 자치 제도가 해법이었다. 일명 '주민의 힘(people power)'에 의해서 자치 제도와 협력 체계를 통해 환경 파괴 방지와 효율적 공유 관리하는 게임이론과 실험 경제를 시도했다. 네팔, 케냐 및 인도의 자연자원의 풍부함 속에서 빈곤국가 현실의 해법이 되었다. 나미비아에 접목해 관광과 사냥 목적의 코끼리 공유로 지역 사회의 수익성 제공에 성공했다. 사회 공유 재산에 대한 경제적 지배 구조(economic governance)로 정치경제학(political economy)을 개척했다.

다음으로, 올리버 이턴 윌리엄슨(Oliver Eaton Williamson, 1932년생)

은 미국 위스콘신 슈피리어(Superior, Wisconsin)에서 태어나 중앙고등학교(Central High School)를 졸업하고, MIT(MIT Sloan School of Management)에서 1955년 경영학 학사 학위를, 1960년 스탠퍼드대학교(Stanford University)에서 경영학 석사 학위를, 1963년 카네기 멜론대학(Carnegie Mellon University)에서 경제학 박사 학위를 취득했다. 1965년부터 1983년까지 펜실베이니아대학교(University of Pennsylvania)에서 교수를, 1983년 미국 예술과학아카데미 석좌 회원, 1983년부터 1988년까지 예일대학교(Economics of Law and Organization at Yale University) 교수를, 1988년부터 캘리포니아 버클리대학교(University of California, Berkeley)에서 교수를, 1994년 미국과학한림원(American Academy of Sciences) 회원, 1997년 미국 정치사회과학아카데미 석좌 회원, 1999년에 시에나대학교(University of Siena)에서 강의를 했다. 2007년 미국경제학회(American Economic Association) 석좌 교수 등을 역임했다.

주요 연구는 경영학자로 협상 사례별 연구와 거래 비용을 중심으로 분석해서, 조직이론과 조직 경제, 협업(Governance) 등에 중점을 두었다. 저서로는 1981년『조직의 경제: 거래 비용 접근법(The Economics of Organization: The Transaction Cost Approach)』, 1983년『시장 및 계층 구조: 분석 및 독점 금지 시사점』, 1996년『거버넌스의 메커니즘(The Mechanisms of Governance)』, 2002년『거버넌스 구조로써의 기업이론: 선택에서 계약까지』 등이 있다.

:: 07

경제학에 복지이론 접목과 선거에 의한 공공선택

일반균형이론과 복지이론의 체계화에 선구적 공헌

1972년 영국의 경제학자인 존 힉스(Sir John Richard Hicks, 1904~1989)와 미국의 경제학자, 작가 및 정치이론가인 케네스 애로(Kenneth Joseph Ken Arrow, 1921~2017)에게 '일반경제균형이론과 복지이론에 대한 선구적인 공헌에 대해' 2인 공동 수상자로 노벨기념경제학상을 수여했다.

먼저, 존 힉스(Sir John Richard Hicks, 1904~1989)는 영국 잉글랜드 워릭셔 워릭(Warwick, England, UK)에서 지역 신문의 언론인인 아버지의 아들로 태어나서 1917년부터 1922년까지 5년간 클리프턴 칼리지(Clifton College)에 배웠고, 1922년부터 1926년까지 옥스퍼드 베일리얼 칼리지(Balliol College, Oxford)에서 수학·문학·역사에 석사 학위를, 1923년 이후에는 정치·경제·철학(PPE) 전공하여 경제학 박사 학위를 취득했다. 1926년부터 1935년까지 런던정치경제대학교(London School of Economics and Political Science)에서 노동경제학 수학적 분석으로 강의를 했다. 1935년부터 1938년까지 케임브리지대학교(Gonville & Caius College, Cambridge)에서 강의를 맡아서 『가치와 자본』이란 책을 저술, 1938년부터 1946년에 맨체스터대학교(University of Manchester) 교수로 옮겼다. 1946년 모교인 옥스퍼드대학교(Balliol College, Oxford)으로 돌아와서 1952년 너필드 칼리지(Nuffield College, Oxford)에서 연구원, 이후

1965년까지 정치경제학(Nuffield College, Oxford)의 명예 교수를 역임했다. 1965년에서 1971년까지는 올 소울즈 칼리지(All Souls College, Oxford)에서 연구원으로 근무했다. 1972년도 노벨경제학상을 받아 상금을 런던 정치경제대학교(London School of Economics and Political Science) 도서관에 기부했다.

주요 연구는 프리드리리 하이에크(Friedrich August von Hayek, 1899~1992), 라이오넬 로빈스(Lianel Robbins, 1898~1984), 에리크 린달(Erik Robert Lindahl, 1891~1960)의 영향을 받았으며, 미시경제학의 소비자이론과 거시경제학의 대두인 존 메이너드 케인스(John Maynard Keynes, 1883~1946)의 이론을 구체화한 IS-LM모형을 1937년 개발했다. 1939년 『가치와 자본(Value and Capital)』 저서를 출간해서 일반균형이론(General equilibrium theory)을 제시했으며, 복지 국가 및 유발적 혁신(induced innovation) 등 주장했다. 1932년 노동경제학의 정석인 『임금이론(The Theory of Wage)』, 1934년 『가치이론의 재검토』, 1939년 『후생경제학의 기초(The Foundations of Welfare Economics)』, 대체효과, 소득효과, 소비자이론 및 비교 정태 분석 등의 개념에 기본 이론을 제시하는 『가치와 자본(Value and Capital)』, 1940년 『사회적 소득의 평가』, 1941년 『소비자 잉여의 재활(The Rehabilitation of Consumers' Surplus)』, 1958년 『실질소득의 계량(The Measurement of Real Income)』, 1965년 『자본과 성장(Capital and Growth)』, 1969년 『경제역사의 이론(A Theory of Economic History)』, 1970년 『프리드먼 리뷰(Review of Friedman)』, 1973년 『경제성장의 원천』 등을 연구했다.

다음으로 케네스 애로(Kenneth Joseph Ken Arrow, 1921~2017)는 미국 뉴욕시(New York City, New York, U.S.)에서 루마니아 유대인(Romanian

Jews) 가정에서 태어나 대공황의 영향을 받아 좌파적 견해(left-leaning philosophy)를 많아 가지게 되었다. 타운센드 해리스고등학교를 졸업하고, 뉴욕시립대학교 시티 칼리지(City College of New York)에서 1940년 수학 전공 학사 학위를 받고, 콜롬비아대학교(Columbia University)에서 해럴드 호텔링(Harold Hotelling, 1895~1973) 교수의 지도 아래 1941년에 석사 학위를 취득했다. 1942년부터 1946년까지 미국 육군항공단에서 기상 장교로 복무, 1946년부터 1949년까지 콜롬비아대학교(Columbia University) 대학원생으로 학적을 두고, 시카고대학교 코올스경제학연구위원회 연구원으로, 시카고대학교 경제학 조교수로 근무하면서, 캘리포니아 랜드연구소(RAND Corporation, California)에도 활동을 했다. 1951년에 콜롬비아대학교(Columbia University)로부터 해럴드 호텔링(Harald Hetelling) 교수의 지도로 「사회적 선택과 개인적 가치(Social Choice and Individual Values)」 학위 논문으로 경제학 박사 학위를 취득했다. 1968년에 하버드대학(Harvard University)으로 교수 자리를 옮겼다. 경제학자 로런스 서머스(Lawrence Summers, 1954년생)의 삼촌이고, 1970년 노벨경제학상 수상자 폴 사뮤얼슨(Paul Samuelson, 1915~2009)의 처남이며, 제자 가운데 5명이나 노벨기념경제학상 수상자가 배출되었다. 현재까지 최연소 51세의 노벨기념경제학상 수상자이다.

오늘날 경제학에서도 애로의 불가능성 정리(Arrow's impossibility theorem), 일반균형이론(General Equilibrium Theory), 사회적 선택이론(Social Choice Theory), 내생적 성장이론(endogenous growth theory), 정보비대칭성이론(information asymmetry theory) 혹은 정보경제학(information economics), 후생경제학의 기본 원리 등이 뿌리 깊이 내려져 있다. 애로-드브뢰 모형(Arrow-Debreu Model)은 불확실성과 안정성의 분석,

일반균형이론(General Equilibrium Theory)은 아담스미스의 국부론에 많은 영향을 받았다. 내생적 성장의 요인인 기술 변화는 경제 주체의 행위에 의해서 결정된다고 주장했다.

선거에 의해 좌우되는 공공선택

1986년 미국의 공공선택이론의 경제학자 제임스 부캐넌(James M. Buchanan Jr, 1919~2013)에게 '경제적 정치적 의사결정을 위한 계약상 혹은 헌법상 근거의 마련에 공헌한 공로로' 단독 수상자로 노벨기념경제학상을 수여했다. 그는 미국 테네시 머프리스보로(Murfreesboro, Tennessee, U.S.)에서 태어나 1936년에 미들테네시대학(Middle Tennessee State University)에 입학해서 1940년에 이학부 학사 학위, 1940년부터 테네시대학교(University of Tennessee)에서 대학원 과정 수료하고 1941년에 문학 석사 학위를 받았다. 제2차 세계대전 당시 미군해군(United States Navy) 장교로 근무를 마치고, 1946년에 시카고대학교(University of Chicago) 박사 과정에 등록하여 1948년에 프랑크 나이트(Frank H. Knight, 1885~1972) 교수의 지도로 「연방 정부의 재정등식(Fiscal Equity in a Federal State)」 학위 논문으로 경제학 박사 학위를 취득했다.

테네시대학교(University of Tennessee)에 강사 자리를 얻었으며, 1951년부터 1956년까지 플로리다주립대학(Florida State University)에서 강의를 했다. 1957년부터 1967년까지 10년간 버지니아대학(University of Virginia)에서 정치경제 및 사회철학연구센터의 소장을 겸임했으나, 1968년부터 1969년까지 캘리포니아대학교 로스앤젤레스(UCLA)에서 강의를 했다. 1969년에 버지니아 응용과학협회 및 공공선택연구센터 소장을 역임하면서, 1969년부터 1983년까지 버지니아 공과대학(Virginia Tech)에서 교수를 역임했다.

주요 연구는 결정 과정과 집행에 대한 이론 차원을 너머 정치경제학적 결과 분석이었다. 재정학에서는 공공선택이론(Public Choice Theory)으로 순수한 경제 논리에 의한 의사 결정이 아닌, 유권자의 표심의식, 정치인의 차기 집권, 통상적 단순 과반수 등의 사익 차원(decisions based upon their own self-interest)에 결정됨을 밝혀 집합적 공공적인 선택이론을 전개했다. 정치적 비용 극소화, 민주 정치 과정의 합리적 시민으로 계약상 또한 헌법상 근거를 마련했다. 1962년 공공재 공급에 최적 다수결의 효율성을 『동의의 산술(The Calulus of Consent)』에서 경제적 모형으로 규명했다.

외생적 성장 중심의 경제 성장

1987년 미국의 외생적 성장 모델(exogenous growth model)에 기반을 둔 경제성장이론의 대가인 경제학자 로버트 솔로(Robert M. Solow, 1924년생)에게 '경제성장이론에 대한 공로' 단독 수상자로 노벨기념경제학상을 수여했다. 미국 뉴욕 브루클린(Brooklyn, New York)에서 유대인 아버지의 아들로 태어나 1940년 9월 16살 나이에 장학금을 받아서 하버드대학교(Harvard University)에 입학해서 사회학과 인류학을 수강했다. 1942년 말 대학을 떠나 미군(U.S. Army)에 입영해서 북아프리카와 시칠리아(North Africa & Sicily)에서 복무, 1945년 8월 종전 귀국과 복학하여 1973년 노벨경제학상을 수상한 바실리 레온티예프(Wassily Leontief, 1906~1999) 교수의 지도로 통계학과 확률 모델에 관심을 가졌다. 1949년과 1950년 콜롬비아대학교(Columbia University)에서 1년간 연구원 생활을 하면서 하버드대학교 바실리 레온티예프(Wassily Leontief)의 지도로 박사 학위 논문을 준비했다. 하버드대학교에서 「상호 작용하는 마르코프 프로세스를 사용한 임금 소득의 크기 분포 변화를 고용 실업률 및 임금 비율로 모델링하는 시안」 학위 논문으로 박사 학위를 취득했다. MIT경제학부 교수직 제안을 수락해 계량경제학과 통계학을 강의했다. 40년간 '현대 경제학의 아버지(Father of Modern Economics)'로 평가 받는 폴 새뮤얼(Paul Anthony Samuelson, 1915~2009)과 많은 공동 연구를 했다. 1958년 '선형계획법(Linear programming)', 1960년 윌리엄 필립스(Williams Phillips, 1914~1975)의 '필립스곡선(Phillips curve)'을 연구했다. 1961년부터 1962년까지 대통령 경제자문위원회(Council of Economic Advisers)에서 활동했다. 1968년부터 1970년 대통령지속 소득유지위원회(President's Commission on Income Maintenance)의 회원으로 참여했다.

:: 08

오늘날 지구촌의 금융 혁신을 초래한 포트폴리오이론

"계란을 한 바구니에 담지 말라(Don't put all your eggs in one basket)."

한비자(韓非子, BC 280~233)는 "그 군주의 위험은 달걀을 한 바구니에 담은 양 위험합니다(其君之危猶累卵也)."[178]라고 했으며, 사마천(司馬遷, BC 145~86)은 『사기열전(史記列傳)』에서 "국왕의 진나라는 달걀을 포개놓은 것보다도 위험합니다(秦王之國危於累卵)."[179]라는 구절에서 보아 '위험분산법칙(累卵之戒)'을 동양에서는 위정철칙(爲政鐵則)으로 삼아왔다. 서양에서 경제학 용어로 1981년 제임스 토빈(James Tobin, 1918~2002)이 노벨경제학상 수상자로 발표되자 기자들이 '포트폴리오이론'이 무엇이냐고 질문을 했을 때 "아, 아니, 평범한 말로 설명을 드려야지요."라고 하시면서 "계란을 한 바구니에 담지 말라."[180]고 한마디로 요약했다.

1981년 미국의 통화경제학자인 제임스 토빈(James Tobin, 1918~2002)에게 '지출 결정, 고용, 생산 및 가격의 상관관계에 덧붙어 기능적 시장을 분석한 공로' 단독 수상자로 노벨기념경제학상을 수여했다. 그는 일리노이 샘페인(Champaign, Illinois, United States)에서 대학교 저널리스트 아버지(Michael Tobin)의 아들로 태어나 일리노이대학 실험 고등학교를 졸업했다. 1735년 아버지의 충고로 하버드대학 입학 시험에 응시해 합격했고, 하버드대학(Harvard University) 입학해 1939년에 졸업논문으로 「평형 비자발적 실업 도입을 위한 케인즈의 체계에 대한 비판적 분석(On a critical analysis of Keynes' mechanism for introducing equilibrium invol-untary unemployment)」학위 논문으로 학사 학위를 받았고, 1941년 학사 학위 논문을 수정 보완 출간했다. 1940년 하버드대학 석사 학위를 취득했다. 1941년 학업을 중단하고 워싱턴 DC '가격관리 및 민간공급사무 전쟁생산위원회(Office of Price Administration and Civilian Supply and the War Production Board)'에 근무하다가, 미국 해군에 입대하였으나 종전(USS Kearny, DD-432)으로 모교에 돌아와 박사 과정을 계속해 1947년 조셉 슘페터(Joseph Schumpeter) 교수의 지도 아래 「소비 기능(con-sumption function)」학위 논문으로 박사 학위 취득했다. 1950년 예일대학교(Yale University) 교수를 시작으로, 소비함수의 유동자산가설, 신고전파 성장이론의 정립, 일반균형이론에서 금융이론으로 접근하는 방식인 '예일 어프로치(Yale Approach)', 자산선택이론의 창시자로 유명했다. 콜스재단(Cowles Foundation)의 연구 경험은 제1차 1955년부터 1961년까지, 제2차 1964년부터 1965년까지였다. 1958년 거래 목적의 화폐 보유 및 예비적 화폐 수요도 이자율의 영향을 받는다는 '토빈 모델(Tobin Model)'을 창안했다. 1971년 외환 투기를 막고자 외환시장 안정책으로 국제 외환거래 1% 과세(Tobin Tax)를 제안했다. 1961년부터 1962년까지 케네디 대통령의 경제자문위원(John F. Kennedy's Council of Economic Advisors), 1972년 조지 맥거번(George McGovern, 1922년생) 후보의 선거 참모를 역임했다. 미국 연방준비위원회 자문위원으로도 활약했다.

시카고대학교 박사 학위 지도교수도 "이론이라기보다 농담이다."

1990년 미국의 '포트폴리오이론(Portfolio Theory)'의 경제학자인 해리 맥스 마코위츠(Harry Max Markowitz, 1927년생)와 미국의 시카고학파의 경제학자 머튼 하워드 밀러(Merton Howard Miller, 1923~2000) 그리고 미국의 금융경제학자인 윌리엄 포사이스 샤프(William Forsyth Sharpe, 1934년생)에게 '금융경제학이론에서 선구적인 업적에 대해' 3인 공동 수상자로 노벨기념경제학상을 수여했다.

먼저 맥스 마코위츠(Harry Max Markowitz, 1927년생)는 미국 시카고 (Chicago, Illinois, U.S.)에 유대인 가정에 태어나 고등학교 재학 중 물리학과 철학에 관심을 가졌다. 시카고대학(University of Chicago)에 다니는 동안 데이비드 흄(David Hume, 1711~1776)의 사상에 빠졌기에 인문학사 학위를 취득했다. 그럼에도 경제학을 전공하고자 시카고대학에 남아 연구를 계속했다. 당시 밀턴 프리드먼(Milton Friedman, 1912~2006), 찰링 코프만스(Tjalling Charles Koopmans, 1910~1985), 제이코브 마르샤크(Jacob Marschak, 1898~1977), 레너드 지미 새비지(Leonard Savage, 1917~1971) 등 저명한 경제학자와 같이 연구를 했다. 학생 때부터 알프레드 콜즈(Alfred Cowles, 1891~1984)의 콜즈연구협회(Cowles Commission) 회원으로 초대되었다. 시카고대학에서 박사 학위 논문으로 「주식 시장의 분석을 위한 응용수학 선택(Selection of Applied Mathematics for Analysis of Security Market)」을 학위 논문으로 제출했다. 주요 내용이 포트폴리오 기법으로 분석하는 것이었다. 당시 논문 지도교수인 밀턴 프리드먼(Milton Friedman, 1912~2006)은 "포트폴리오이론은 경제학이 아니라 농담이다(Portfolio theory is a joke, not an economics)."고 할 정도로 믿지 않았으나 1954년 박사 학위를 주었다. 왜냐하면, 포트폴리오이론은 존 버 윌리엄(John Burr Williams, 1900~1989)의 현재가치 모델을 기반으로 리스크(risk) 영향을 분석해서 「불확실성 아래의 포트폴리오 배분

(Portfolio allocation under uncertainty)」이라는 논문을 1952년에 전문지에 게재했기 때문이다.

사실, 1952년 랜드연구소(RAND Corporation)에 근무하면서 1956년 「크리티컬 라인 알고리즘(Critical Line Algorithm)」논문을 발표했다. 마코위츠 프런티어(Markowitz frontier) 혹은 '효율적 투자선(efficient investment line, efficient frontier)'을 발견했다. 포트폴리오이론은 이전에 투자 격언으로 1981년 노벨경제학상 수상자 제임스 토빈(James Tobin, 1918~2002)이 주식 투자에게 많이 인용한 "계란을 한 바구니에 담지 말라(Don't Put All your Eggs in One Basket)."라고 했던 것을 불확실성, 위험(risk), 예상 수익 등에 접목시켜서 창안한 투자이론(Markowitz Efficient Portfolio)으로 자리를 잡았다. 뉴욕시립대학교 버룰 칼리지(Baruch College, New York University), 캘리포니아대학교 샌디에이고 래디 매니지먼트 스쿨(Rady School of Management, University of California, San Diego) 등에서 교수를 역임했으며 자신의 이름을 단 해리 마코위츠 컴퍼니(Harry Markowitz Company)를 창립해서 운영하고 있다.

저서로는 1952년『부의 유용성(The Utility of Wealth)』, 1952년『포트폴리오 선택(Portfolio Selection)』, 1956년『선형제약조건의 이차함수의 최적화』, 1957년『역변환의 제거형식과 선형 프로그래밍 적용』, 1959년『포트폴리오 선택: 효율적인 투자 다각화(Portfolio Selection: Efficient Diversification of Investments)』, 2002년『투자 관리의 이론과 실제』, 2003년『변화하는 세계에서의 단일 기간 평균·분산분석(Single-Period Mean-Variance Analysis in a Changing World)』, 2005년『시장 효율성: 이론적인 차별성(Market Efficiency: A Theoretical Distinction and So What?)』등이 남아 있다.

다음으로 윌리엄 포사이스 샤프(William Forsyth Sharpe, 1934년생)은 미국 매사추세츠 보스턴(Boston, Massahusetts, U.S.)에서 태어나 리버사이드 폴리테크 고등학교(Riverside Polytechnic High School)를 1951년에 졸업하고, i) 로스앤젤레스 캘리포니아대학교(University of California, Los Angeles)에서 경영학, 회계학 그리고 경제학을 공부해서 1955년 학사 학위, 1956년 석사 학위, 1961년 아르메니아 알키앙(Armen Alchian) 교수의 지도 아래「주식 시장의 초기버전을 포함한 주식가격의 단일요소모형(A single factor model of security prices, including an early version of the security market line)」학위 논문으로 경제학 박사 학위를 취득했다. ii) 1956년에 석사 학위를 받고, 미국의 국책연구기관이 랜드연구소(RAND Corporation)에서 동료연구원 해리 마코위츠(Harry Max Markowitz, 1934년생)의 도움을 받아서 박사 학위 과제를 찾았으며, 1961년부터 1968년까지 워싱턴대학교(University of Washington), 1968년 캘리포니아대학교 어바인 캠퍼스(University of Californa, Irvine), 1970년 스탠퍼드대학교(Stanford University)에서 교수를 역임했으며, 윌리엄 샤프경제연구회(William F. Sharpe Associates)를 창립해서 운영했다. iii) 1986년 프랑크러셀회사(Frank Russell Company)에 러셀-샤프연구소(Sharpe-Russell Research)를 설치, 1996년 포트폴리오 활용 연구를 위한 재정엔진(Financial Engines, FNGN) 연구회 설립, 미국재정협회(American Finance Association) 회장을 역임했다.

주요 연구는 "계란을 한 바구니에 닮지 말라."라고 말했던 1981년 노벨경제학 수상자 제임스 토빈(James Tobin)의 투자 격언을 해리 마코위츠(Harry Max Markowitz, 1934년생)가 이론화한 '포트폴리오선택이론(Theory of Portfolio Selection)을 기업 재무에 있어 자산 가격 결정(capital price)에다가 활용했다. 즉 자본 시장 균형에 접목시켜 예상되는 수익과 투자 위험의 상관관계를 규명하는 자본 자산 가격 결정 모델(Capital Assets Pricing Model)도 1964년 개발했다. 예상 수익은 무위험의 자산 수익과 리스크 프리미엄(risk premium)의 합계로 정의하고, 리스크 프리미엄(risk premium)은 측정된 투자 위험과 시장 가격을 곱한 값으로 규정했다. 이에 관한 『포트폴리오이론과 자산 시장(Portfolio Theory and Asset Markets)』 및 『투자론(On Investment)』 저서가 있다. 또한 위험 조정 투자 성과 분석(risk-adjusted investment performance analysis)을 위한 '샤프 비율(Sharp Ratio)', 옵션 평가(valuation of options)를 위한 '이항방법(binomial method)', 자산 할당의 최적화(asset allocation optimization)를 위한 '그라디언트 방법(Gradient Method)' 등을 지속 계발하여 활용했다.

색인
참고·인용

색인(INDEX)

참고문헌(인용구절)

1) Luke 5: 37~39: "And no one pours new wine into old wineskins. Otherwise, the new wine will burst the skins; the wine will run out and the wineskins will be ruined. No, new wine must be poured into new wineskins. And no one after drinking old wine wants the new, for they say, 'The old is better.'"

2) 明心寶鑑,存心篇: "世無百歲人,枉作千年計"

3) 林語堂(1895~1976), 生活的發見: "就像一頭巨大的公牛穿越一根細小的松樹橋一樣,您只要小心翼翼地生活."

4) Wikipedia, The Fox and the Grapes:" Driven by hunger, a fox tried to reach some grapes hanging high on the vine but was unable to, although he leaped with all his strength. As he went away, the fox remarked 'Oh, you aren't even ripe yet! I don't need any sour grapes.' People who speak disparagingly of things that they cannot attain would do well to apply this story to themselves."

5) 대구시, 세계적 수준 '스마트시티' 국제표준 획득 임박, 경북일보, 2019.12.2.:"대구시가 스마트시티 운영모델 성숙도 부문에서 세계적 수준을 갖춘 도시에 부여되는 '스마트시티 국제표준(ISO37106)' 획득을 눈앞에 두고 있다. 대구시는 국제인증 심사기관인 '영국표준협회(BSI)'로부터 대구 스마트시티에 대한 국제표준(ISO37106) 심사를 받은 결과, 24개 세부 항목 중 대부분 항목에서 평균 이상의 레벨을 받아 표준 인증 추천을 받았다고 1일 밝혔다."

6) 고은(高銀, 1933년 군산 태생) 시인, 전 대학교수: 「폐결핵」으로 등단, 유네스코한국위원회 평화친선대사, 이탈리아 카포스카리대학 명예교수, 세계 작가 페스티벌 부위원장, 단국대학교 문예창작과 석좌교수, 서울대학교 기초교육원 초빙교수, 미국 버클리대학교 초빙교수, 경기대학교 대학원 교수, 미국 하버드대학교 예칭연구소 연구교수, 문학과지성 편집위원, 동화통신 부장대우, 금강고등공민학교 설립, 해인사 교무 및 주지대리, 전등사 주지, 군산북중학교 교사.

7) Ladbrokes Coral Group plc /ˈlædbrʊks/ is a British based betting and gambling company. It is based in London. From 14 May 1999 to 23 February 2006, when it owned the Hilton hotel brand outside the United States, it was known as Hilton Group plc. It is listed on the London Stock Exchange and is a member of the FTSE 250 Index, having been relegated from the FTSE 100 Index in June 2006. In July 2015, Ladbrokes reached an agreement to merge with its rival, Gala Coral Group. Under the terms, Ladbrokes' chief executive Jim Mullen became CEO of the new company, named Ladbrokes Coral Group.

8) The Nobel Prize in Literature 2017 was awarded to Kazuo Ishiguro "who, in novels of great emotional force, has uncovered the abyss beneath our illusory sense of connection with the world." (https://nobelprize.org)

9) The Nobel Prize in Literature 1908 was awarded to Rudolf Eucken "in recognition of his earnest search for truth, his penetrating power of thought, his wide range of vision, and the warmth and strength in presentation with which in his numerous works he has vindicated and developed an idealistic philosophy of life".

10) Posthumous Nobel Prizes in Literature: In 1931, the Nobel Prize in Literature was awarded posthumously to Erik Axel Karlfeldt. From 1974, the Statutes of the Nobel Foundation stipulate that a Nobel Prize cannot be awarded posthumously, unless death has occurred after the announcement of the Nobel Prize. Dag Hammarskjöld was also awarded a posthumous prize, the Nobel Peace Prize in 1961.(https://www.nobelprize.org/prizes)

11) First edition (hardcover) in six volumes: The Gathering Storm (1948), Their Finest Hour (1949), The Grand Alliance (1950), The Hinge of Fate (1950), Closing the Ring (1951), Triumph and Tragedy (1953). Full paperback edition in twelve volumes: The Gathering Storm, The Twilight War, The Fall of France, The Commonwealth Alone, Germany Drives East, War Comes to America, The Onslaught of Japan, Victory in Africa, The Invasion of Italy, Assault from the Air, The Tide of Victory, Triumph and Tragedy, Condensed edition in four volumes, Milestones to Disaster, Alone, The Grand Alliance, Triumph and Tragedy.

12) "中美必有一战": "修昔底德陷阱" 之误, BBC, 2017.9.10.: "在中国和美国许多人相信中美关系处于'修昔底德陷阱'的困境.古希腊历史学家修昔底德认为,公元前5世纪雅典崛起引起陆地霸主斯巴达警惕和战争是一种普遍的历史模式,即既有霸主面对新兴强权的挑战多以战争告终.哈佛大学的国际问题学者格雷厄姆·艾里森就认为中美关系处于'修昔底德陷阱'的困境."

13) René F. A. Prudhomme, (1839~1907): "in special recognition of his poetic composition, which gives evidence of lofty idealism, artistic perfection and a rare combination of the qualities of both heart and intellect"

14) Christian M. T. Mommsen(1817~1903): "the greatest living master of the art of historical writing, with special reference to his monumental work, A history of Rome"

15) Thomas Carlyle(1795~1881), The French Revolution: "In 1834, Carlyle and his wife left Craigenputtock for London and began to network in intellectual circles.[5] Within the United Kingdom, establishing his own reputation with the publication of his three-volume work The French Revolution: A History in 1837.[5] After the completed manuscript of the first volume was accidentally burned by a maid of the philosopher John Stuart Mill, Carlyle wrote the second and third volumes before rewriting the first from scratch."

16) Book I, Roman origins and the Monarchy; Book II, the Republic until the Union of Italy; Book III, the Punic Wars and the East; Book IV, the Gracchi, Marius, Drusus, and Sulla; Book V, the Civil Wars and Julius Caesar.

17) Frédéric Mistral(1830~1914): "in recognition of the fresh originality and true inspiration

of his poetic production, which faithfully reflects the natural scenery and native spirit of his people, and, in addition, his significant work as a Provençal philologis)"

18) José Echegaray y Eizaguirre(1832~1916): "in recognition of the numerous and brilliant compositions which, in an individual and original manner, have revived the great traditions of the Spanish drama"

19) Wikipedia, Mireille ([mi'ʁɛj]) is a French given name, derived from the Provençal Occitan name Mirèio (or Mirèlha in the classical norm of Occitan, pronounced [mi'rɛjɔ, mi'rɛʌɔ]). It could be related with the Occitan verb mirar "to look, to admire" or with the Occitan surnames Miriam "Myriam", Maria "Mary".

20) Helen Foster Snow(September 21, 1907-January 11, 1997) was an American journalist who reported from China in the 1930s under the name Nym Wales on the developing Chinese Civil War, the Korean independence movement and the Second Sino-Japanese War.

21) Giosuè Alessandro Giuseppe Carducci(1835~1907): "not only in consideration of his deep learning and critical research, but above all as a tribute to the creative energy, freshness of style, and lyrical force which characterize his poetic masterpieces"

22) Joseph Rudyard Kipling(1865~1936): "in consideration of the power of observation, originality of imagination, virility of ideas and remarkable talent for narration which characterize the creations of this world-famous author"

23) Selma Ottilia Lovisa Lagerlöf(1858~1940): "in appreciation of the lofty idealism, vivid imagination and spiritual perception that characterize her writings"

24) Gerhart Johann Robert Hauptmann(1862~1946): "primarily in recognition of his fruitful, varied and outstanding production in the realm of dramatic art"

25) Rabindranath Tagore, রবীন্দ্রনাথ ঠাকুর(1861~1941):"because of his profoundly sensitive, fresh and beautiful verse, by which, with consummate skill, he has made his poetic thought, expressed in his own English words, a part of the literature of the West"

26) Karl Adolph Gjellerup(1857~1919):"for his varied and rich poetry, which is inspired by lofty ideals"

27) Henrik Pontoppidan(1857~1943): "for his authentic descriptions of present-day life in Denmark"

28) William Butler Yeats(1865~1939): "for his always inspired poetry, which in a highly artistic form gives expression to the spirit of a whole nation"

29) William Butler Yeats(1865~1939), The Wanderings of Oisin: "We rode in sorrow, with strong hounds three, / Bran, Sceolan, and Lomair, / On a morning misty and mild and fair./ The mist-drops hung on the fragrant trees, / And in the blossoms hung the bees. / We rode in sadness above Lough Lean, / For our best were dead on Gavra's green."

30) Wladyslaw Stanislaw Reymont(1867~1925): "for his great national epic, The Peasants"

31) Grazia Deledda(1871~1936): "for her idealistically inspired writings which with plastic clarity picture the life on her native island and with depth and sympathy deal with human problems in general"

32) Matthew 11:7~10: " As John's disciples were leaving, Jesus began to speak to the crowd about John: "What did you go out into the wilderness to see? A reed swayed by the wind? 8 If not, what did you go out to see? A man dressed in fine clothes? No, those who wear fine clothes are in kings' palaces. 9 Then what did you go out to see? A prophet? Yes, I tell you, and more than a prophet. 10 This is the one about whom it is written: I will send my messenger ahead of you, who will prepare your way before you.'"

33) Sigrid Undset(1882~1949): "principally for her powerful descriptions of Northern life during the Middle Ages"

34) Pearl Sydenstricker Buck(1892~1973): "for her rich and truly epic descriptions of peasant life in China and for her biographical masterpieces"

35) Elfriede Jelinek(1946~): "for her musical flow of voices and counter-voices in novels and plays that with extraordinary linguistic zeal reveal the absurdity of society's clichés and their subjugating power"

36) Ivan Alekseyevich Bunin(1870~1953): "for the strict artistry with which he has carried on the classical Russian traditions in prose writing"

37) Roger Martin du Gard(1881~1958): "for the artistic power and truth with which he has depicted human conflict as well as some fundamental aspects of contemporary life in his novel-cycle Les Thibault"

38) Johannes Vilhelm Jensen(1873~1955): "for the rare strength and fertility of his poetic imagination with which is combined an intellectual curiosity of wide scope and a bold, freshly creative style"

39) Winston Leonard Spencer-Churchill(1874~1965): "for his mastery of historical and biographical description as well as for brilliant oratory in defending exalted human values"

40) 발인축문(發靷祝文): "혼령이 이미 상려에 타셨으며, 천년 잔디 집(무덤)을 향해서 가고자 하는데, 예물을 갖춰 놓고 예를 차려 보내드리고자 하옵니다. 영원히 하늘나라로 이별을 고합니다(靈輤旣駕, 往卽幽宅, 載陳遣禮, 永訣終天)."

41) Over the Hills and Far Away: "…Many times I've wondered how much there is to know / Many dreams come true, and some have silver linings / I live for my dream, and a pocket full of gold, Mellow is the man who knows what he's been missing / Many, many men can't see the open road / Many is a word that only leaves you guessing / Guessing 'bout a thing you really ought to know, oh, oh, oh, oh / Really ought to know / I really ought to know…"

42) 玄奘(602. 4. 6~664. 3. 7.) 俗姓陳，名祎，洛州緱氏縣 (今河南省偃師市南境) 人，師承印度那爛陀寺的戒賢大師，爲漢傳佛教史上最偉大的譯經師之一，被譽爲中國四大翻譯家之一，也是中國佛教法相唯識宗創始人.由其所口述，弟子辯機撰文的《大唐西域記》[2]亦成爲研究古代印度歷史的重要文獻之一. 翻譯經文: 643年，玄奘載譽啓程回國，並將657部佛經帶回中土.貞觀十九年 (645年)，回到長安，受到唐太宗的熱烈歡迎. 玄奘初見太宗時即表示希望前往嵩山少林寺譯經，但沒有得到批准，被指定住長安弘福寺. 652年永徽三年)，玄奘在長安城內慈恩寺的西院筑五層塔，即今天的大雁塔，用以貯藏自天竺携來的經像.寺內建立了玄奘紀念館.大雁塔成爲玄奘西行求法,歸國譯經的建筑紀念物.在唐太宗 (李世民) 大力支持下，玄奘在長安設立譯經院 (國立翻譯院)，參與譯經的優秀學員來自全國以及東亞諸國.他花了十幾年時間在今西安北部約150公里的銅川市玉華宮內將約1330卷經文譯成漢語.玄奘本身最感興趣的是「唯識」部分.這些佛經後來從中國傳往朝鮮半島,越南和日本.顯慶二年(657年) 五月，高宗下敕，要求"其所欲翻經."

43) प्रज्ञापारमिताहृदयसूत्र Prajñāpāramitā Hṛdaya sūtra: The Heart Sūtra (Sanskrit: प्रज्ञापारमिताहृदय Prajñāpāramitāhrdaya or Chinese: 心經 Xīnjīng) is a popular sutra in Mahāyāna Buddhism. Its Sanskrit title, Prajñāpāramitāhrdaya, can be translated as "The Heart of the Perfection of Wisdom"

44) 마태복음 27:46: "세 시쯤 되어 예수께서 큰소리로 '엘리 엘리 레마 사박타니?' 하고 부르짖으셨다. 이 말씀은 '나의 하느님, 나의 하느님, 어찌하여 나를 버리셨나이까?'라는 뜻이다."/ 마가복음15:34: "세 시에 예수께서 큰 소리로 '엘로이, 엘로이, 레마 사박타니?'하고 부르짖으셨다. 이 말씀은 '나의 하느님, 나의 하느님, 어찌하여 나를 버리셨나이까?'라는 뜻이다."

45) Wikipedia Prajñāpāramitā Hṛdaya sūtra: "… gone, gone, everyone gone to the other shore, awakening, svaha."

46) Gate Gate paragate parasamgate Bodhi Svaha(가테 가테 파라가테 파라삼가테 보디 스바하, 揭諦揭諦 波羅揭諦 波羅僧揭諦 菩提娑婆訶): "가자, 가자, 피안(彼岸)으로 가자, 피안으로 넘어 가자, 영원한 깨달음이여." 혹은"가자, 가자 넘어가자, 모두 넘어가서 무한한 깨달음을 이루자."

47) 西周生, 醒世姻緣傳: "那些大家奶奶們見了他,眞眞與他算記的一些不差,且又不消別人引進,只那劉家十親九眷,也就夠他周流列國,輾環天下,傳食於諸侯了.晃家新發戶人家,走動是不必說了."

48) Jokie Mize, Supernatural Childbirth: "There is nothing better than traveling to conceive and give birth to something."

49) Wikipedia, Julian Schwinger: "Julian Seymour Schwinger was a Nobel Prize winning American theoretical physicist. He is best known for his work on quantum electrodynamics (QED), … Original caption: 'His laboratory is his ballpoint pen.'"

50) John Dewey, Democracy and Education: "If you study at the library, not at the university, you can acquire 7 times more knowledge."

51) 周髀算經, 中提到: "方屬地,圓屬天,天圓地方." / 晉書,天文志,也有,"天圓如張蓋,地方如棋局."

52) 周易, 掛上傳, 乾掛 : "天行健,君子以自强不息…"

53) 伊東俊太郎, 山田慶兒, 坂本賢三, 村上陽一郎, 科學史技術史事典, 東京, 出版社弘文堂, 1983.3(초판), 1994/6/1(再版)

54) Benjamin Whisoh Lee (이휘소, January 1, 1935~June 16, 1977) or Ben Lee, was a Korean-born American theoretical physicist. His work in theoretical particle physics exerted great influence on the development of the standard model in the late 20th century, especially on the renormalization of the electro-weak model and gauge theory.

55) 소설가 김진명이 쓴 소설. 1992년 7월 1일과 8월 1일, 「플루토늄의 행방」 (실록출판사) 1, 2권으로 으로 출간되었다가 빛을 보지 못한 것을 다시 개작해 출간했다. 1993년 8월 1일 3권으로 나와 400만부가 넘게 팔리는 대박을 거둬들이며 김진명의 출세작이 되었다. 하지만 국수주의로 점철된 내용 탓에 애국 마케팅+국뽕 소설 및 불쏘시개로 후대에 와서 비판받는 소설이기도 하다.

56) Memoirs of the Life, Writings, and Discoveries of Sir Isaac Newton (1855) by Sir David Brewster (Volume II. Ch. 27): "I do not know what I may appear to the world, but to myself I seem to have been only like a boy playing on the sea-shore, and diverting myself in now and then finding a smoother pebble or a prettier shell than ordinary, whilst the great ocean of truth lay all undiscovered before me."

57) Wikipedia, The Manhattan Project was a research and development undertaking during World War II that produced the first nuclear weapons. It was led by the United States with the support of the United Kingdom and Canada. From 1942 to 1946, the project was under the direction of Major General Leslie Groves of the U.S. Army Corps of Engineers. Nuclear physicist Robert Oppenheimer was the director of the Los Alamos Laboratory that designed the actual bombs…The Manhattan Project began modestly in 1939, but grew to employ more than 130,000 people and cost nearly US $2 billion (about $22 billion in 2016). Over 90% of the cost was for building factories and to produce fissile material, with less than 10% for development and production of the weapons. Research and production took place at more than 30 sites across the United States, the United Kingdom, and Canada.

58) Wikipedai, Albert Einstein, https://en.wikipedia.org/wiki/Albert_Einstein

59) The Nobel Prize in Physics 1963…the other half jointly to Maria Goeppert Mayer and J. Hans D. Jensen "for their discoveries concerning nuclear shell structure."

60) Wikipedia, Maria Goeppert Mayer (June 28, 1906~February 20, 1972) was a German-born American theoretical physicist, and Nobel laureate in Physics for proposing the nuclear shell model of the atomic nucleus. She was the second woman to win a Nobel prize in physics, after Marie Curie.

61) 範曄, 南朝宋,后漢書,耿弇傳: "(臨淄勞耿弇,劉秀,'將軍前在南陽,建此大策,常以爲落落難合, 有志者事竟成也.'"

62) Award Ceremony Speech, Presentation Speech by Dr. A.G. Ekstrand, President of the Royal Swedish Academy of Sciences, on December 10, 1920: Your Majesty, Your Royal Highnesses, Ladies and Gentlemen…he long and difficult experiments performed by Guillaume year after year on numerous alloys and above all on nickel steel to determine their expansibility, elasticity, hardness, changeability with age, and stability ultimately led him to the important discovery of the nickel steel alloy known as invar, the temperature coefficient of which is practically zero…on the basis of the current price of platinum this represents an annual saving of twenty million francs."

63) 般若波羅蜜多心經:"觀自在菩薩,行深般若波羅蜜多時,照見五蘊皆空,度一切苦厄.舍利子,色不異空,空不異色,色卽是空,空卽是色,受想行識,亦復如是.舍利子,是諸法空相,不生不滅,不垢不淨,不增不減.是故,空中無色…"

64) 朝永 三十郎 は,日本の哲學者.京都大學名譽敎授 (西洋哲學) . 京都學派を代表する人物の一人. 子に物理學者の朝永振一郎

65) Dharmatrata Verse 64: The Ignorant Cannot Benefit From The Wise: "Thought all through life the fool might wait upon the wise, no more Dhamma can he sense than spoon the taste of soup."

66) Psalm 119:105: "Your word is a lamp for my feet, a light on my path."/ Numbers 6:24-26: "The Lord bless you and keep you; the Lord make his face shine on you and be gracious to you; the Lord turn his face toward you and give you peace."/ Isaiah 60:1: "Arise, shine, for your light has come, and the glory of the Lord rises upon you."/ John 8:12: "When Jesus spoke again to the people, he said, "I am the light of the world. Whoever follows me will never walk in darkness, but will have the light of life."/ Psalm 27:1:"The Lord is my light and my salvation— whom shall I fear? The Lord is the stronghold of my life— of whom shall I be afraid? / John 1:5:" The light shines in the darkness, and the darkness has not overcome it."/ Acts 13:47: "For this is what the Lord has commanded us: I have made you a light for the Gentiles, that you may bring salvation to the ends of the earth." / Matthew 5:15-16: "Neither do people light a lamp and put it under a bowl. Instead they put it on its stand, and it gives light to everyone in the house. In the same way, let your light shine before others, that they may see your good deeds and glorify your Father in heaven."/ Matthew 5:14: "You are the light of the world. A town built on a hill cannot be hidden." / Psalm 119:130: "The unfolding of your words gives light; it gives understanding to the simple." / Psalm 37:5-6: "Commit your way to the Lord ; trust in him and he will do this: He will make your righteous reward shine like the dawn, your vindication like the noonday sun."/ 1 John 1:7: "But if we walk in the light, as he is in the light, we have fellowship with one another, and the blood of Jesus, his Son, purifies us from all sin."/ Genesis 1:3: "And God said, 'Let there be light,' and there was light."/ Daniel 2:22: "He reveals

deep and hidden things; he knows what lies in darkness, and light dwells with him."/ 1 John 1:5: "This is the message we have heard from him and declare to you: God is light; in him there is no darkness at all."/ Luke 8:16:"No one lights a lamp and hides it in a clay jar or puts it under a bed. Instead, they put it on a stand, so that those who come in can see the light."? Ephesians 1:18: "I pray that the eyes of your heart may be enlightened in order that you may know the hope to which he has called you, the riches of his glorious inheritance in his holy people."/ 1 Peter 2:9: "But you are a chosen people, a royal priest-hood, a holy nation, God's special possession, that you may declare the praises of him who called you out of darkness into his wonderful light." / 2 Corinthians 6:14: "Do not be yoked together with unbelievers. For what do righteousness and wickedness have in common? Or what fellowship can light have with darkness?"/ Psalm 80:19: "Restore us, Lord God Almighty; make your face shine on us, that we may be saved."/ Psalm 31:16 "Let your face shine on your servant; save me in your unfailing love."/ James 1:17: "Every good and perfect gift is from above, coming down from the Father of the heavenly lights, who does not change like shifting shadows."/ Acts 26:22-23: "But God has helped me to this very day; so I stand here and testify to small and great alike. I am saying nothing beyond what the prophets and Moses said would happen— that the Messiah would suffer and, as the first to rise from the dead, would bring the message of light to his own people and to the Gentiles."/ Luke 12:3:"What you have said in the dark will be heard in the daylight, and what you have whispered in the ear in the inner rooms will be proclaimed from the roofs." / Psalm 44:3: "It was not by their sword that they won the land, nor did their arm bring them victory; it was your right hand, your arm, and the light of your face, for you loved them."

67) 햇빛은 어떻게 비타민D를 만드는가? 햇빛을 쐬면 우리 몸속에서 비타민D가 만들어진다. 비타민 D는 칼슘과 인을 흡수하고 뼈 형성과 유지에 중요한 역할을 한다. 우리 피부에는 '7-하이드로콜레 스테롤'이라는 피부 세포가 있다. 이 세포는 햇빛 속 자외선(UVB)을 받으면 프리비타민 D3(비타민 D3의 전구체)라는 물질로 변한다. 프리비타민D3의 절반이 1~2시간 지나면 비타민D3로 변한다. 이 런 비타민D3가 간(肝)으로 가서 '25-(OH)비타민D' 형태로 바뀌어 체내 저장되고, 다시 25-(OH)비 타민D는 콩팥(신장)으로 가서 비타민D의 활성 형태(1,25-(OH)비타민D)로 바뀐다. 바로 이 활성 형태가 된 비타민D가 우리 몸에 꼭 필요한 호르몬이다.

68) Numbers 18:19 - All the offerings of the holy gifts, which the sons of Israel offer to the LORD, I have I to you, and your sons and daughters with you, as a perpetual allotment. It is an everlasting covenant of salt before the LORD to you and your descendants with you. / Ezekiel 43:24 - And thou shalt offer them before the LORD, and the priests shall cast salt upon them, and they shall offer them up [for] a burnt offering unto the LORD. / Matthew 5:13 - Ye are the salt of the earth: but if the salt has lost his savour, wherewith shall it be

salted? it is thenceforth good for nothing, but to be cast out, and to be trodden under foot of men. / Luke 14:34-35 - Salt [is] good: but if the salt has lost his savor, wherewith shall it be seasoned? / Colossians 4:6 - Let your speech [be] always with grace, seasoned with salt, that ye may know how ye ought to answer every man. / Mark 9:50 - Salt [is] good: but if the salt has lost his saltiness, wherewith will ye season it? Have salt in yourselves, and have peace one with another. / Mark 9:49 - For every one shall be salted with fire, and every sacrifice shall be salted with salt. / Leviticus 2:13 - And every oblation of thy meat offering shalt thou season with salt; neither shalt thou suffer the salt of the covenant of thy God to be lacking from thy meat offering: with all thine offerings thou shalt offer salt. / 2 Chronicles 13:5 "Ought ye not to know that the LORD God of Israel gave the kingdom over Israel to David forever, even to him and to his sons by a covenant of salt?" / Leviticus 2:13 "And every oblation of thy meat offering shalt thou season with salt; neither shalt thou suffer the salt of the covenant of thy God to be lacking from thy meat offering: with all thine offerings thou shalt offer salt." / Numbers 18:19 "All the heave offerings of the holy things, which the children of Israel offer unto the LORD, have I given thee, and thy sons and thy daughters with thee, by a statute forever: it is a covenant of salt forever before the LORD unto thee and to thy seed with thee."

69) 2 Kings 2:18-22: "When they returned to Elisha, who was staying in Jericho, he said to them, Didn't I tell you not to go? The people of the city said to Elisha, Look, our lord, this town is well situated, as you can see, but the water is bad and the land is unproductive. Bring me a new bowl, he said, and put salt in it. So they brought it to him. Then he went out to the spring and threw the salt into it, saying, This is what the Lord says: I have healed this water. Never again will it cause death or make the land unproductive. And the water has remained pure to this day, according to the word Elisha had spoken."

70) 盐铁论是西汉的桓宽根据著名的盐铁会议记录整理撰写的重要史书,文学体裁为对话体.书中记述了当时对汉昭帝时期的政治,經濟,军事,外交,文化的一场大辩论.

71) 金富軾, 三國史記, 高句麗本紀第二美川王: "三十二年, 春二月, 王薨, 葬於美川之原, 號曰美川王."

72) 소금 치사량 알아보니, 정말 위험하군요. 일간 스포츠, 2014.6.24.: "소금을 많이 먹여 아들을 살해한 20대 여성이 등장해 소금 치사량에 대한 경고등이 켜졌다. 소금을 과다 섭취할 경우 구토, 설사, 발열등의 증상이 나타난다. 계속 섭취할 경우엔 뇌세포가 탈수증세를 보여 중추신경이 마비, 사망에 이르게 된다. 성인의 경우 30g, 1.5~2작은술 정도를 섭취하면 중독증상이 나타나기 시작한다. 소금의 치사량은 체중 1kg에 0.5~5g으로, 체중 60kg의 성인 남성일 경우 30~3백g 정도. 이는 4~40큰술이다. 하지만 사람에 따라 의외로 적은 양으로도 위험에 빠질 수 있다.

73) $4HCl + MnO_2 \rightarrow MnCl_2 + 2H_2O + Cl_2$

74) 煉丹, 維基百科: "古時煉丹術的傳授大多師徒相承,口口相授,外人很難了解. 爲外丹和內丹,

両者用語相同,但是所指代的含義完全不同,比如把人体比喩爲燒煉丹丸的爐鼎,不過理論上還是具有相通性…外丹術是指通過各種秘法燒煉丹砂鉛,汞等礦物以及藥物做成丹藥,或直接服食某些芝草,以點化自身陰質,使之化爲陽氣. 秘方的失傳造成外丹服食和配制的方法較難掌握分寸.現代科學認爲這些丹藥中含有大量鉛,汞等對人体危害极大的物質,導致很多古人甚至帝王中毒身亡…" / 陳國符:《中國外丹黃白考》(上海:上海古籍出版社, 1997) / Joseph Needham (李約瑟) 著, 周曾雄譯:《中國科學技術史》, 第5卷第2分冊,「煉丹術的發明和發展:金丹與長生」/ Nathan Sivin (席文) 著, 李煥燊譯:《伏煉試探》(台北:國立編譯館, 1973) / 金正耀:《道敎與錬丹術論》(北京:宗敎文化出版社, 2001).

75) 葛洪(283~343),字稚川,号抱朴子.人称葛仙翁,丹陽句容(今屬江蘇)人,是晋朝時代的陰陽家,医學家,博物學家和制藥化學家,煉丹術家,著名的道敎人士.他在中國哲學史,医藥學史以及科學史上都有很高的地位.相傳《靈寶經》內中經文,爲葛玄傳給鄭隱,鄭隱傳給葛洪,後轉傳予葛巢父.

76) 抱朴子爲東晋時期葛洪所著.分爲內外兩篇,后來被道敎作爲經典.其中《外篇》主要是對葛洪生平的自述和談論社會上的各种事情.而《內篇》是葛洪對道家思想和丹道修煉方法的闡述.

77) 葛洪,抱朴子, 内篇金丹:"夫饮玉台則知浆荇之薄味,睹昆仑则觉丘垤之至卑.既览金丹之道,则使人不欲复视小小方书. 然大药难卒办,当须且将御小者以自支持耳.然服他药万斛,为能有小益,而终不能使人遂长生也. 故老子之诀言云,子不得还丹金液,虚自苦耳.夫五穀犹能活人,人得之则生,绝之则死,又况於上品之神药,其益人岂不万倍於五穀耶.夫金丹之为物,烧之愈久,变化愈妙,黄金入火,百炼不消,埋之,毕天不朽."

78) 장백단(987~1082)은 북송말의 도사, 천태영락가(天台纓絡街)현재의 절강성(浙江省) 천대현(天台縣)의 사람. 자는 평숙(平叔) 일명을 용성(用成) 호는 자양(紫陽)이다. 훗날 자양진인(紫陽眞人)이라 존칭되어 전진도(全眞道)의 남오조(南五祖) 초대(初代)로 여겨진다.

79) Job 36:30-33: "See how he scatters his lightning about him, bathing the depths of the sea. This is the way he governs the nations and provides food in abundance. He fills his hands with lightning and commands it to strike its mark. His thunder announces the coming storm; even the cattle make known its approach."

80) 서영환, (매일춘추) 번개가 빵을 만들어?, 매일신문, 2013.7.26.: "지구상에서는 매일 800만 번의 번개가 치고…볏짚을 태우면 볏짚 속의 질소는 연기가 되어 제 고향인 하늘로 날아가고, 물에 녹은 염화칼리(칼리비료의 원료)가 바다 밑에 가라앉아 있다가 땅이 솟아오를 때 땅 위로 올라온다. 칼리의 고향은 바다 밑이다. 인산은 바위에서 추출되므로 그의 고향은 바위이다. 번개도 귀환 방전(return stroke)이란 회귀본능이 있다. 번개가 치는 이유는 사람들을 징벌하고, 식물을 풍비(豊備`풍부하게 갖춤)하게 하는 천연질소비료를 만든다고 기록(성경 욥기 36장 31절)된 것이 최근 사실로 입증되었다. "

81) 石井四郎(いしい しろう, 1892年(明治25年)6月25日~1959年(昭和34年)10月9日)は,日本の陸軍軍人(軍医將校),医師.最終階級は陸軍軍医中將.功四級, 医學博士. 岳父は荒木寅三郎(細菌學者,京都帝國大學總長).關東軍防疫給水部長(「731部隊」は關東軍防疫給水部本部

のことであり, 關東軍防疫給水部は659部隊であることに注意）を務めたことで知られる.

82) 황당한 정운찬 "731부대는 항일 독립군 부대", 오마이뉴스 2009. 11. 6.: "박선영 의원: "'마루타'가 뭔지 아세요?" 정운찬 총리: "전쟁과 관련한 포로 말씀하시는 것 같은데…" 박선영 의원: "그럼 731부대요?" 정운찬 총리: "항일 독립군 부대…" "서울대 총장 출신 정운찬 총리가 6일…" / 정운찬 "731부대는 항일독립군인가요" 데일리안 2009. 11. 6. / 정운찬 "731부대는 항일독립군", 한겨레 2009. 11. 6.

83) 두산백과사전, 용천역 열차 폭발사건.

84) Nate Thayer (June 20, 2013). "The odd tale of a lone Israeli spy and North Korea". NKNews.org. Archived from the original on June 27, 2013. Retrieved June 20, 2013.

85) 트럼프 "김정은 건강하게 돌아와 기쁘다", 조선일보, 2020. 5. 3.: "도널드 트럼프 미국 대통령은 건강 이상설이 돌았던 김정은 북한 국무위원장이 공개 석상에 모습을 드러낸 것에 대해 환영의 뜻을 나타냈다… 김정은이 평남 순천인비료공장 준공식에 참석해 준공식 테이프를 직접 끊는 장면, 간부들과 대화 장면, 행사에 참석한 군중을 상공에서 찍은 장면 등 3개의 사진을 리트윗(다른 사람이 트위터에 올린 글을 자신의 계정으로 재전송해 공유하는 것)했다.

86) Female Nobel Laureates in Chemistry, Of the 183 individuals awarded the Nobel Prize in Chemistry, five are women so far. Two of these five women, Marie Curie and Dorothy Crowfoot Hodgkin, were awarded unshared Chemistry Prizes. 1911 – Marie Curie (also awarded the 1903 Nobel Prize in Physics), 1935 – Irène Joliot-Curie (daughter of Marie Curie and wife to Frédéric Joliot), 1964 – Dorothy Crowfoot Hodgkin, 2009– Ada Yonath, 2018–Frances H. Arnold (https://www.nobelprize.org)

87) Ri T, Eyring H. Calculation of dipole moments from rates of nitration of substituted benzenes and its significance for organic chemistry, The Journal of Chemical Physics. 8, 1940, p.433-443.

88) Wilhelm Friedrich Philipp Pfeffer (9 March 1845-31 January 1920) was a German botanist and plant physiologist born in Grebenstein.

89) Svante Arrhenius, Worlds In The Making: The Evolution Of The Universe, Kessinger Publishing, LLC, July 25, 2007.

90) 法華經, 勸修定慧結社文: "恭聞, 人因地而倒者, 因地而起. 離地求起, 無有是處也. 迷一心而起無邊煩惱者. 衆生也. 悟一心而起無邊妙用者, 諸佛也. 迷悟雖殊. 而要由一心, 則離心求佛者. 亦無有是處也…須菩提, 當來之世, 若有善男子善女人 能於此經. 受持讀誦, 即爲如來. 以佛智慧, 悉知是人. 悉見是人. 皆得成就無量無邊功德."

91) Magnetization of Iron by High Frequency Discharges. In: Transactions and Proceedings of the Royal Society of New Zealand. Band 27, 1894, S. 481513

92) DK B91, from Plutarch On the E at Delphi 392b

93) 정부, 플라즈마 기술로 미세먼지 잡는다, 서울경제, 2020. 4. 21.: "플라즈마를 활용해 미세먼지를 줄이는 기술 등이 범정부적으로 개발된다. 과학기술정보통신부와 국방부, 환경부는 미세먼지 및

질소산화물 저감기술 연구개발에 나선다고 21일 밝혔다."

94) 인공태양의 '플라즈마 붕괴' 얼음입자로 막는다, 아시아경제, 2020. 4. 28.: "국가핵융합연구소는 국제핵융합실험로(ITER)의 손상을 막을 '플라즈마 붕괴 완화기술'을 한국형 인공태양 케이스타 (KSTAR)에서 28일 검증했다. 플라즈마 붕괴 완화기술은 핵융합로 운영 중 이상 상황이 발생했을 때…" / '인공태양' 핵융합로 손상 막는 기술, KSTAR에서 세계 첫 검증, 조선비즈, 2020. 4. 28.

95) "동물도 식물처럼 광합성 한다.", 사이언스 타임즈, 2018. 5. 4.: "미국 럿거스대(뉴 브런즈윅)를 비롯한 여러 과학자들의 협동연구에 따르면, 북아메리카 동해안에 서식하는 바다 민달팽이(sea slug)는 몸에 태양전지판과 유사한 구조를 가지고 있어 해조류로부터 원료를 빨아들인 다음 이를 이용해 평생 동안 태양에너지를 공급받는 것으로 확인됐다. 이 연구는 '분자생물학 및 진화' (Molecular Biology and Evolution) 저널 4월 5일자에 게재됐다. 광합성은 말류와 초목들이 햇빛을 이용해 이산화탄소와 물로부터 화학적 에너지(당)를 생성하는 과정이다. 갈조류의 색소체는 사람이나 동물의 장기와 같은 광합성을 하는 세포기관으로 빛을 흡수하는 녹색 색소인 엽록소를 가지고 있다."

96) Madison Park, Dayu Zhang and Elizabeth Landau, Deadly giant hornets kill 42 people in China, CNN, 2013.10.4. "Hornet stings have killed 42 people and injured 1,675 in China since July, Shaanxi province sees unusual level of activity; dry weather, human moves are factors, People who have been stung are dying from allergic reactions or multiple organ failure, Type of hornet is also a threat to honeybees, often seen in Japan."

97) Vaclav Smil, Enriching the Earth: Fritz Haber, Carl Bosch, and the Transformation of World Food Production, 2004

98) Walter Norman Haworth, The Constitution of Sugars, 1929, Edward Arnold & Co.

99) Susumu Satomi (里見 進, Satomi Susumu, born June 18, 1948) is a Japanese surgeon and academic administrator. He was the 21st president of Tohoku University and the president of the Japan Association of National Universities. Satomi previously served as the director of the Tohoku University Hospital, and the vice president of Tohoku University. He was the president of the Japan Surgical Society from 2008-2012

100) JSPS Program: i) Support for Research Initiatives, Grants-in-Aid for Scientific Research (KAKENHI), Topic-Setting Program to Advance Cutting-Edge Humanities and Social Sciences Research, Area Cultivation, Responding-to-Real-Society, Global-Initiatives, Program for Constructing Data Infrastructure for the Humanities and Social Sciences, World Premier International Research Center Initiative (WPI), ii) Strengthening Linkage with Society, Science Dialogue, University-Industry Research Cooperation Societally Applied Scientific Linkage and Collaboration, Donations (Japanese Only), Public Relations, Events (Japanese Only), JSPS Topics, Email bulletin "JSPS Monthly" (Japanese Only), Publications, Use of JSPS Logo, Research Integrity, iii) International Collaborations, Promoting International Joint Research, Bilateral Collaborations (Joint Research

Projects and Seminars), Researcher Exchanges, Japanese-German Graduate Externship - International Research Training Groups -International Joint Research Program, A3 Foresight Program, Core-to-Core Program (FY2012-), Forming International Research-Support Networks, Global Research Council (GRC), Asian Heads of Research Councils (ASIAHORCs), JSPS Alumni Association, JSPS Researchers Network (JSPS-Net), Providing International Training Opportunities for Young Researchers, HOPE Meetings, Nobel Prize Dialogue, Frontiers of Science (FoS) Symposium, Young Researcher Support for Attending Lindau Nobel Laureate Meetings, Academic Workshops and Seminars for Young Researchers, Inviting Excellent Researchers from other countries to Japan, JSPS International Fellowships for Research in Japan, Postdoctoral Fellowships for Research in Japan, Invitational Fellowships for Research in Japan, RONPAKU (Dissertation PhD) Program, JSPS Fellows Plaza, Fostering Next Generation of Researchers, Research Fellowships for Young Researchers, Dispatching Young Researchers Abroad, Overseas Research Fellowships, Overseas Challenge Program for Young Researchers, iv) Program for Advancing Strategic International Networks to Accelerate the Circulation of Talented Researchers, Leading Initiative for Excellent Young Researchers (LEADER), Enhancing the Education and Research Functions of Universities, Acceleration Program for U

101) Hideki Yukawa and John, Creativity and Intuition, Kodansha America, Inc; 1st edition (January 1978): " (Once I had published my seminal 1934 paper on particle interaction) felt like a traveler who rests himself at a small tea shop at the top of a mountain slope. At that time I was not thinking about whether there were any more mountains ahead."

102) 日本の原子爆彈開發: "…1944年2月13日, 海軍大佐高松宮宣仁親王 (昭和天皇弟宮) 以下, 迫水久常 (內閣參事官), 仁科存 (東北大), 湯川秀樹 (京大), 菊池正士 (技研), 中野秀五郎 (東大), 仁科芳雄 (理研), 西谷啓治 (京大), 水島三一郎 (東大), 仁田勇 (阪大), 澁澤敬三 (日銀副總裁), 水間一郎 (技研), 深川修吉 (日本無電) が集まり會合を開催…"

103) OLIVIA B. WAXMAN , Did the 10 Plagues of Egypt Really Happen? Here Are 3 Theories, Time, Mar.2, 2020: "When the Passover holiday begins — on the evening of April 8 in 2020 — Jewish people around the world will celebrate by retelling the biblical story of the Exodus from Egypt — including the 10 plagues that God inflicted on the Ancient Egyptians. As the Passover story tells it, after Pharaoh refuses Moses' entreaties to let the enslaved Israelites go free, God sends a series of ten plagues to pressure the Egyptian ruler. Each time, Pharaoh promises to free the Israelites, but reverses his decision when the plague is lifted — until the last one. The plagues are: water turning to blood, frogs, lice, flies, livestock pestilence, boils, hail, locusts, darkness and the killing of firstborn children…"

104) Rayam Taeshta, How can Prepare for the Post-Coronavirus Era? A view from Japan, Apil 7, 2020, World Economic Forum: "Isaac Newton sat under that tree when he was

social distancing from his college during the Great Plague of London…"(www.weforum.org/agenda)

105) 一然, 三國遺事, 其異編: "凡主人間三百六十餘事在世理化.時有一熊一虎同穴而居常祈于神雄願化爲人.時神遺靈艾一炷蒜二十枚曰爾輩食之不見日光百日.便得人形熊虎得而食之忌三七日熊得女身, 虎不能忌…"

106) 대구 최악의 재앙 콜레라, 매일신문, 2006. 6. 5.: "60년 전인 1946년 병술(丙戌)년은 기아, 병마, 시위, '폭동' 등으로 대구현대사에서 유난히 액화(厄禍)가 많은 해였다. 이해 여름 전국에 걸쳐 발생한 법정전염병인 콜레라(속칭 호열자)가 유독 대구에서 전국 최고의 사망률을 낸 것도 그 한 예였다. 발병자 대비 전국의 사망률이 51%였고, 경북도내의 사망률이 58%(4316명)였던 반면, 대구는 2578명의 발병자 중 무려 66% (1718명)의 사망률을 기록했기 때문이다. 5월 7일 중국에서 부산으로 귀국한 귀환동포들에 의해 번지기 시작한 콜레라는 5월 28일 경북 청도군에서 도내의 첫 환자를 발생시켰다. 6월 12일 대구에서 4명의 사망자가 나오면서 콜레라 공포증은 극도로 확산되었다. 수인성(水因性) 전염병이었으므로 경북도·방역당국은 냉면, 빙수, 빙과, 노점 음식 등의 매매 금지, 음식점의 생차, 생어육 제공 금지 등의 도령(道令)을 긴급히 발령했다. 그러나 6월 24일 100명을 넘어선 대구의 사망자 수가 28일에 250명, 7월 3일엔 391명으로 급증했다. 발병자 중 사망 비율도 대구가 전국에서 가장 높았다.

107) 梅泉野錄, 虐疾與金鷄蠟: "二日虐俗稱唐虐, 東人甚驚之, 年衰者十死四五, 少壯强力者猶尫廢數歲, 及金鷄蠟自外洋至, 人服一錢無不立癒,於是爲之謠曰, 牛漿出小兒苗,鷄蠟至東老人考終…"

108) 痘疹心法要訣, 吳謙等朝代, 淸, 1742年 "卷一, 痘原·出痘形証·痘出五臟形証·痘主部位·痘形順逆·痘色順逆·痘証老嫩·痘証疏密·辨形神聲气飲食…"(http://www.zysj.com.cn)

109) Ho Wang Lee (born 26 October 1928 in Sinhung, South Hamgyong Province, Korea) is a South Korean physician, epidemiologist, and virologist. He is the first person in the history of medicine to be the one chiefly responsible for all 3 of the following steps: (1) discovery of the virus causing a human disease, (2) development of a method of diagnosis for the disease, and (3) development of a vaccine against the disease.

110) Lee Jong Wook, The Editors of Encyclopaedia Britannica, Apr 8, 2020: "Lee Jong Wook, South Korean epidemiologist and public health expert (born April 12, 1945, Seoul, Korea [now in South Korea]—died May 22, 2006, Geneva, Switz.), became director general of the World Health Organization (WHO) in 2003 and during his tenure dealt with outbreaks of SARS (severe acute respiratory syndrome) and bird flu and significantly expanded antiretroviral treatment to AIDS patients in less-developed countries. Lee had hoped to offer treatment to three million AIDS-affected people by 2005, and though he fell short of his goal, he supported a new goal of universal access to treatment by 2010. He earned an M.D. degree from Seoul National University's College of Medicine and a master's degree in epidemiology and public health from the University of Hawaii School of Public Health,

where he focused on the treatment of leprosy. From 1981 to 1983 he worked as a medical officer at the LBJ Tropical Medical Center in American Samoa. Lee then joined WHO as leader of a leprosy-control team for the South Pacific. From 1987 to 1990 he served as a regional adviser for chronic disease, and in 1990 he was named director of WHO's Disease Prevention and Control office in Manila. In 1994 Lee moved to WHO's headquarters in Geneva to direct the organization's global program for vaccines and immunizations. In this post he spearheaded the agency's efforts to combat polio and tuberculosis. In 1998 Lee became a senior policy adviser to the WHO director general. From 2000 he was the director of the agency's Stop TB program, an antituberculosis campaign."

111) Female Nobel Laureates in Physiology or Medicine: Of the 219 individuals awarded the Nobel Prize in Physiology or Medicine, 12 are women. Of these 12, Barabara McClintock is the only one who has received an unshared Nobel Prize. 1947– Gerty Cori, 1977– Rosalyn Yalow, 1983– Barbara McClintock, 1986– Rita Levi-Montalcini, 1988– Gertrude B. Elion, 1995– Christiane Nüsslein-Volhard, 2004– Linda B. Buck, 2008– Françoise Barré-Sinoussi, 2009– Elizabeth H. Blackburn and Carol W. Greider, 2014– May-Britt Moser, 2015– Tu Youyou (https://www.nobelprize.org)

112) Family Nobel Laureates in Physiology or Medicine, Married couples: Gerty Cori and Carl Cori, both awarded the 1947 Nobel Prize in Physiology or Medicine May-Britt Moser and Edvard I. Moser, both awarded the 2014 Nobel Prize in Physiology or Medicine / Father & son: Hans von Euler-Chelpin (Chemistry Prize) and Ulf von Euler (Medicine Prize) / Arthur Kornberg (Medicine Prize) and Roger D. Kornberg (Chemistry Prize) / Brothers: Jan Tinbergen (Economics Prize) and Nikolaas Tinbergen (Medicine Prize)(https://www.nobelprize.org)

113) 혈청 요법, 코로나19 중증환자 개선, 中 우한환자 10명 전원 3일 안에 증상 개선 확인, 메디파나 뉴스, 2020. 4. 17.: "신종코로나바이러스(코로나19) 회복기 환자로부터 채취한 혈장을 중증환자에 투여하면 증상이 개선되는 효과가 있는 것으로 나타났다. 중국 우한생물제품연구소(武漢生物製品研究所) 등 연구팀은 우한(武漢)시에 입원 중이던 중증환자 10명에 투여한 결과, 3일 안에 전원에서 증상이 개선된 것으로 확인하고, 눈에 띄는 부작용은 없고 이 가운데 3명이 퇴원했다. 미국 국립과학원회보(PNAS) 인터넷판에 연구논문을 발표했다.

114) Wikipedia, Emil Adolf von Behring(1854~1917): "...'for his work on serum therapy, especially its application against diphtheria, by which he has opened a new road in the domain of medical science and thereby placed in the hands of the physician a victorious weapon against illness and deaths'"

115) Wikipedia, Ronald Ross(1857~1932): "...'for his work on malaria, by which he has shown how it enters the organism and thereby has laid the foundation for successful research on this disease and methods of combating it'..."

116) Wikipeida, Ronald Ross: "This day relenting God, Hath placed within my hand. A wondrous thing; and God, Be praised. At His command, Seeking His secret deeds, With tears and toiling breath, I find thy cunning seeds, O million-murdering Death. I know this little thing, A myriad men will save. O Death, where is thy sting? Thy victory, O Grave? Discovery of malaria transmission."

117) Wikiperdia, Niels Ryberg Finsen(1860~1904): "… in recognition of his contribution to the treatment of diseases, especially lupus vulgaris, with concentrated light radiation, whereby he has opened a new avenue for medical science…"

118) S. Korea to Utilize 'K-Quarantine' Model to Enhance Economic Cooperation. 2020. 4. 27.YONHAP / South Korea took rapid, intrusive measures against Covid-19. 2020. 3. 20. The Guardian / How South Korea has used tech to successfully contain. 2020. 4. 2. Business Insider / South Korea conquered coronavirus without a lockdown: 2020. 4. 3. Alarabiya. / South Korea is watching quarantined citizens with. 2020. 3. 6. Technology Review. / "In light of the COVID-19 situation, we shall make the best use of the (so-called) K-quarantine model as an asset to advance economic… 2020. 3. 26. forbes

119) Wikipedia, Ivan Petrovich Pavlov(Иван Петрович Павлов, 1849~1936): "… in recognition of his work on the physiology of digestion, through which knowledge on vital aspects of the subject has been transformed and enlargedia…."

120) Mark 2:21-22: "No one sews a piece of unshrunk cloth on an old garment. If he does, the patch tears away from it, the new from the old, and a worse tear is made. And no one puts new wine into old wineskins. If he does, the wine will burst the skins—and the wine is destroyed, and so are the skins. But new wine is for fresh wineskins."

121) Wikipeida, Charles Louis Alphonse Laveran(1845~1922): "…in recognition of his work on the role played by protozoa in causing diseases…."

122) 漢書, 枚乘傳: "泰山之霤穿石, 單極之綆斷干.水非石之鉆,索非木之鋸,漸靡使之然也."

123) 淸,錢謙益 向言下之五: "蛇螫斷腕, 蟻穴坏堤, 史臣之所以俯仰三嘆者也."

124) Wikipeida, Oligodynamic effect: "The metals react with thiol (-SH) or amine (-NH(1,2,3) groups of proteins, a mode of action to which microorganisms may develop resistance. Such resistance may be transmitted by plasmids."

125) 바이러스 닿으면 곧바로 박멸… 자체 살균 슈퍼마스크 나왔다. 매일경제, 2020. 4. 26.: "미량동작용으로 알려진 효과에 의해 바이러스와 접촉한 구리이온이 바이러스의 껍질 단백질을 파괴하고 동시에 바이러스의 RNA를 분해해 완벽하게 바이러스를 사멸시킨다고 한다."/ '코로나19' 바이러스 닿자마자 99.8% 박멸시키는 '슈퍼마스크' 개발, 연합뉴스, 2020. 4. 26.: "바이러스와 접촉한 구리이온은 '미량동작용'(Oligodynamic Action Effect)을 통해 코로나바이러스 등 RNA 바이러스를 사멸시킨다. 미량동작용이란 미량의 금속이온이 미생물의 대사작용을 교란해 죽이는 현상이다."

126) Distribution of masks in France will start on May 4th, says minister, The Local,24 April

2020: "Now Junior Minister for Economy and Finance Agnès Pannier-Runacher says that distribution of washable fabric masks to everyone in France will begin on May 4th. Her statement was confirmed by the French Health Minister Olivier Véran in an interview with France Inter on Friday morning…"(https://www.thelocal.fr)

127) Ions, the more effective way of making a cellulite mask work, 2018.6.28.: "Ions, the more effective way of making a cellulite mask work… in ions like calcium, calium, magnesium and natrium in combination with natural."(www.irmasworld.com) / This face mask coated in salt may neutralize viruses like …, 2017.1.4.: "… of the main fibrous filtration unit of surgical mask with sodium chloride salt. … efficiency than conventional mask filtration layer, and 100% survival rate … Baldwin, R. L. How hofmeister ion interactions affect protein stability."(www.businessinsider.com) / A biomedical engineer created a mask coated in salt that he says could neutralize viruses like the coronavirus in 5 minutes, 2020. 2. 28. (www.businessinsider.com)

128) Leviticus 13:46: "As long as they have the disease they remain unclean. They must live alone; they must live outside the camp."

129) Taiwan's new 'electronic fence' for quarantines leads wave of virus monitoring, Reuter, Mar.20,2020: "Taiwan, which has won global praise for its effective action against the coronavirus, is rolling out a mobile phone-based "electronic fence" that uses location-tracking to ensure people who are quarantined stay in their homes…The goal is to stop people from running around and spreading the infection," said Jyan Hong-wei, head of Taiwan's Department of Cyber Security, who leads efforts to work with telecom carriers to combat the virus…"

130) Geneses 1:1~31: " In the beginning God created the heavens and the earth. 2 Now the earth was formless and empty, darkness was over the surface of the deep, and the Spirit of God was hovering over the waters. 3 And God said, "Let there be light," and there was light. 4 God saw that the light was good, and he separated the light from the darkness. 5 God called the light "day," and the darkness he called "night." And there was evening, and there was morning—the first day. 6 And God said, "Let there be a vault between the waters to separate water from water." "And it was so. 31 God saw all that he had made, and it was very good. And there was evening, and there was morning—the sixth day."

131) 老子, 道德經 第八章: "上善若水, 水善利萬物而不爭, 處衆人之所惡, 故幾於道. 居善地, 心善淵, 與善仁, 言善信, 政善治, 事善能, 動善時. 夫唯不爭, 故無尤."

132) Great Philosophers: Plato, Oregon State Universityoregonstate.edu, May 25, 2020: "Socrates: Let me first understand you, I replied. justice, as you say, is the interest of the stronger. … Thrasymachus: That's abominable of you, Socrates; you take the words in the sense which is most damaging to the argument…."

133) Publius Flavius Vegetius Renatus, 'Rei Militaris': "Igitur qui desiderat pacem, praeparet belum"

134) Costa Rica Constitution, ARTICLE 12: "The Army as a permanent institution is abolished. There shall be the necessary police forces for surveillance and the preservation of the public order. Military forces may only be organized under a continental agreement or for the national defense; in either case, they shall always be subordinate to the civil power: they may not deliberate or make statements or representations individually or collectively."

135) 日本 憲法 第9條: 1.日本國民は,正義と秩序を基調とする國際平和を誠實に希求し,國權の發動たる戰爭と,武力による威嚇又は武力の行使は,國際紛爭を解決する手段としては,永久にこれを放棄する.2.前項の目的を達するため,陸海空軍その他の戰力は,これを保持しない.國の交戰權は,これを認めない.([1]   Aspiring sincerely to an international peace based on justice and order, the Japanese people forever renounce war as a sovereign right of the nation and the threat or use of force as means of settling international disputes. [2] In order to accomplish the aim of the preceding paragraph, land, sea, and air forces, as well as other war potential, will never be maintained. The right of belligerency of the state will not be recognized.)"

136) Isaiah 2:4 "He will judge between the nations and will settle disputes for many peoples. They will beat their swords into plowshares and their spears into pruning hooks. Nation will not take up sword against nation, nor will they train for war anymore."

137) Matthew 26:52: "Put your sword back in its place," Jesus said to him, "for all who draw the sword will die by the sword."

138) Michael Jack, Heal the world: "There's a place in your heart / And I know that it is love / And this place could be much / Brighter than tomorrow / And if you really try / You'll find there's no need to cry / In this place you'll feel / There's no hurt or sorrow / There are ways to get there / If you care enough for the living / Make a little space / Make a better place / Heal the world / Make it a better place / For you and for me / And the entire human race…"

139) 三方各損一兩原來是個單口相聲故事.敘述有位泥水匠在路上拾獲文書,印鑑及金錢三兩.他從文書上得知失主是木工,於是趕緊拿去還他.沒想到木工在收下文書和印鑑後說.錢遺失了,就不再屬於我,你拿回去吧.泥水匠不想拿非份之財,兩人爭執起來,於是請大岡越前(江戶時代有名的地方官,在日本的地位類似包公) 裁判.大岡越前自己掏出一兩來,說.為獎賞兩位,每人各得二兩.你二人原本應得三兩卻只得二兩,各損失一兩.我拿出一兩來給你們,我也損失一兩.這就叫做三方各損一兩.法院裁判時,大岡越前這種三方各損一兩的作法,或許最能令人信服,但做生意時,三方皆得一兩才是邁向,成功的關鍵.

140) 大岡越前,辻建也,中公新書:"三郎兵衛という疊屋が,年の暮れの物入りに充てるため,三兩

を借り入れて帰る途中,落としてしまった.それを建具屋の長十郎という者が拾った.小判と一緒にあった手紙によって,落とし主は,三郎兵衛のものと分かり,長十郎は暮れの忙しい中を四日も探し回って,遂に三郎兵衛を見つけ出したのだが,この男なかなか強情で,一度落としたものは所詮わが身につかぬもの,お前さんが拾ったのは天からの授かり物だから拾い得にしろといって受け取らない.建具屋も強情さにかけてはひけをとらない.受け取ってもらうまではおいそれとは帰らない.受け取れ,受け取らぬで大喧嘩となった. 家主が仲裁に入っても双方聞き入れない.そこで町奉行書へ「恐れながら」と訴え出た.大岡越前守はこれを聞き,奇特なことと感心した.そこで落とした三兩は公儀の御金藏に收められ,あらためて御上より双方に三兩くださるから,ありがたく二兩ずつ頂戴せよと申し渡した.兩人は不審に思って,二兩ずつなら四兩になるが,その一兩の出所は,とたずねた.すると越前守は,奉行も其の方たちの正直を喜んで一兩出したから,長十郎は三兩拾って二兩もらうゆえ一兩損,三郎兵衛は三兩落として二兩もどったから一兩の損,奉行も一兩の損,これを「三方一兩損」というと申し渡したので,一同感心してありがたくお請けしたという.

141) The will of Alfred Nobel: "The said interest shall be divided into five equal parts, which shall be apportioned as follows: one part to the person who shall have done the most or the best work for fraternity between nations, the abolition or reduction of standing armies and for the holding and promotion of peace congresses."

142) Female Nobel Peace Prize Laureates Of the 107 individuals awarded the Nobel Peace Prize, 17 are women. The first time a Nobel Peace Prize was awarded to a woman was in 1905, to Bertha von Suttner. 1905 Bertha von Suttner, 1931 Jane Addams, 1946 Emily Greene Balch, 1976 Betty Williams, 1976 Mairead Corrigan, 1979 Mother Teresa, 1982 Alva Myrdal, 1991 Aung San Suu Kyi, 1992 Rigoberta Menchú Tum, 1997 Jody Williams, 2003 Shirin Ebadi, 2004 Wangari Maathai, 2011 Ellen Johnson Sirleaf, 2011 Leymah Gbowee, 2011 Tawakkol Karman, 2014 Malala Yousafzai, 2018 Nadia Murad.(https://www.nobel-prize.org)

143) 전두환 전 대통령 노벨평화상 후보로, 중앙일보, 1988. 3. 4.: "【동경=최철주 특파원】전두환 전 대통령이 올해 노벨평화상 후보자로 노르웨이 상위원회에 추천됐다고 3일 공동통신이 동경에 있는 서방측 외교소식통을 인용, 보도했다. 이 통신은 영국과 서독의회 의원들이 "전두환 씨가 대통령 재임 중 몇 차례 안전보장상의 중대위기를 평화적으로 해결, 한반도 평화유지에 공헌."한 공로로 "추천권을 가진 영국의회와 서독의회의 유력한 의원들이 금년 1월29일 추천절차를 밟았다."고 외교소식통이 말한 것으로 보도했다.

144) 非核三原則（ひかくさんげんそく）とは,「核兵器をもたず,つくらず,もちこませず」という三つの原則からなる.1950~80年代の日本で標榜された当時の國是.3項目の表現は「持ち込まさず」と「持ち込ませず」の2通りがある.佐藤榮作が打ち出したものである.

145) The Nobel Peace Prize 1974 was awarded jointly to Seán MacBride and Eisaku Sato.

146) The Norwegian Nobel Committee has decided to award the Nobel Peace Prize for 2000

to Kim Dae-jung for his work for democracy and human rights in South Korea and in East Asia in general, and for peace and reconciliation with North Korea in particular. In the course of South Korea's decades of authoritarian rule, despite repeated threats on his life and long periods in exile, Kim Dae-jung gradually emerged as his country's leading spokesman for democracy. His election in 1997 as the republic's president marked South Korea's definitive entry among the world's democracies. As president, Kim Dae-jung has sought to consolidate democratic government and to promote internal reconciliation within South Korea…Through his "sunshine policy", Kim Dae-jung has attempted to overcome more than fifty years of war and hostility between North and South Korea. His visit to North Korea gave impetus to a process which has reduced tension between the two countries. There may now be hope that the cold war will also come to an end in Korea. Kim Dae-jung has worked for South Korea's reconciliation with other neighbouring countries, especially Japan…Oslo, 13 October 2000.

147) Gunnar Roaldkvam, a writer from Stavanger, puts this so simply and so aptly in his poem "The last drop": "Once upon a time / there were two drops of water; / one was the first, / the other the last. / The first drop / was the bravest. / I could quite fancy / being the last drop, / the one that makes everything / run over, / so that we get / our freedom back. / But who wants to be / the first / drop?"

148) Wikipedia, Missionaries of Charity motherhouse in Kolkata, On 10 September 1946, Teresa experienced what she later described as "the call within the call" when she travelled by train to the Loreto convent in Darjeeling from Calcutta for her annual retreat. "I was to leave the convent and help the poor while living among them. It was an order. To fail would have been to break the faith."Joseph Langford later wrote, "Though no one knew it at the time, Sister Teresa had just become Mother Teresa."

149) Wikipedia, Criticism of Mother Teresa: "The work of Roman Catholic nun and missionary Anjezë Gonxhe Bojaxhiu, better known as … "Mother Teresa Not a Saint: New Study Suggests She Was a Fraud". Mic.com. 2013. Dicker, Ron. "Mother Teresa Humanitarian Image A 'Myth,' New …"

150) 明心寶鑑 省心篇上："荀子云,士有妬友則賢交不親,君有妬臣則賢人不至.天不生無祿之人,地不長無名之草."

151) 史记, 郦生陆贾列传："王者以民人为天，而民人以食为天."/ 陈寿, 三国志: "国以民为本,民以食为天."/ 尚书,五子之歌: "皇祖有训, 民可近, 不可下. 民惟邦本,本固邦宁."/ 宋,陆九渊, 陈悴书: "民为邦本, 诚有忧国之心, 肯日蹙其心而不之恤哉."/ 元, 柯丹邱, 荆钗记 四: "孟轲十一言犹善, 八口同耕井字田；庸言,民乃国之本, 故曰, 食为民所天."

152) Genesis 9:3-4："Everything that lives and moves about will be food for you. Just as I gave you the green plants, I now give you everything. But you must not eat meat that has

its lifeblood still in it."

153) Luke 9:16-17： "Taking the five loaves and the two fish and looking up to heaven, he gave thanks and broke them. Then he gave them to the disciples to distribute to the people. They all ate and were satisfied, and the disciples picked up twelve basketfuls of broken pieces that were left over."

154) 論語, 季氏第十六篇："丘也聞有國有家者， 不患寡而患不均， 不患貧而患不安.盖均无貧, 和无寡, 安无傾. 夫如是, 故遠人不服, 則修文德以來之. 旣來之, 則安之."

155) 孟子, 梁惠王上： "庖有肥肉, 廐有肥馬, 民有飢色, 野有餓莩, 是率獸而食人也."

156) Matthew 25:29: "For unto every one that hath shall be given, and he shall have abundance: but from him that hath not shall be taken even that which he hath."

157) Japan, Since feudal Edo era Japan the common slang for infanticide was "mabiki" (間引き) which means to pull plants from an overcrowded garden. A typical method in Japan was smothering through wet paper on the baby's mouth and nose. It became common as a method of population control. Farmers would often kill their second or third sons. Daughters were usually spared, as they could be married off, sold off as servants or prostitutes, or sent off to become geishas. Mabiki persisted in the 19th century and early 20th century. To bear twins was perceived as barbarous and unlucky and efforts were made to hide or kill one or both twins.

158) Fabian Drixler, Mabiki: Infanticide and Population Growth in Eastern Japan, 1660-1950, 2013, University of California Press, P. 388

159) 深澤七郎, 東北の神武たち, 新潮文庫 日本語文庫, 1972.11.1.

160) Ubasute (姥捨, 'abandoning an old woman'), a custom allegedly performed in Japan in the distant past, whereby an infirm or elderly relative was carried to a mountain, or some other remote, desolate place, and left there to die. This custom has been vividly depicted in The Ballad of Narayama (a 1956 novel by Shichirō Fukazawa, a 1958 film, and a 1983 film).

161) 世界の民話事典, 讀んで面白いひいてわかり易い, 講談社プラスアルファ文庫, 日本語文庫, 2002. 12. 1. 日本民話の會

162) 雜寶藏經. 棄老國緣: "說佛陀在舍衛國, 那個時候世尊說. 恭敬年長的長輩會有很大的利益—過去沒有聽過的事能夠聽聞並且了解, 美名遠揚, 被智者恭敬. 諸比丘說.如來世尊常常讚歎恭敬父母及年長的長輩.佛陀說, 不只是今天而已, 我在過去無量劫中都恭敬父母及年長者. 比丘又請問佛陀說. 過去您恭敬的那些事蹟到底是怎樣的呢？"

163) Dennis Hodgson, Benjamin Franklin on Population: From Policy to Theory, Population and Development Review, Population Council, Vol. 17, No. 4 (Dec., 1991), pp. 639-661
DOI: 10.2307/1973600

164) Thomas Malthus, 1798. An Essay on the Principle of Population, Chapter II: "We will

suppose the means of subsistence in any country just equal to the easy support of its inhabitants. The constant effort towards population…increases the number of people before the means of subsistence are increased. The food therefore which before supported seven millions, must now be divided among seven millions and a half or eight millions. The poor consequently must live much worse, and many of them be reduced to severe distress. The number of labourers also being above the proportion of the work in the market, the price of labour must tend toward a decrease; while the price of provisions would at the same time tend to rise. The labourer therefore must work harder to earn the same as he did before. During this season of distress, the discouragements to marriage, and the difficulty of rearing a family are so great, that population is at a stand. In the mean time the cheapness of labour, the plenty of labourers, and the necessity of an increased industry amongst them, encourage cultivators to employ more labour upon their land; to turn up fresh soil, and to manure and improve more completely what is already in tillage; till ultimately the means of subsistence become in the same proportion to the population as at the period from which we set out. The situation of the labourer being then again tolerably comfortable, the restraints to population are in some degree loosened; and the same retrograde and progressive movements with respect to happiness are repeated."

165) The Malthusian Trap is the theory that, as population growth is ahead of agricultural growth, there must be a stage at which the food supply is inadequate for feeding the population

166) Numbers 1:1-2: "The Lord spoke to Moses in the tent of meeting in the Desert of Sinai on the first day of the second month of the second year after the Israelites came out of Egypt. He said: 2 "Take a census of the whole Israelite community by their clans and families, listing every man by name, one by one."

167) Numbers 14:8: "If the Lord is pleased with us, he will lead us into that land, a land flowing with milk and honey, and will give it to us."

168) Acts 13:18: "for about forty years he endured their conduct[a] in the wilderness"

169) Wikipedia, Economy: "An economy (from Greek οἶκος – "household" and νέμομαι – "manage") is an area of the production, distribution and trade, as well as consumption of goods and services by different agents. Understood in its broadest sense, 'The economy is defined as a social domain that emphasize the practices, discourses, and material expressions associated with the production, use, and management of resources'."

170) 박 대통령, 아버지 추억어린 이팝나무 청와대에 식수, 경북매일신문, 2013. 4. 11.: "대구 달성군 출신 새누리당 국회의원 이종진 의원에 따르면 이번 청와대 이팝나무는 과거 박근혜 대통령의 지역구인 대구 달성의 조경업자를 통해 구매한 것으로 전해지고 있다는 것. 박 대통령을 오랫동안 보

좌해온…" / 박 대통령은 이팝나무를 사랑해, 매일신문, 2013. 4. 11. / [한마당-남호철] 이팝나무, 국민일보 2013. 4. 11.

171) Jared Diamond, Guns, Germs and Steel: A short history of everybody for the last 13,000 years, Vintage; New Ed edition (30 April 1998): "This general trend is illustrated by a set of wrong predictions that American diplomats used to make. In the 1960, South Korea, Ghana, and the Philippines were all poor counties. American diplomats used to bet with each other as to Which of the three would become rich, and which would remain mired in poverty. Most diplomats thought that the economies of Ghana and the Philippines were the ones about to take off. They explained their prediction by pointing out that both Ghana and the Philippines were warm tropical countries where it was easy to grow food and there were many natural resources. In contrast, South Korea was a cold, resource-poor country that seemed to have nothing in its favor."

172) '차이나는 클라스', 재레드 다이아몬드(Jared Diamond, 1937년생)가 전하는 대한민국 성장 원동력은?, 한국경제, 2019. 11. 27.: "오늘(27일)에 방송되는 JTBC '차이나는 클라스-질문 있습니다 (이하 '차이나는 클라스')에 세계적인 석학 재레드 다이아몬드 교수가 찾아와 문답을 나눈다. 재레드 다이아몬드 교수는 '총, 균 그리고 철(Guns, Germs, and Steel, 1997)', '제3의 침팬지(The Third Chimpanzee, 1991)', '어제까지의 세계(The World Until Yesterday, 2012)', '붕괴(Collapse, 2005)', '대변이(Upheaval, 2019)' 등 세기의 역작을 쓴 문화 인류학자. 최근 진행된 '차이나는 클라스' 녹화에서는 재레드 다이아몬드 교수는 왜 어떤 국가는 부유하고, 어떤 국가는 가난한지 현대 국가 간 불평등을 논하며 한국(Korea), 가나(Ghana), 필리핀(Philippines)의 사례를 들었다.

173) 孟子,公孫丑下: "天時不如地利,地利不如人和.三里之城, 七里之郭,环而攻之而不胜. 夫环而攻之, 必有得天時者矣. 然而不胜者, 是天時不如地利也. 城非不高也,池非不深也,兵革非不堅利也. 米粟非不多也,委而去之, 是地利不如人和也. 故曰域民不以封疆之界, 固國不以山溪之險, 威天下不以兵革之利. 得道者多助, 失道者寡助. 寡助之至, 親戚畔之. 多助之至, 天下順之. 以天下之所順, 攻親戚之所畔, 故君子有不戰, 戰必胜矣."

174) 孟子,滕文公上: "民之爲道也, 有恒産者有恒心, 无恒産者无恒心. 苟无恒心, 放辟邪侈, 无不爲已."

175) Sir William Arthur Lewis (23 January 1915-15 June 1991) was an economist and the James Madison Professor of Political Economy at Princeton University well known for his contributions in the field of economic development. In 1979 he was awarded the Nobel Memorial Prize in Economic Sciences. He had dual Saint Lucian and British citizenships.

176) 김기승, 경제는 심리다, LG경제연구원(lgeri.com)/ 전문가 포럼 경제는 심리다. 2018. 9. 12., 한경닷컴(hankyung.com): "[전문가 포럼] 경제는 심리다, 주택·세대 양극화 등 고질적 편가르기 불안감에 소비 위축→경제침체 악순환 희망·기대 갖게끔 장기 비전 제시해야…" / 경제는 심리다. 2019. 2. 25., 경남일보(gnnews.co.kr): "가계의 저축과 소비, 기업의 투자와 생산, 정부의 정책 집행 과정에서 경제 현실과 어긋나는 시행착오를 방지하려면 경제심리의 흐름과 그 변화를…"

177) Leontief's Law, OCT. 19, 1973, New York Times: Professor Leontief's own work has helped to prove, as he once said, that new scientific knowledge is like the wine in the wedding at Cana: "It cannot be used up... the same idea can serve many users simultaneously, and as the number of customers increases, no one need be getting less of it because the others are getting more."

178) 韓非子, 十過："以無礼寡人將以爲令, 令軍勿敢犯. 曹人聞之, 率其親戚而保釐負羈之閭者七百余家. 此礼之所用也. 故曹小國也, 而迫於晋楚之間. 其君之危猶累卵也."

179) 司馬遷, 史記, 范雎蔡澤列傳: "已報使, 因言曰： '魏有張祿先生, 天下辯士也. 曰秦王之國危於累卵, 得臣則安. 然不可以書傳也. 臣故載來.' 秦王弗信, 使舍食草具. 待命歲餘."

180) Holcomb B. Noble, James Tobin, Nobel Laureate in Economics and an Adviser to Kennedy, Is Dead at 84, March 13, 2002, The New York Times: "Dr. James Tobin, a professor emeritus of economics at Yale who was a top adviser in the Kennedy administration and received the Nobel Prize in economics in 1981, died on Monday in New Haven. He was 84 and lived in New Haven... After he won the Nobel Prize, reporters asked him to explain the portfolio theory. When he tried to do so, one journalist interrupted, ''Oh, no, please explain it in lay language.'' So he described the theory of diversification by saying: ''You know, don't put your eggs in one basket.'' Headline writers around the world the next day created some version of Economist Wins Nobel for Saying, Don't Put Eggs in One Basket."